U0927565

18岁后，你的口才决定你未来的人际关系

18岁后
要历练，你必须懂点说话技巧

南宫雨◎著

初入社会最需要的人生突破指南

立信会计出版社
LIXIN ACCOUNTING PUBLISHING HOUSE

图书在版编目（CIP）数据

18岁后要历练，你必须懂点说话技巧 / 南宫雨著. --
上海: 立信会计出版社, 2015.3
（去梯言）
ISBN 978-7-5429-4521-1
Ⅰ. ①1… Ⅱ. ①南… Ⅲ. ①口才学—青少年读物
Ⅳ. ①H019-49
中国版本图书馆CIP数据核字（2015）第029059号

策划编辑　蔡伟莉
责任编辑　蔡伟莉　何颖颖
封面设计　久品轩

18岁后要历练，你必须懂点说话技巧

出版发行　立信会计出版社
地　　址　上海市中山西路2230号　　邮政编码　200235
电　　话　（021）64411389　　传　　真　（021）64411325
网　　址　www.lixinaph.com　　电子邮箱　lxaph@sh163.net
网上书店　www.shlx.net　　电　　话　（021）64411071
经　　销　各地新华书店

印　　刷　固安县保利达印务有限公司
开　　本　720毫米×1000毫米　1/16
印　　张　17.5　　插　　页　1
字　　数　231千字
版　　次　2015年3月第1版
印　　次　2015年3月第1次
书　　号　ISBN 978-7-5429-4521-1/H
定　　价　36.00元

前　言

PREFACE

我们处在一个开放的社会，我们处在一个需要相互合作的社会，我们处在一个需要沟通的社会。在这个年代，在这个社会，会说话的人，可以广交五湖四海的朋友，为自己的事业奠定人脉基石；会说话的人，可以轻松自如地调解纠纷、斡旋争端，让自己的事业一帆风顺；会说话的人，可以获得同事的尊敬，使自己在职场中如鱼得水；会说话的人，可以获得领导的青睐，使自己的前程平步青云；会说话的人，可以获得更多人的拥戴，一呼百应，让自己的事业更上一层楼……

人与人的交往是通过语言来交流思想，通过交流思想使陌生变为相识，令相识变为熟知，让熟知结成友谊。没有交流，没有沟通，就无法学到更多的知识和技能，没有知识和技能，也就谈不上在竞争中获胜。

没有坚实的人脉，没有过硬的学识，那你的未来、你的成功将无从谈起。而这一切，很大程度上都取决于是否掌握了说话技巧！

在人生奋斗之路上，无时无处不需要说话，用好它可以出人头地、左右逢源。说话水平高，很多机会呼之即来；口才水平低，很多机会闻“声”而去。因为在这个熙来攘往的世界上，机会总是随着人的愿望和意思而流动的。而表达愿望和意思的基本工具便是语言，那些说话水平高超的人能把各种愿望和意思恰到好处地表达出来，把各种利益顺理成章地聚拢到对自己有利的方向上来。18岁以后我们要确信：说话对个人价值的实现、人生成功的作用是难以估量的。

18岁后，你将要迈入社会，面对人生，面对现实，面对交际，面对职场，开启你崭新的人生之路，不可避免地会遇到许多你不曾经历过的问题和困难。而掌握必要的说话技巧，可以使你拥有舌灿莲花的口才，把话说得滴水不漏，把事做得天衣无缝，轻松化解人生困境，在人生的道路上走得更稳健、更快捷，直达成功的彼岸！

本书将向大家介绍一套完整的快速掌握说话技巧的方案。通过本书的学习，你既可以看到卓越口才的实例，又可以掌握卓越口才的精髓，同时你也将学习到锻炼卓越口才的实用方法。

18岁以后，你是想做一个词不达意而处处碰壁的人，还是想做一个舌灿莲花而左右逢源的人？相信你会作出明智的选择！

目　录

CONTENTS

第七章 说幽默话，做幽默人
——18岁后要懂点幽默的技巧

第八章 学会提问，掌控话语主动权
——18岁后要懂点提问的技巧

第九章 见什么人说什么话
——18岁后要懂点看人说话的技巧

第十章 不同场合说不同的话
——18岁后要懂点情境说话的技巧

第十一章 说话要带着两只耳朵
——18岁后要懂点倾听的技巧

第十二章　少说“我”多说“你”
——18岁后要懂点换位说话的技巧

第十三章　不要逞口舌之快
——18岁后说话要避免与人争论

第十四章　道歉是门学问
——18岁后要懂点道歉的技巧

第十五章　如何说“不”别人才会听
——18岁后要懂点拒绝的技巧

第十六章　说好难说的话
——18岁后要懂点批评的技巧

第一章
说话的技巧，成功的资本

——18岁后要开始历练说话能力

会说话代表一种实力

会说话是一个人智慧的反映，是影响一个人事业成功、人际和睦、生活幸福的重要因素，是一种可随身携带的永不过时的基本能力。说话离不开知觉、观察、记忆、思维、想象等心理活动的基本形式。一个人的气质、性格、能力等个性心理特征直接决定了其口才的高低、风格，甚至是社会价值。

清朝著名的文艺批评家叶燮曾提出，“才、胆、识、力”是人才成长的重要因素。这里的“才”，其一就是“口才”；这里的“胆”，更是在强调人在社会交往中敢于说话、在大庭广众前敢于演讲的“胆”。

进入21世纪，人们对口才的重视达到了前所未有的高度。有没有良好的口才，已成为衡量一个人素质的基本标准之一。从一个人的口才上往往能看出一个人的综合实力，口才几乎在每一个人的命运里都扮演着十分重要的角色。口才好，有可能会改变你的命运。我们拿面试来说，现在国内外大小公司，已把面试作为人才招聘的必要途径，其中有许多行业尤其看重口试。在这种情况下，“口才”这门课程在许多高校已经属于必修课，即使设为选修课，选修的人也很多。因为，现在高校一般不包毕业分配，绝大多数学生根据人才市场需要来寻找职业，在最后一学年，也就是说在学业尚未完成、毕业论文尚未启动或刚启动的时候，他们已首先通过口才叩击着职业生涯的大门，学生们越来越意识到口才的重要性。

随着人们越来越认识并热衷于口才修炼和培养，口才学作为一门新兴学科一跃成为当今世界十分走俏的一门学问，而它的前身，或者另外一种形式或分支——演讲学，则是一门更古老的学问。在中世纪前的中国、古埃及、古希腊、古罗马、古巴比伦、印度等具有悠久历史文明的古国，演讲已成为普遍的社会现象。在中国，演讲这一形式在先秦的古代社会已广泛盛行。

中国传世最早的一部政治文献汇编《尚书》里面就记载了盘庚“动员民众迁都”的演说。这是中国至今发现的最早的一篇有文字记载的演说，也是世界演讲史上有文字可考的最早的演说稿。此演说稿分上、中、下三篇。中篇为迁都前的演说，上篇、下篇为迁都后的演说。其中以中篇最为精彩，它无论在构思立意、遣词造句上，还是在逻辑思维的演绎、归纳和情感的发挥上，都相当成熟，真切感人。《尚书》中还有《甘誓》、《汤誓》、《牧誓》等好几篇演讲词。其中《甘誓》是公元前21世纪夏启与有扈氏战于“甘”这个地方的战前动员，文字虽简短，却义正词严、气势恢宏。

春秋战国时期是我国历史上经济制度和政治制度的大变动时期，各诸侯国之间及其内部的阶级斗争和政治斗争错综复杂，加上生产力的发展和经济的繁荣，促使了“士”这种阶层的出现，再加上王权发生动摇，人们对

“天”产生了怀疑，私学悄然兴起，促进了各种学术思想的发展，而其传播无一不是通过学者的辩论和对学生的口授。儒家的孔子、孟子和荀子，墨家的墨子，道家的庄子，法家的韩非子，名家的惠施、公孙龙等，都纷纷表述了自己对治理天下的政治见解和思想，对社会大众进行游说，形成了“百家争鸣”、游说风气极盛的时代。这也是我国古代演讲学的第一个鼎盛时期。

你的世界是“说话”建造的

事业的成功和失败，往往决定于某一次谈话，这话绝不是过分夸张的，美国人类行为科学研究者汤姆士指出：“拥有说话的能力是成名的捷径。它能使人显赫，鹤立鸡群。能言善辩的人，往往使人尊敬，受人爱戴，得人拥护。它使一个人的才学充分拓展，熠熠生辉，事半功倍，业绩卓著。”他甚至断言：“发生在成功人物身上的奇迹，一半是由口才创造的。”

在富兰克林的自传中，有这样两段话：“我在约束我自己的时候，曾有一张美德检查表，当初那表上只列着12种美德，后来，有一个朋友告诉我，说我有些骄傲，这种骄傲，常在谈话中表现出来，使人觉得盛气凌人。于是我立刻注意这位友人给我的忠告，我相信这样足以影响我的前途，然后我在表上特别列上虚心一项，我决心竭力避免一切直接触犯别人感情的话，甚至禁止自己使用一切确定的词句，像‘当然’、‘一定’、‘不屑说’……而以‘也许’、‘我想’、‘仿佛’……来代替。”“说话和事业的进步有很大关系，你如出言不慎，你如跟别人争辩，那么，你将不可能获得别人的同情，别人的合作，别人的动力。”这是千真万确的，一项事业的成败，常会由一次谈话决定。无数成功者的事实证明，敢于当众讲话，善于说话是成功事业的催化剂，它直接关系事业的成败。

1983年元旦，英国女王为多年给首相撒切尔夫人担任顾问的戈登·里斯授以爵位。其主要功绩是：有效地提高了撒切尔夫人的演说能力和应答记者提问的能力；为撒切尔夫人撰写了深得人心的演讲稿……一句话，为英国塑造了一位崭新的“风姿绰约、雍容而不过度华贵、谈吐优雅和待人亲切自然的女首相形象”。

在西方国家，当前无不把会说话作为衡量优秀人才的重要尺度，每个公司、企业招聘各类人才，都要进行口试。在日本，一些大公司在招聘人才进行面试时，专门就说话能力规定了若干不予录用的条文。其中有：

应聘者声若蚊子者，不予录用；

说话没有抑扬顿挫者，不予录用；

交谈时，不得要领者，不予录用；

交谈时，不能干脆利落地回答问题者，不予录用；

说话无生气者，不予录用；

说话颠三倒四、不知所云者，不予录用……

日本大公司的这些规定也反映了这样一个事实：说话与事业的关系至为密切，它是胜任本职工作最重要的能力之一。知识就是财富，口才就是资本。能说会道，才能正确地领悟上级的意图并恰当地表达出来，一个唯唯诺诺、语无伦次的人定不能胜任自己的工作。通过讲话让领导、同事、群众更深层次地了解你，才能让大家信任你，才有机会被提拔到更高的职位，胜任更重要的任务，才有施展才华、事业成功的机会。用好这种催化剂，事业成功也便指日可待了。

语言是人类力量的统帅

马雅可夫斯基曾说："语言是人类力量的统帅。"意即精湛的口语表达艺术在社会生活和人际交往中具有不可估量的魅力和伟力。

约公元前14世纪，商朝明君盘庚用生动质朴、雄辩有力的语言，说服了难离故土的民众，实现了迁都的主张；周恩来、陈毅在风云变幻的国际政治外交中善于辞令，口才出众，大大提高了新中国的国际地位和声望，长了中国人民的志气；国际金融家萨克斯说服美国总统罗斯福尽快研制生产原子弹，从而为尽快结束第二次世界大战奠定了重要的基础；在商务谈判时中肯有力的言辞会迫使对方作出让步，或取得共识，以利于达成协议；慷慨陈词，促成外引内联，就会振兴一方经济。所有这些，都说明通过充分发挥口语表达技巧的口才艺术，能够创造巨大的精神财富和物质财富。

一个人想获得事业上的成功，必须具有能够应付一切的口才。要使别人瞧得起自己，先要自己瞧得起自己，绝不可露出乞怜的样子。你可以谦逊，但绝不可谄媚。你不可单是唯唯诺诺，使人觉得你的语言没有动人之处。你发表意见时不可肆意批评别人；更不可向对方说你的计划一定成功，如果雇佣你，必可使业务发展等语——这只能让对方心里称许，不应由自己说出。自夸必连带着固执，这种态度只会使人厌恶。去访问一个人，把目的简单地说出之后，你就应该告辞。即使环境许可你逗留一些时间，你也应该立刻把话题转到别处。

求职应聘，最重要的是表现自己的资格和能力，打肿脸充胖子的行为是不宜的，只能虚骗一时。如果应聘令你胆战心惊，那么这也许是你深深地明白自己肚子里究竟有几滴墨水的缘故。这时谈话的范围要守在一定的界限内，不要谈办公室的陈设，不要谈对方的一身装束，而且要有一定的时间观念，你必须把你的资格和能力浓缩表达，在一个很短的时间内将其交代清楚，所以这时就是检验你所受训练、教育及能力如何的关键时刻。

在工作上，要能胜任并心情愉快，不要摆一副冷面孔，尽量减少情绪上的困扰及不切实际的空想。你可以和同事谈谈工作上所需要的知识，谈谈工作上的经验，要诚心诚意，不存任何成见。在一块儿工作的人，必须彼此尊重、关心，互道平安，态度温和，坦诚相待，心中有话，就要直言不讳。

再者，失言是常有的事。不要故作糊涂，或者虚张声势。应该立即承认自己犯了错误，认错同样能赢来尊重，而且还会大大增强你说话的力量，使你往后所说的每一句话都掷地有声。

震天下者必震于声

人的一生不可能风平浪静，当你被人误解、遭人责难，甚至因为不屈不挠招致恶势力的攻击，危及生命时，你如果不甘受辱、受屈，总要伸张正义，总要讨个说法，以保护自己。而在很多情况下，你是无法以其他形式来达到自我保护的目的的，最靠得住的是自己的嘴。当众疾呼、辩诬、申述、宣传是最直接、最有效的生命之盾，许多时候可保你生命无忧，转危为安。

1933年，希特勒党徒焚烧德国国会大厦，以嫁祸于共产党人。在对共产党人大肆逮捕中，当时恰在德国的保加利亚共产党总书记季米特洛夫也被逮捕。在莱比锡的审判法庭上，季米特洛夫义正词严地反驳敌人的陷害，寸步不让地为自己辩护，无情揭露敌人的阴谋，弄得敌人狼狈不堪，丑态百出。由于他及时有效地利用当众讲话这块盾牌，进行自我辩护，法庭最终宣判其无罪释放。

古巴革命领袖卡斯特罗，1953年7月率队攻打蒙卡达兵营失败被捕，10月16日他在审判他的法庭上作了题为《历史将宣判我无罪》的长篇辩护，慷慨激昂，有理有据，使审判者无言以对。他结尾的那句“历史将宣判我无罪”，数十年来一直成为人们交口称颂并广泛仿效的自我辩护的名句。

有时高水平的当众讲话虽最终未能保护自己，毕竟恶势力穷途末路时是穷凶极恶的，但讲话可明是非，辨忠奸，自我保护虽失败，但却会永远活在人们心中。古今中外那些仁人志士，为了国家、民族，为了真理、正义而献身者，就是如此。

1928年3月，在广州黄花岗畔的刑场上，周文雍、陈铁军这两个年轻革命者面对敌人的枪口从容不迫地举行了结婚典礼。妻子陈铁军紧紧依偎着丈夫周文雍，满怀激情，高声向群众说：“亲爱的同胞们!姐妹们!我们的血就要洒在这里了。为了革命，为了民众的解放，为了共产主义的伟大事业而牺牲，同胞们啊，我们一点也不觉得遗憾!……让反动派的枪声，做我们结婚的礼炮吧!”

岳飞遭秦桧陷害，万俟卨审讯他：“国家有何亏负于你，你们父子却要伙同张宪共同造反？”岳飞怒发冲冠，朗声大叫：“对天盟誓，我绝对无负于国家。你们既是主持国法的人，切不应当陷害忠良。你们如果要把我诬枉致死，我到冥府也要与你们对质不休!”万俟卨厉声喝道：“无心造反？你游天竺寺时在壁上留题‘寒门何载富贵’，这是什么意思？”岳飞长叹一声，也高声喊叫道：“吾现时才知道已落入国贼秦桧之手，使我为国忠心一切都休，一切都成了犯罪!”说罢闭上眼睛，任狱卒严刑拷打不再开口，直至被杀害。

人们不会在意沉默寡言的人

交往中，人们对一个人的了解最主要的是来自被了解者的言语，有高超的当众讲话水平就能体现一个人的知识水平、阅历经验等综合素质，一个沉默寡言的人，别人是不会在意也无法了解的。孔子曾说：“始吾于人也，听其言而信其行；今吾于人也，听其言而观其行。”（《论语·公冶长》）他看人，首先还是要“听其言”。一个人思想怎样、水平如何，听他说话、同他谈话，就可得知。当然，检验、衡量一个人的思想、才能、学识的渠道是多种多样的，但那需要时间、条件。在组织、个人需要尽快认识、了解某人时，“听其言”，则是最直接、有效的手段。所谓“一见如故”、“相见恨晚”，也是在“谈”了之后才有的感受。当今社会竞争激烈，人才济济，要想在社会上取得一席之地，或找一份稳定工作，首先要让别人了解你，而在求职面试中，被人了解的途径最主要就是言谈举止，正所谓“言之方可知之”。

韩信最早曾投靠项羽，但怀才不遇不为所用，千里迢迢入蜀投奔汉王刘邦；因未得与刘邦言，也不得重用，只做了个管理粮食的小官。他又走了，被丞相萧何追回，力荐给刘邦。刘邦无奈，只好召见他：“丞相数荐将军，将军何以教寡人计策？”韩信终于有了一吐胸中经纶的机会。他向刘邦分析了楚汉之间的形势优劣，指出刘邦虽弱，但具备战胜项羽的条件，言之凿凿，头头是道。刘邦大喜，感到相见恨晚，于是拜韩信为大将，韩信果然不负刘邦的期望，运筹帷幄，决胜千里，为成就汉室霸业，立下头功。

试想，韩信如无一吐经纶的机会，或许此生就碌碌无为，历史也会因此改变!

一代宗师徐悲鸿，他的人生机遇很多是用语言赢得的。1916年21岁时报考复旦大学，校长召见新生，其优雅的谈吐给校长留下深刻印象，认为徐悲鸿是可造之才，后给予诸多勉励与帮助。1920年他留学法国时，在一次茶话会上被介绍给法国当时最大的画家达仰·布佛莱。久慕大名的徐悲鸿当即说道：“先生!我很盼望能得到您的教诲。”一句话便让达仰感受到了这个中国青年的诚恳朴实，立即将自己画室的地址给了徐悲鸿，嘱咐他每个星期天的早晨都到自己的画室去。在第一个星期天，徐悲鸿去见达仰，同达仰谈起了自己的追求和信心，达仰了解了其天赋和抱负异常欢喜，竟忘记自己已68岁高龄而开心地同徐悲鸿谈起50余年来的往事。得益于达仰的慧眼，徐悲鸿终成一代大师。

一个沉默寡言的人，不会因说错话丧失机会，但却会因没有说好话而丧失更多的机会。

会说话不是一件容易事

有这样一个故事。在酒足饭饱后，国王问大臣："你们说，世界上什么最难？"大臣回答："世界上说话最难。"大臣没有说出来的隐含意思是：说话最难，尤其是和国王说话最难。现在我们做一个试验，问问你身边的人："你们认为自己很会说话的，请举手。"肯定没有几个人能理直气壮地说自己会说话。是呀，凡是有一定社会经验的人都知道，说话容易，但是要把话说到位，非常困难。有的管理者讲：我招聘人的时候，看他能力的高低，就看他说话水平的高低。

说好话很难，难就难在说话太容易。这并不矛盾。恭维的话可以张嘴就来，骂人的话可以脱口而出，吹牛也用不着上税，自己一个人寂寞还可以自言自语。但在这人声鼎沸的世界里，让人专心聆听你的声音就不太容易了，再让人为你的话而鼓掌喝彩更是难上加难。有时候使尽全力去喊未必让人震惊，一声叹息却让人心潮澎湃；洋洋洒洒的长篇大论常常有鼾声相伴，平平淡淡的只言片语却说不定能换来掌声雷动。说话却是一门学问。

而我们每天又离不开这张嘴，在家要和家人说，和邻居说，上班要和同事讲，又要向老板汇报，和客户应酬，只要有一言不慎，就可能造成一堆麻烦。改写一下诗仙李白的诗：说话难，难于上青天。

1.说错话就会祸从口出

古人告诉我们这样一个经验，在与人交往的时候，要谨防祸从口出。“讲错话”常常会给我们带来很多不必要的麻烦，如何掌握分寸就成了人际沟通中不可忽视的一环。有许多性子直的人喜欢向周围的人倾吐苦水。虽然这样的交谈富有人情味，能使你们的关系变得友善，但是有研究调查指出，只有不到1%的人能够严守秘密。所以，当你发生危机或别人发生什么危机时，你最好不要到处诉苦或讨论是非，不要把周围人的“友善”和“友谊”混为一谈，以免话传话，造成很多不必要的麻烦。

古时候，有个叫艾子的人发高烧，梦游到阴曹地府，正见阎罗王升堂问事。有几个鬼抬上一个人，说：“这人在阳世，干尽了缺德事。”阎王命令道：“用500亿万斤柴火烧煮。”牛头鬼上来押解。那人私下里探头问牛头鬼：“你既然主管牢狱，为何穿着这么破烂的豹皮裤子呀？”牛头鬼说：“阴间没有豹皮，如果阳间有人焚化才能得到。”那人立即说：“如果你肯怜悯，减少些柴，我能够活着回去，定为你焚化10张豹皮。”牛头鬼大喜，答应减去“亿万”两字，煮烧时也只是形式而已。待那人将归时，牛头鬼叮嘱道：“可千万不要忘了豹皮呀！”那人回头对牛头鬼说：“我有一诗要赠送给你：牛头狱主要知闻，权在阎王不在君，减扣官柴犹自可，更求枉法豹子皮。”牛头鬼大怒，把他叉入滚沸的水锅里，并加添更多的柴煮了起来。艾子醒后，对他的徒弟们说：“必须相信口是祸之门啊！”

2.说得好就会福从口入

说话是一门艺术，不掌握技巧，没有分寸，就会惹来不必要的麻烦，不仅伤害自己，也会困扰周围的人。相反，如果掌握了一定的原则，就会福从口入。西方有位哲人说过：“世间有一种成就可以使人很快完成伟业，并获得世人的认可，那就是讲话令人喜悦的能力。”可见掌握语言的技巧是多么重要。通观古今中外，凡是有作为的人，都把语言表达作为必备的修养之一，如古罗马共和国末期的政治家西塞罗就是一个雄辩家，还有周恩来、林肯等等。毫不夸张地说，一个人只有掌握了语言的技巧，则可以在与人打交道的时候占尽先机，达到自己的目的。

有一位很优秀的食品推销员，就是一个非常善于说话的人。一般的推销员都是用“我们又生产出了一些新产品”来开始自己的销售谈话，但他却意识到这样做效果并不好。于是，他对顾客说：“如果有一笔生意能为你带来1 200元收益，你感到有兴趣吗？”“我当然感兴趣了，你说吧！”“今年秋天，香料和食品罐头的价格最起码上涨了20%。我已经算好了，今年你能售出多少香料和食品罐头，我告诉你……”然后他就把一些数据写了下来。

我们可以看到，这个食品推销员掌握了一些与人交谈的技巧，站在对方感兴趣的角度开始谈话。从这个小故事中可以看出语言的技巧是何等重要，如果以“我们又生产出了一些新产品”为立足点，可能就做不成这笔生意。

高手用舌头，低手用拳头

战争是人类的灾难，是政治力量最激烈的碰撞。战场上，敌对双方都以挫败对方为目的。双方力量的强弱当然是不可忽视的条件，但在很多情况下，并非强大的一方就能取胜。在军事战争中，善于用兵的将帅，是可以兵不血刃就能取胜的，孙子把这种行为称为谋攻，所谓“上兵伐谋”。

孙子说：“故善用兵者，屈人之兵而非战也，拔人之城而非攻也，毁人之国而非久也，必以全争于天下，故兵不顿而利可全，此谋攻之法也。”他认为，不战而使敌人屈服，这是最高超的谋略。而高超的说话水平正可以不战而屈人之兵。正如刘勰所说：“一人之辩，重于九鼎之宝；三寸之舌，强于百万之师。”

诸葛亮可谓中国民间故事里最善于用“嘴”打仗的人物。《三国演义》中有许多关于他以口才制胜的故事。其中以第93回“武乡侯骂死王朗”最为典型。

诸葛亮率师北伐，在渭河边与魏国大都督曹真的大军相遇。曹军中有一位素以舌辩著称的司徒王朗，他自请上前线做说客，劝降诸葛亮。在两军对峙的阵前，王朗摇唇鼓舌，引经据典，口若悬河，满以为诸葛亮听了这一席话，会“倒戈卸甲，以礼来降”。不想，诸葛亮不为所动，在言明自己北伐之因，分析了天下形势之后，话锋一转，直指王朗：“吾素知汝所行：世居东海之滨，初举孝廉入仕；理合匡君辅国，安汉兴刘；何期反助逆贼，同谋篡位!罪恶深重，天地不容!天下之人，愿食汝肉……皓首匹夫!苍髯老贼!汝即日将归于九泉之下，何面目见二十四帝乎？”王朗听罢，气满胸膛，大叫一声，撞死于马下。曹军受挫，不战而屈。对此，后人有诗赞曰：“兵马出西秦，雄才敌万人。轻摇三寸舌，骂死老奸臣。”

春秋时，强大的秦晋两国联合进攻弱小的郑国。在敌军兵临城下，郑国危在旦夕之时，郑大夫烛之武只身缒城而下，往见秦穆公。他以其卓越的说话水平分析形势，陈说利害，终使其心动而撤兵。以一舌救一国，会说话在战争中的作用据此可见一斑。

以说话水平高超而制胜的例子，国外也有很多。

公元前218年，位于现在北非突尼斯的迦太基的军事统帅汉尼拔，为防止罗马帝国的步步紧逼，先发制人，出兵罗马。势力强大的罗马根本不把汉尼拔放在眼里，集结数万大军准备一举歼灭之。但汉尼拔却出其不意地远征，率领6 000精兵绕过罗马军阵地，翻越阿尔卑斯山，突然出现在山南的波河平原上。汉尼拔指着眼前坚固的罗马城堡，慷慨激昂、义无反顾地对他的士兵发表了即兴演讲——《我们在这场战争中是主动者》。在这番演讲鼓舞下，迦太基士兵一鼓作气，一战破城。罗马执政官弗拉米尼闻讯率大军赶来援救，又遭士气大盛的迦太基军伏击，几乎全军覆没，弗拉米尼也阵亡，罗马全国震动，处于覆灭边缘。

“二战”中，德军依靠“闪电战”，在占据了苏联大片领土后，为彻底打败苏联，于1941年9月30日集中优势兵力，从西、北、南三面包围苏联首都莫斯科，扬言10日内攻克。临危不惧的莫斯科军民奋勇抵抗，在11月7日这天照例在红场隆重举行“十月革命”庆祝活动。苏军最高统帅斯大林以大无畏的雄伟气魄，在红场的列宁陵墓上，检阅红军队伍，并发表了气壮山河、振奋人心的演说，极大地鼓舞了军民的斗志，坚定了誓死保卫首都的决心。结果，历时月余，希特勒先后撤换了30多名高级指挥官，甚至亲任总司令，不仅未能突破莫斯科防线，而且在损失50多万人后，反而后退300公里，德军“不可战胜”的神话从此打破。

永远都记住：有话好好说

古代希腊最伟大的雄辩家之一狄摩西尼曾说：“一条船可以由它发出的声音知道它是否破裂，一个人也可以由他的言论知道他是聪明还是愚昧。”

这句话告诉我们，人们往往用内心的思想来评断自己，但是，别人却会从你口里说出来的话来评断你这个人。

纪晓岚是众所皆知的机智才子，此外，他还是个绝佳的沟通高手。纪晓岚在小的时候就已经非常有大将之风了。有一次，他和几个孩子在路边玩球，一不小心，把球丢进了一个轿子里。

大家匆匆忙忙地跑过去一看，这可不得了！轿子里坐的竟然是县太爷，不仅如此，那皮球还不偏不倚地击中了他的乌纱帽！

“是谁家的孩子胆敢在这里撒野？”乌纱帽被天外飞来的一球打歪的县太

爷怒斥道。孩子们一哄而散，唯独纪晓岚挺着胸膛，走上前去想讨回皮球。

纪晓岚恭敬地对县太爷说：“大人政绩卓越，百姓生活安乐，所以小辈们才能在这里玩球。”

县太爷一听，气马上消了一半，他笑着说：“真是个鬼精灵！这样吧，我出个上联给你对，要是你对得上，我就把球还给你。”

县太爷环顾了一下四周，出了道题目：“童子六七人，惟汝狡！”

纪晓岚眼睛一转，说出了下联：“太爷二千石，独公……”

“独公什么？赶快说啊！”

“大人，如果把我的球还给我就是‘独公廉’，要不然就是‘独公……’”纪晓岚故意支支吾吾地不说下去。

县太爷看到这种情形，不由得哈哈大笑，他一边把球还给纪晓岚一边笑骂道：“好小子，真有你的！我才不要中了你的圈套，成了‘独公贪’咧！”

一言定江山，一个人的谈吐便有可能改变他的一生。

20世纪60年代，美国有一位民权运动者，在街头巷尾宣传“种族平权运动”。他的声音冷静，但用字遣词充满张力，一波接着一波的言语像一首交响乐，以一种锐利的声势层层迭上、打动人心。

当他终于以最深沉的嗓音嘶吼出“我有一个梦！我有一个梦”时，台下的群众全被震慑住了，他们疯狂地响应着：“阿门！阿门！”

这个名叫马丁·路德·金的民权运动者，便以这篇著名的《我有一个梦》演讲席卷全国，谱写了美国的历史。

征服一个人，以至于征服一群人，有很多时候用的往往不是刀剑，而是舌尖。

我们也许没有纪晓岚的机灵，没有马丁·路德·金的魅力，但是“有话好好说”，是我们必须用一生来学习的艺术。

不可不知的说话技巧

说话不是敲击铜铃，而是敲击人们的“心铃”。“心铃”是最精密的乐器。因此，智者总是用真挚的情感、竭诚的态度击响人们的“心铃”，刺激之、振奋之、感化之、慰藉之、激励之。对真善美，热情讴歌；对假丑恶，无情鞭挞。让喜怒哀乐，溢于言表；使黑白贬褒，泾渭分明。用自己的心去弹拨他人之心，用自己的灵魂去感染他人之灵魂，使听者闻其言，知其声，见其心。

第二章
培养优美而令人愉悦的谈吐

——18岁后要懂点说话的修辞技巧

比喻技巧

比喻，就是打比方，即以彼物比此物。具体来说，当人们在语言交际中要表达某一事物或道理时，运用联想或想象，引进另一种事物或道理，以便把要表达的事物或道理反映得更具体、更贴切、更生动、更富有感染力，使听者爱听，听得明白，从而留下深刻的印象。

刘向的《说苑》中有这样一个生动的故事。

有人对梁王说："惠子这个人说话善于打比喻。假若大王您不让他打比喻，那么，惠子就没法说话了。"

于是，梁王对惠子说："希望你今后说话时不要打比喻了。"

惠子回答说："假若有个人不知道'弹'为何物，您告诉他弹就是'弹'，他能明白吗？"

梁王说："当然不明白了。"

惠子说："我要把我知道的事物告诉不知道这事物的人们，您说不打比喻行吗？"

梁王说："不打比喻是不行的。"

这个故事中，本来梁王是不让惠子再打比喻，可是惠子又悄悄地打了一个比喻，说服了梁王。

比喻一般由本体、喻体和喻词三部分组成。本体是被比喻的事物；喻体是用来作比的事物或对象；喻词则是标明比喻关系的词语，如"好像""恰似""像……一样"等。比如，毛泽东曾说，有些人写文章长而空洞，就像"懒婆娘的裹脚布，又长又臭"。这里，长而空的文章就是本体，臭而长的"裹脚布"是喻体，"就像"是喻词。

一次有人问爱因斯坦什么是相对论，爱因斯坦解释说："你同你最亲爱的人坐在火炉边，一个钟头过去了，你觉得好像只过了五分钟；反过来，你一个人孤孤单单地坐在热气逼人的火炉边，只过了五分钟，但你却像坐了一个小时。这就是相对论。"

爱因斯坦用人们日常生活中的真切体验来解释高深玄妙的相对论原理，让普通人也能理解。

人们说话是为了描绘事物，或阐述道理，或表述情感等，要把这些东西表述得生动具体，使别人印象深刻，并不是一件容易的事。如果能运用贴切的比喻，就能化难为易，话半功倍，具有说服力。

庄子是我国战国时期著名的思想家。他一生都过着十分清贫的生活。一天，庄子家里一点粮食也没有了，万般无奈，只好拎个袋子到朋友监河侯那里借点粮食。

监河侯正收拾行装要外出。庄子见了他，讲了借粮的事，监河侯满口答应：

“好说，好说，不过我正要进城收租金，等我回来，一定借给你三百两银子，好吗？”

庄子心想：你进城一趟，来回得半个月，等你回来，我一家人不就饿死了吗？

“老兄啊，刚才我见到一件事，很有意思，你不想听听吗？”庄子说。

监河侯问：“什么事，你快说。”

庄子说：“刚才我到你这儿来的时候，在路边听见求救的声音。我到处找，却没见人。原来在路旁的干河沟里，有一条小鱼，嘴巴一开一闭地在叫着。它说：‘我从东海来，现在快干死了，先生能不能给我瓢水，救我一命啊？’我说：‘那太少了！你再忍耐一下，等我去找赵国和吴国的大王，请他们堵住西江的水，然后开沟挖渠，把西江水引到这儿来，你就可以顺水游回东海了，你看这样好吗？’谁知那条鱼听了很生气地说：‘我现在已经快干死了，只要一小瓢水就能活下去。你的计划虽然很好，但等到西江水来的时候，恐怕我早已变成鱼干了，先生只好到干鱼摊上找我了。’”

监河侯听到这里，满脸通红，连声向庄子道歉，喊来家人，给庄子装了满满一袋粮食。

运用比喻说理简洁明了，喻体非常广泛，俯拾皆是，只要与你说明的道理有内在性质的共同点，就可以信手拈来，达到目的。

象征技巧

象征是比喻的延伸和扩大，它是借助于特定的具体事物，来寄寓某种精神品质或抽象道理的修辞手法。

一位在医学院里任职的教授，正在给刚入学的新生们讲第一堂课。

在暴风雨后的一个早晨，一个男人到海边散步。

沙滩上有许多被昨夜暴风雨卷上岸的小鱼，被困在浅水坑里，挣扎着，想要回到大海的怀抱。

走着走着这个男人发现远方有一个瘦小的身影，不知疲倦地忙碌着。走近一看，原来是一个七八岁的小男孩，他正弯腰捡起水洼里的小鱼，然后再用力地扔回大海，一遍又一遍不停地重复着相同的动作。

男人问道："孩子，这海滩上有成千上万条小鱼，你一个人救不过来的。"

"我知道。"小男孩头也不抬地回答着，但并没有停止动作。

"既然知道，干吗还干傻事呢？"男人又问。

小男孩只是默默地捡起小鱼，再把它们扔回大海，并不回答。

男人忍不住又问了一句："你这么做，又有谁在乎？"

小男孩边扔边说："这条小鱼在乎，这条，还有这条……"

讲完这个故事，教授接着说：

"今天，你们在这里开始了大学生活，从此每一个人都将在这里学会如何去拯救生命。虽然你们救不了所有的病人，但是你们可以救一部分人，为他们减轻痛苦。

"因为你们的存在，人们的生活从此有所不同——你们可以使大家的生活变得更加美好，这是你们能够而且必须做到的。"

这位教授在课堂中，先是讲述一个富有哲理的小故事，然后借助这个小故事所喻示的精神品质，告诫他的学生们作为一名医务工作者应该具有起码的职业道德。

一般来讲，象征可分为明征和暗征。明征就是象征客体、象征意义、联系词在话语中同时出现，这类象征意义较明显、固定。如："人民英雄纪念碑是用一万七千块坚硬的花岗石和洁白的汉白玉砌成的。它象征着先烈们的丰功伟绩，寄托着全国人民对先烈的怀念和敬仰之情……”

暗征则只通过对象征客体的精细、巧变的说法来暗示其象征意义，以期引发人们丰富的联想和想象。

夸张技巧

夸张是为强调事物的某种特征而故意言过其实，或者夸大事实，或缩小事实，让听者对所要表达的内容有一个更深刻的认识和了解。合理地运用夸张技巧，一是便于揭示事物的本质；二是能加强说话的感染力；三是能启发听者的想象力。运用夸张，必须以现实生活为基础，不能漫无边际，做到“言过其实”而又合情合理，不似真实而又胜似真实。

楚国大夫申无宇的守门奴仆因偷酒被发觉而畏罪潜逃，为了逃避申无宇的追捕，他投靠楚王一跃成为细腰宫守卒。因为楚国的法律明文规定：任何人都不准到楚王宫里抓人。那名奴仆自以为有了尚方宝剑，整日嚣张狂妄。可是，没想到申无宇却在楚王不知道的情况下径直到宫里把那位奴仆捉了回来。

楚灵王知道了之后非常气愤，命令申无宇把那个奴仆放出来。

申无宇说：“天上有十个太阳，人分十个等级，上层统治下层，下层侍奉上层，上下互相维系，国家才能安定太平。如今臣下的守门奴仆畏罪潜逃，借王宫之地庇护犯罪之身。如果让他真的得到庇护，那么其他奴仆便会互相效法，盗贼公行，谁还能禁止得了？长此以往，社会不安，大王江山不保啊！所以，臣下才不敢遵奉王命。”

楚灵王细细琢磨了一番，觉得很有道理，便下令处决那个奴仆。

上文中楚国大夫申无宇把窝藏一个奴仆与天上的太阳、社会不安、江山不保联系在一起，显然是夸大了事实，但却收到应有的效果。可见他的机智与果敢。

夸张既是在某些方面“言过其实”而又有真实性作为基础，这就有利于突出事物的特殊性，可以唤起人们的想象，收到突出个性形象的效果。如下面的例子。

有三个人在一起谈论如何节约，其中一个人说：“我认识一个人，为了节约墨水，无论写什么，字都写得像芝麻粒儿一样大小。”第二个人说：“我认识一个人，为了减少手表的磨损，天一黑，就把手表给停了。”第三个人说：“你们说的都一般，我认识一位老先生，为了节约眼镜，连报纸都不看了。”

如果说为了“节约”眼睛连报纸都不看了，还不为夸张，而为了节约眼镜连报纸都不看了，就不能不是夸张了。可以想象，这位节约眼镜的老先生用节约精神去做其他事情时，该又是何等节约啊?

还有一个笑话，说一个老人很健忘，去浴缸洗澡时竟忘了脱衣服，但衣服一点没打湿，原来他忘了开水龙头了。其实再健忘的人也不至于到这种程度。

夸张虽然言过其实，但不等于浮夸，它必须以客观事实为基础，必须反映客观事物的本质特征，做到“夸而有节”“饰而不诬”，才能起到强烈的震撼效果。

比拟技巧

比拟，即根据一定的想象，把物当作人或把人当作物，或把此物当作彼物来表达的一种修辞技巧。

比拟能使人产生联想，以获得话语的形象感和生动感。毛泽东同志曾多次告诫全党同志不要因为革命胜利而骄傲自大起来，他曾用“牛皮不要吹得太大，尾巴不要翘起来”作比拟。尾巴本来只有动物才有，这里却用来比拟人的自大情绪，既形象生动，又引人联想。

比拟可分为拟人和拟物两种。

拟人又叫“人格比”，就是赋予大自然、动物、抽象事物等以人的言行或思想感情。拟物即把人当作物，或把此物比拟为彼物。

一位来自新加坡的老太太在游武夷山时，不小心被蒺藜划破了裙子，顿时游兴大减，中途欲返。女导游见状微笑着走近老人身旁说：“这是武夷山对您有情啊！它想牵住您，不让您离去，好请您多看她几眼。”

几句话，把老人的不快吹得无影无踪。武夷山的热情好客是机敏的女导游所赋予的，这里就用了拟人手法，而且表达得十分得体。

在一个欢迎日本青年代表团的宴会上，热情的中国朋友用著名的“人参母鸡汤”来款待客人。不想这可为难了在场的翻译。原来，他没有记住日语“母鸡”这个词。只见他机灵地站起来，指着汤，笑着对客人介绍说：“这是用公鸡的太太和人参做的汤，请诸位品尝。”

这里的“公鸡的太太”用的就是拟人手法，显示了翻译的机敏和幽默。

吴稚晖在北京曾教过蒋经国。当时，有人送了一辆人力车给吴稚晖。吴稚晖要蒋经国找锯子把车前两根拉杆锯掉。蒋经国以为先生在说笑话，不敢动手。吴稚晖火了：“我要你锯，你就锯！”

没办法，蒋经国只好把两根拉杆锯掉了。吴稚晖悠然地坐在上面，哈哈大笑着说：“真舒服，我现在有了一张沙发椅。”接着，他语重心长地教导蒋经国：“一个人有两条腿，自己可以走路，何必要人拉？你坐在车上被人拉着，岂不成了四条腿？”

借代技巧

三国时期，马家有五兄弟，这五个兄弟的字里都有一个常字。五兄弟中，以马良的才学最高，刘备派他去办理外交事务，他每次都不辱使命地载誉而归。

因此，当时就流传一句话，叫做：“马氏五常，白眉最良。”

原来，马良的长相有个特点：眉毛像雪一样白得闪光。这里不说“马良最良”，而是说“白眉最良”，用“白眉”这个长相特征来代指马良。

借代就是不直接说出该人或该事物，而借与要说的人或事物有密切关系的其他事物来代替的修辞技巧。

借代的客观基础是事物的相关性，运用这种技巧可以使语言具体形象，富于变化。

“一九四九年在这个地方开会的时候，我们有一位将军主张军队要增加薪水，有许多同志赞成，我就反对。他举的例子是资本家吃饭五个碗，解放军吃饭是盐水加一点酸菜，他说这不行。我说这恰恰是好事。你是五个碗，我们吃酸菜。这个酸菜里面就出政治，就出模范。解放军得人心就是这个酸菜，当然还有别的。”

这段话是毛泽东在中共中央一次大会上讲的。

“酸菜”，是一种表面性的个别事物，但实质上代表艰苦的生活，引申为艰苦奋斗的政治本色。用具体代抽象的借代方式讲述，不仅生动有趣，通俗易懂，还可以产生强化激励、深入人心的效果。如果不用借代的方式，做一番解释，说吃酸菜虽然过的是艰苦的生活，但保持了艰苦奋斗的政治本色，明确是明确，但缺少自然风趣的生动意蕴，也低估了听者的领悟能力。

对照技巧

鲁迅在《战士和苍蝇》一文中这样说过：“有缺点的战士终究是战士，完美的苍蝇竟不过是苍蝇。”这里鲁迅把“战士”和“苍蝇”拿来对照比较，尖锐地讽刺了那些诬蔑革命者的可耻奴才，坚决地支持了坚持革命的勇敢战士。

把两种不同事物或同一事物的两个不同方面放在一起相互比较，通过比较可使事物的性质、状态和特征等更加鲜明突出，并且鲜明地表现出说话人的立场和观点。这就是对照。

闻一多先生在《最后一次讲演》中多次运用这种技巧，如讲到国民党特务暗杀李公朴，还嫁祸于共产党，并说是什么桃色事件时，闻先生说：“这是某集团的无耻，恰是李先生的光荣。”把国民党反动派的无耻和李公朴为革命而献身的光荣相对比，鲜明地表现了闻一多先生的爱憎感情。

战国时期，有一次齐宣王召见颜斶。

齐王对颜斶说：“斶，你过来！”

颜斶以同样的语气对齐王说：“王，你过来！”

齐王很不高兴。齐王左右的人指责颜斶说：“齐王是国君，你是国君的臣下，你这样跟齐王说话成何体统？”

颜斶不慌不忙地说：“我到国君面前是趋炎附势；国君到我面前是礼贤下士。与其让我趋炎附势，不如让齐王礼贤下士。”

齐王怒容满面，气势汹汹地质问：“到底是国王高贵还是士高贵？”

颜斶说：“士高贵，国王不高贵。从前秦国出兵攻打齐国，他们的军队路过士人柳下惠的墓地时，发布一道命令说：‘有到柳下惠墓地五十步范围内打柴煮饭，割草喂马的，杀无赦！’后来与齐国军队交战时，秦军又发布一道命令：‘有能割下齐王脑袋的，封地万户侯，同时赏黄金万两！’从这两道军事命令就可以看出，一个活着的国君的脑袋，还比不上死掉了的士人坟堆上的一根柴草！”

齐王张口结舌，无言以对。

颜斶用同样的语气呼“王，你过来”，这是需要一定的胆量和气魄的。“趋炎附势”与“礼贤下士”的对照，说明他胸有成竹，同时把说话的基点放在国王身上，即为国王考虑，重视士人，兴国利民，可惜齐王仍不能体察其良苦用心，竟还要提出国王与士相比谁高贵的问题。士人墓的柴草与活着的国王的脑袋的对比，形成了一种强烈的反差，有力地论证了他的观点。

在生活中我们将两种不同事物进行对比，通常是为了使好的显得更好，坏的显得更坏，大的显得更大，小的显得更小；将同一事物的两个不同方面进行对比，往往是为了把事物说得更透彻、更全面、更鲜明。

引用技巧

引用这种修辞方法用途十分广泛，是指在语言交际中引用名言警句、熟语、典故等，来证明事物、阐述道理。运用这种修辞手法可以增强说服力和感染力，使语言表达言之有据、生动形象。

引用可以吸纳古今中外的多种语言、多种智慧的精华，显示说话者知识的渊博。因为一个人的语言表达能力无论多么强，毕竟是有限的，引用就借助于多种多样的表达能力，使其熔为一炉，产生以少胜多、言简意赅、韵味无穷、寓意深刻的表达效果。

引用的方式有多种多样，常用的有暗引、正引、反引和撷引。

1.暗引

暗引即暗示、引用。“鲁迅有两句诗‘横眉冷对千夫指，俯首甘为孺子牛’应该成为我们做人处事的座右铭。”这句话中引用鲁迅的两句诗作为激励、警戒自己的格言，简洁凝练，令人回味。

2.正引

正引即用其原意原句。如教师节的晚会上，一名女学生在回答教育的作用时说：

“在一个文盲的国家里，是不能建成社会主义的。”（列宁语）“一个受了不良教育的孩童，等于走失了方向。”（肯尼迪语）“知识才是引导人生走到光明与真实境界的灯烛。”（李大钊语）所以，“教育是廉价的国防。”（亚里士多德语）“教育的根是苦的，但它的果是甜的。”（约翰逊语）教育的根就是我的根。

这一段话引用了列宁、肯尼迪、李大钊、亚里士多德等著名人物的名言、警句，揭示了以教育为本的深刻内涵，生动深刻，效果突出。

3.反引

反引即反其意而用之。如毛泽东同志在《质问国民党》一文中讲道：

照你们的说法，破坏团结的也是共产党，你们则是如何如何的“精诚团结”主义者，那么，你们以三个集团军（缺一个军）的大兵，手持刺刀，配以重炮，向着边区人民前进，这也可以算作‘精诚团结’么?

毛泽东同志这一段反用，以其人之道，还治其人之身。没有比这精妙的反引更具说服力的了。

4.撷引

撷引是撷取原句中部分词语而用之。

毛泽东同志在《论联合政府》这篇著名报告中将“上以风化下，下以风刺上，主文而谲谏，言之者无罪，闻之者足以戒，故曰风”句，巧妙地撷用成“言者无罪，闻者足戒”这一闪烁着真理光芒的名句。

这样的撷引精练地阐述了人民内部对于批评所应采取的正确的态度，

倡导和宣扬了民主作风和批评与自我批评的精神。不但言简意赅，而且通俗易懂。

运用引用技巧时，要力求精当，引用内容的多少要适宜；所引用的内容必须对阐述问题确有价值，其内容既具有权威性、说服力，又不是老生常谈。

运用引用应注意两点：一是保持引文的完整性，切忌断章取义；二是将引文与所要表达的意思融为一体，成为论说的有机组成部分，不能硬凑生拼，甚至“贴标签”。

排比技巧

运用排比可使语意表达层次清晰、语势强劲、节奏鲜明、语意畅达。这种修辞手法一般是由三个或三个以上结构相同或相似、内容密切关联、语气一致的词组或语句排列而成，用于表达同一范围、同一性质的事物，以增强语势，增强节奏感和旋律美，加强语言的力度。

马丁·路德·金在1963年8月28日美国华盛顿黑人集会上发表了一场精彩的演说，其中有这样几段话：

一百年前，一位美国伟人签署了《解放宣言》。现在我们站在他纪念像投下的影子里，这重要的文献为千千万万在非正义烈焰中煎熬的黑奴点起了一座伟大的希望灯塔。这文献有如结束囚室中漫漫长夜的一束欢乐的曙光。

然而，一百年后的今天，我们却不得不面对黑人依然没有自由这一可悲的事实；一百年后的今天，黑人的生活依然悲惨地套着种族隔离和歧视的枷锁；一百年后的今天，在物质富裕的汪洋大海中，黑人依然生活在贫穷的“孤岛”之上；一百年后的今天，黑人依然在美国社会的阴暗角落里艰难挣扎，在自己的国土上受到放逐。所以，我们今天到这里来，揭露这骇人听闻的事实。

这就是我们的希望。这就是我们带回南方的信念。怀着这个信念，我们能够把绝望的大山凿成希望的磐石；怀着这个信念，我们能够将我国种族不和的喧嚣变为一曲友爱的乐章；怀着这个信念，我们能够一同工作，一同祈祷，一同奋斗，一同入狱，一同为争取自由而斗争，因为我们知道我们终将得到自由。

在马丁·路德·金的这几段演讲词中，第二段以“一百年后的今天”领起的排比句，从黑人没有自由，受着种族隔离和歧视，过着贫乏的生活乃至受虐待遭驱逐的政治、经济、人生、法律待遇等方面集中地揭露了黑人悲惨严酷的生活现状，给人以心灵的震颤；最后一段以“怀着这个信念”领起的排比句，表述了所要进行的不懈努力、斗争原则和奋斗目标。文中排比句式的运用，如江河奔腾，气势磅礴，既淋漓尽致地表达了演讲者的思想和感情，产生了激动人心的修辞效果。

双关技巧

双关就是有意识地使用同一个词或同一句话，在同一个言语环境中兼有两重意思：表面上是说这件事，实际上是指另一件事。一语双关，能使话语含蓄、幽默，饶有风趣，还能加深语意，引人思考，给人以深刻的印象。我们可从下面这一组故事中，体会一下双关语运用的技巧。

有个女婿，能言善辩，一次同媳妇一块儿到老丈人家去串门。

老丈人是个吝啬鬼，在午餐席上，只摆盘生柿子和几样蔬菜。

女婿伸手拿过生柿子，连皮一块儿吃。媳妇在屋里看见了，连连说：“苦？”女婿一边吃，一边回答说：“苦倒不苦，只有些涩（啬）。”

苦涩的“涩”与吝啬的“啬”同音，女婿借此讥讽老丈人的吝啬。他吃柿子连皮一块吞，逗引他媳妇发问，以讥讽他的丈人。

在词语的选择上，女婿也煞费苦心，不说柿子苦，而说涩，旨在运用谐音双关。虽然嘴受了点罪，却达到了讥讽以泄不满的目的，足显其机智了。

纪晓岚与和珅同朝为官。纪晓岚任侍郎，和珅任尚书。

有一次，两人同饮，和珅指着一条狗问："是狼是狗？"

纪晓岚非常机敏，立即意识到和珅是在转弯抹角地骂自己，就给予还击。他泰然自若地回答道：

"垂尾是狼，上竖是狗。"

这"是狼"与"侍郎"谐音，"上竖"与"尚书"谐音，和珅用谐音攻击纪晓岚，自以为稳操胜券，聪明卓绝，没想到纪晓岚用同样的技巧以其人之道，还治其人之身，使狡猾的和珅没有占到丝毫便宜。

三个朋友到一家小酒店喝酒，店里只剩下一个空位子。三个人各不相让，争吵不休，最后商定："谁吹的牛大，谁就坐这个位子。"

三个人中有一个是瞎子，他抢先说："我目中无人，该我坐这个位置。"

另一个是矮子，他说："且慢，我不比常（长）人，应该由我来坐。"

第三个人是驼背，他不慌不忙地说："你们都别争了，其实，你们都是直（侄）背（辈）的，这个位子，理所当然应由我来坐。"

三个人，皆用谐音技巧，真是各有千秋，难分上下。

反问技巧

美苏关于限制战略武器的四个协定刚签署，基辛格就在莫斯科一家旅馆里，向随行美国记者团介绍这方面会谈的情况了。当时已是5月27日凌晨1

点，他竟毫无倦意。

“苏联生产导弹的速度是每年大约250枚，”基辛格微笑地透露道，“先生们，你们可别把我当间谍啊。”

敏捷的记者们于是接过话头，探问美国的秘密。

“我们的情况呢？我们有多少潜艇导弹在配置分导式多弹头？有多少‘民兵’导弹在配置分导式多弹头？”一个记者问道。

基辛格耸耸肩：“我不知道正在配置分导式多弹头的‘民兵”导弹具体有多少，至于潜艇，我的苦处是，数目我是知道的，但我不知道是不是保密的。”

记者说：“不是保密的。”

基辛格反问道：“不是保密的吗？那你说是多少呢？”

记者傻了，只好“嘿嘿”一笑。

反问是用疑问的形式表达确定的内容的修辞方式。反问寓答案于问句之中，思想内容恰与句子的表面意思相反：语句表面意思是肯定的，内容则是否定的；反之亦然。运用反问能够加强语势，把原来确定的意思表达得更加鲜明且不容置辩，所以，容易集中听众的注意力，给人造成强烈的印象，容易唤起人们的想象和激情，比正面表达更能产生力量。

卡耐基说：如欲说服人，最好的方法就是举出例证反问之，它远比正面辩驳要有更大的说服力。

有一次，拿破仑对他的秘书说：“布里昂，你知道吗？你也将永垂不朽了。”

布里昂开始不解拿破仑的意思，拿破仑解释说：“你不是我的秘书吗？”

布里昂明白后，笑了笑说：“请问，亚历山大的秘书是谁？”

拿破仑答不上来，赞扬道：“问得好！”

问得好，好在哪？

按拿破仑的意思：永垂不朽者的秘书，也是永垂不朽的，这是大前提。

你是我拿破仑的秘书，这是小前提。

结论：“你也将永垂不朽。”

布里昂明白拿破仑的意思，虽并不寄希望于依靠名人扬名，但仍不忘作为秘书对主帅的尊重，所以采用表面请教，实则反问的方式：“请问，亚历山大的秘书是谁？”证明了大前提的不可靠性，使拿破仑的结论不攻自破。

不可不知的说话技巧

自然语言是成功交往的媒介，但是也不能忽视人体语言在人际交往中的功能。特别是在情感的表达、态度、性格、意向、风度和气质的表现方面，人体语言更能显示独特的魅力。人体语言的魅力在于表情语言的魅力，在于肢体语言的魅力。

第三章
完善你的说话风格和个性
——18岁后说话要发挥肢体语言的魅力

把握最初的10秒钟

一位演说家说，我们开始说话的10秒钟最能吸引听众。原因是：在这最初的10秒钟内，每个人都会有意无意地来表达自己的真实感觉。所以，你如果抓住了这10秒钟，整个说话的场合就会形成一种有利于你的情势。

如何把握住这最初的10秒钟呢？

1.用吸引人的故事或幽默开头

感人的故事（尤其是真人真事）或能够使观众们发出会心笑声的幽默，能够一下便抓住听众的心，即使前面的发言者已使观众思绪分散，也仍然能起到把握全局情绪的作用，引起听众的兴趣，从而使自己很快被听众所接受。

2.用一些物品吸引听众

一张图纸、一个战场上带回的实物或是一张相片，因其能够直观地反映一定的主题，因而能很快地把听众吸引过来。如果讲者乐意，他还可能将自己的话题抽象成一幅画——根本不必去追究它的艺术性，或者随便写几个有趣的大字。别出心裁的举动也能一下子集中听众的注意力，只要物品有助于讲者借题发挥就行。

3.不妨用提问来开头

提问，是有趣的开头法。在问题提出以后，几乎所有感兴趣的人都会去思考，并产生一种要求知道正确答案的欲望，而这将能使听众的注意力得到迅速集中——他们等着用你说出的答案去验证自己的判断。但是要注意，提出的问题不要过于简单，要能“发人深省”引起思考，或能使听者有所收益。

4.制造悬念

可以通过听众的求知欲而造成悬念，采用此种讲话开头方法时可能需要一些“内幕”消息。无疑，这也是一种很好的吸引听众的方法。

5.从听众的利益和关心焦点出发

有经验的谈话者，往往善于将自己的讲话与听众的切身利益联系起来，即使牵强一些，为了开始讲话时能吸引听众，有时不得不有策略地绕个弯子，待听众兴趣已起时再转入正题。

6.从与听众的共鸣说起

共同的经历或遭遇、共同的研究专业和方向、共同的希望和展望等，都是能够引起听众共鸣的话题，以此种方式开场，常常更易于使自己被听众“认同”。

7.用一句名言开场

名人名言是很好的开场白。心理学研究认为，公众具有崇拜权威（名人是人们自认的权威）的共同心理。名人的话对听众来说总是具有一种特殊的魅力，因而也最易于将听众的注意力集中起来。

8.先赞扬听众

世人都爱听赞颂之辞。因此，具体的赞扬会使他们很注意听，同时，也会使讲话者被认为是一个和蔼可亲的人而被听众接受。

表情语言为你铺平道路

一个会说话的人，他所用的不仅仅是他的口。在日常生活中，我们经常可以发现，有些人一开口，别人就静下来听；而另一些人讲话时，听众仍各干各的，甚至打断他的话。这种情况之所以出现，当然有许多复杂的原因，但其中有一个重要原因，那就是有的人懂得使用表情，使用眼、胸、肩等身体的各个部位来配合他的口来吸引人，而有的人却不懂得。试想一想，如果一个人在说话时只是嘴在动，而身体的其他部位是绝对静止的，他会对听众有吸引力吗?

其实，从你出现到你开口说话的这段时间里，你都在说话，只是没有用口，而是用身体的其他部位。你的眼、手、脚等的一举一动都能体现出一种表情，而这种表情可使人准备听你的话，也可以使人不想听你的话，甚至使人对你产生一种厌恶感。

因此，一个会说话的人在开口之前，必须调动身体的各个部位，向听众传达他对他们的敬意与好感，暗示出他将要说的话的基调和重要性。这是一次成功交谈的必要前奏。即使是在谈话的过程中，他突然站起来，或者是座位向对方移近一些，或者突然做一个不寻常的姿态，只要自然得体，对他的说话的效果也大有帮助。

许多参加演讲比赛的人都很注重采用以上的办法。他们非常注意练习登台走路的姿态，练习怎样鞠躬、怎样注视听众，以此来使听众对他们产生兴趣，把注意力都集中到他们身上来。他们的这些动作，一般都成功地为他们的语言铺平了道路。

1.眼神

语言表情中最重要的是眼神。黑格尔在《美学》中说：“不但是身体的形状、面容、姿态和姿势，就是行动和事迹，语言和声音以及它们在不同生活情况中的千变万化，全部要由艺术化成眼神，人们从这眼神里就可以认识到内在的无限的自由的心灵。”

“双目炯炯有神”这句话是人们用来描述一个人精力旺盛、机敏干练的，从这句话可以发现“眼”与“神”之间的联系。眼睛里流露出来的光彩，人们即称之为眼神。眼神是人际交往中最能传神的非语言交往。人的眼神是通过眼睛的开闭张合，眼球的运动，瞳孔的舒缩，视线的变化以及眉毛的配合表现出来的。眼神有热情友好的、含情脉脉的、严厉苛刻的、慈祥的、和蔼的、凶恶的、胆怯的、坚定的、蔑视的等多种类型。

眼神可以向外界传达多种信息。表示爱慕时，双目传情；表示挑衅时，目不转睛；表示接纳时，目光平和。眼神还可传达命令、请求、劝诫及安慰等丰富的内容。

眼神，犹如一面聚焦镜，凝聚着一个人的神韵气质。凡是亲耳聆听过周恩来演讲的人，无不为他那刚毅、睿智的眼神所吸引，从中得到激励；凡是亲耳聆听过陈毅演讲的人，无不为他那敏锐的眼神所慑服，从中受到鼓舞。

切记我们的一双眼睛时刻都在“说话”。互相正视片刻，表示坦诚；互相瞪视，表示敌意；乜斜着眼扫一下，表示鄙夷；正视、逼视，表示命令；不住上下打量对方，表示挑衅；低眉偷觑，表示困窘；行注目礼，表示尊敬、关注；白他一眼，表示反感；双目大睁或面面相觑，表示吃惊；眼睛眨个不停，表示疑问；眯着眼看，表示高兴或者轻视。至于用眼神来表达爱情，更是不言而喻的了。青年男女在喁喁情话时，一定是互相对视，两人的眼中流露出千般情万种意，故而心理学家梅里比安说："一个人看谁的时间越长，表示越是喜欢对方。"

2.眉毛

眉毛的功用是保护眼睛，但它还能传递人心理行为的信息。人的心情变化了，眉毛的形状也会跟着改变。眉毛的动作，大致有5种表现：

扬眉：当人的某种冤仇得到伸张时，人们常用"扬眉吐气"一词来形容这时的心情。当眉毛扬起时，会略向外分开，造成眉间皮肤的伸展，使短而垂直的皱纹拉平，同时整个前额的皮肤挤紧向上，造成水平方向的长条皱纹。扬眉这个动作，能扩大视野。但同时也要认识到，一个眉毛高挑的人，正是想逃离庸俗世事的人，通常会认为这是自炫高深的傲慢表现，而称为"高眉毛"。当一个人双眉上扬时，表示非常欣喜或极度惊讶；单眉上扬时，表示对别人所说的话和所做的事不理解、有疑问。当我们面临某种恐惧的事件时，可以用皱眉来保护眼睛，也可以用扬眉来扩大视野，两者都对我们有利，但我们只能选择其一。一般的反应是：面临威胁时，牺牲扩大视野的好处，皱眉以保护眼睛；危机减弱时，则会牺牲对眼睛的保护，扬眉以看清周围的环境。

皱眉：皱眉的情形包括防护性和侵略性两种。防护性的皱眉只是保护眼睛免受外来的伤害。但是光皱眉还不行，还需将眼睛下面的面颊往上挤，眼睛仍睁开注意外界动静。这种上下挤压的形式，是面临外界攻击、突遇强光照射、强烈情绪反应时典型的退避反应。至于侵略性的皱眉，其基点仍是出于防御，是担心自己侵略性的情绪会激起对方的反击，与自卫有关。真正侵略性眼光应该是瞪眼直视、毫不皱眉的。最常见的皱眉，容易被人理解为厌烦、反感、不同意等情形。

耸眉：耸眉指眉毛先扬起，停留片刻，然后再下降。耸眉与眉毛闪动的区别就在那片刻的停留。耸眉还经常伴随着嘴角迅速而短暂地往下一撇，脸的其他部位没有任何动作。耸眉所牵动的嘴形是忧伤的，有时它表示的是一种不愉快的惊奇，有时它表示的是一种无可奈何的样子，此外，人们在热烈地谈话时，会做一些小动作来强调他所说的话，当他讲到重要处时，也会不断地耸眉。

斜挑：斜挑是两条眉毛中的一条向下降低，一条向上扬起，这种无声语言，较多在成年男子脸上看到。眉毛斜挑所传达的信息介于扬眉与皱眉之间，半边脸显得激越，半边脸显得恐惧。扬起的那条眉毛就像提出了一个问号，反映了眉毛斜挑者那种怀疑的心理。

闪动：眉毛闪动，是指眉毛先上扬，然后在瞬间再下降，像流星划过天际，动作敏捷。眉毛闪动的动作，是全世界人类通用的表示欢迎的信号，是一种友善的行为。两位久别重逢的老朋友相见的一刹那会出现这种动作，而且伴随着扬头和微笑。但是在握手、亲吻和拥抱等密切接触的时候很少出现。眉毛闪动除了作为欢迎的信号外，如果出现在对话里，则表示加强语气。每当说话者要强调某一个词语时，眉毛就会很自然地扬起并瞬即落下。

3.嘴巴

嘴巴本身就是传递有声语言的器官，但它同时也传递一种无声语言。为什么呢？因为嘴是人身上最忙碌的部位——笑、哭、咬、舔、接吻、吃饭、吸吮、品尝、咀嚼、吞咽、咳嗽、说话、吼叫、抽烟等动作都要嘴巴来完成。人的生存需要通过嘴巴输送粮食，交流需要嘴巴说话。同时，嘴巴也是脸上最富于表情的部位——张开闭合、向前向后、向上向下、抿紧放松，这四种基本方式可以组成五彩缤纷的嘴部动作。

人的嘴巴一开一合能够鲜明地表现人的态度来。一个人口唇部分的变化，主要有几种情况：张开嘴而合不上，是个意志软弱的人；口齿伶俐、吐词清楚的人有一个好口才；人的嘴唇往前空撅的时候，可能是防卫心理的表示；人在注意听说话时，嘴唇两端会呈现稍稍拉向后方的状态；嘴角上翘，这种人豁达、随和，比较好说话，易于说服；下巴缩起的人，干活仔细，疑心病很重，容易封闭自己，不易相信他人；下巴高抬的人，性格骄傲，优越感、自尊心强，目光望向你时，常带否定性的眼光或敌意；说话或听话时咬嘴唇，对方在自我谴责，自我解嘲，甚至自我反省；口齿不清、说话迟钝，但意气坚定、见解不凡，此人必定才能出众；说话时以手掩口，其人性格较内向、保守，不敢过多暴露自己，还有一种情形，表示对方存有戒心，或者在做某种自我掩饰；关键时将嘴抿成"一"字形的人，其性格坚强，交给他的任务他一定能完成，不管付出多大代价。

4.鼻子

在谈话中鼻子稍微胀大时，多半表示得意或不满，或情感有所抑制。鼻头冒出汗珠时，表示心理焦躁或紧张；如果对方是重要的交易对手时，必然是急于达成协议。鼻子的形状像鹰嘴，尖向下垂成钩状，阴险凶暴，鹰鼻而眼深者生性贪婪不知足。鼻子的颜色整个泛白，显示对方的心情一定畏缩不前。鼻孔朝着对方，表示藐视对方，轻视别人。鼻子坚挺的人性格坚强，决定的事情一定要做到。摸着鼻子沉思，说明对方正在思考，希望有个权宜之计解决眼前的问题。

有位研究身体语言的学者，为了弄清这个"鼻子"的"表情"问题，专门做了一次观察"鼻语"的旅行。他到车站观察，到码头观察，到机场观察。他旅行了一个星期，观察了一个星期。由此得出两点结论：第一，旅途是身体语言最丰富的表现区域。因为各种地区、各种年龄、各种性别、各种性格的人汇集在一起，而且都是陌生人，语言交流很少，但心理活动又很多，所以，大量的心态都流露于身体语言。他说："旅途是身体语言的试验场。"第二，人的鼻子是会动的。因此，鼻子是有无声语言的器官。他说，根据他的观察，在有异味和香味刺激时，鼻孔有明显的伸缩动作，严重时，整个鼻孔会微微地颤动，接下来往往就出现“打喷嚏”现象。他认为，这些“动作”，都是在发射信息。此外，据他观察，凡高鼻梁的人，多少都有某种优越感，表现出“挺着鼻梁”的傲慢态度。关于这一点，有些影视界的女明星表现得最为明显。他说，在旅途中，与这类“挺着鼻梁”的人打交道，比跟低鼻梁的人打交道要难一些。他的这次旅行观察，对于身体语言学，可能是个不小的贡献。

5.微笑

笑，是每个人都可无数次显露的表情。笑的种类很多：如岳飞《满江红》中“笑谈渴饮匈奴血”的“笑”，是豪迈的笑，战斗的笑；如陈然《我的自白书》中“对着死亡我放声大笑”的“笑”，是充满信心的笑，胜利的笑；如贺知章《回乡偶书》中“笑问客从何处来”的“笑”，是礼貌的笑，文明的笑；如毛泽东《卜算子·咏梅》中“她在丛中笑”的“笑”，是谦逊的笑，高尚的笑；如鲁迅小说《孔乙己》中“只有孔乙己到店，才可以笑几声”的“笑”，是揶揄的笑，活泼的笑。

在各种各样的笑容里，最动人的还是微笑。

有个叫威廉·史坦哈的人，在谈他的交际经验时说：“我是一个闷闷不乐的人，结婚18年来，我很少对我太太微笑。后来，有人鼓励我微笑，我答应试试。于是，第二天早起，当我跟太太打招呼：‘早安，亲爱的。’同时对她微笑时，她怔住了，惊诧不已。我说：‘从此以后我的微笑将成为寻常的事，不用惊愕。’结果这竟改变了我的生活，一改过去闷闷不乐的状态，在家中我得到了幸福温暖。现在，我对每个人都微笑，他们也对我报以微笑。我可以带着轻松愉悦的心情去同一些满腹牢骚的人交谈，一面微笑，一面恭听。原来棘手的问题，现在也变得容易解决了。这就是微笑给我带来的许多方便和更多的收入。微笑使我快乐、富有、拥有友谊和幸福。而不会微笑的人在生活中将处处感到困难和不方便。”

日本著名影视演员山口百惠给世界观众留下了深刻印象，在她息影多年后仍有大量的影迷想念她，渴望她复出。山口百惠能够得到如此高的声誉当然与她卓越的演技分不开，但是也不能否认她那天真无邪、可爱动人的微笑以及笑时露出的两颗虎牙所具有的摄人魂魄的魅力，令多少观众醉心于她的表演。

微笑应该发自心底深处，足以温暖别人的心，使冰雪为之融化。没有诚意的微笑不但不能打动人，反而令人生厌。在才智不相上下的人群中，你拥有更多的微笑，成功便在更大程度上属于你。

发挥肢体语言的魅力

肢体语言是一种无声语言，它是一种比有声语言更能表现一个人的情感和个性欲望的语言。美国心理学家爱德华·柯尔在他的《肢体语言》一书中说：“肢体语言所显示的意义要比有声语言多得多，而且深刻很多。”

人类发出的语言信息，其中肢体语言占有较大比值。肢体语言比有声语言内涵更丰富，更具有多变性、多意性和联想性。肢体语言的符号就像一幅色彩斑斓的图画，人们常说每个人的心里都有一个哈姆莱特的形象。这就是说，每个人在接触艺术符号的时候，都凭借着自己人生的经验去补充，去完善，去创造。到今天为止，学者们已发现并记录下了二百万种非语言的信息。莫拉宾发现一个信息的传达是由7%的语言和38%的声音以及55%的非语言所组成的。戴维斯在《怎样识别肢体语言》一文中也得出了相似的结论：信息总效果＝7%文字＋38%声音＋55%面部表情。因此英国学者莫里思认为，“人类从里到外还是‘动物性的生物’——是一种以动作、手势、行动来表达和沟通的灵长类动物。”

从对方身体各部位的动作来了解人的思想感情，是了解和掌握说话要领的一种技巧。如：正襟危坐表示恭谨，手舞足蹈表示欢乐，振臂昂首表示慷慨激昂，点头哈腰表示谄媚。可以说，不使用动作的人是没有的，同时，动作也是调整体态平衡的一种需要，而且，还强化你抒发此地此时的感情。如：当孩子有错误时，母亲往往在说理时搂着孩子。这一动作充分体现了母爱的赤诚，从而也更容易感化孩子的心灵。

肢体语言有各种各样的表现，是比较复杂而微妙的，但不管如何，不是自然的动作，就是呆笨的动作。

美国纽约市市政厅邀请瑞格去一个集会演说。事前由当地一位不善言辞也不注重体态表情的秘书明威尔作开场白。明威尔由于说话结结巴巴，使听者的反应从一开始就不大热烈。更糟的是明威尔开始慌乱起来，他的腿不停地改变姿势，从分立变成交叉，甚至将脚尖微微相对，引起前排的妇女阵阵笑声，他赶忙将手抽出来，环抱着，听众又是一阵骚动，结果，这种拙劣的表演把在场的听众的兴致全部打消了。

良好的体态，首先要给人一个精神饱满的印象，弯腰驼背的模样，不仅给人一种颓丧感，而且对说话也不利。目前，西方学者提出演讲者的姿势，强调头抬得高些，背挺直，眼光注视观众，这种体态，不但充满活力，而且使你的话语带有权威性，因为这种体态显示了一种自信和坚定。当然，也有人出于策略需要，故意装出颓丧不振的样子，以尽量打消对方听话的兴趣。在某种情况下，这也是一种技巧。

美国著名律师达罗，有时会在他的对手向陪审团提出证据时要点小花招，他乱动乱摆，甚至让手中的雪茄烟灰逐渐增长，直到人们的眼睛望着他，直到手中烟灰落下来，使对手说不下去。

肢体语言的类型

每个人说话时都有自己独特的肢体语言风格，但都不外乎 3 种类型，即情感型、示意型、陈述型。这三种肢体语言类型在具体运用中互相协调、互相联系。

1.情感型

这是表示思想感情机能的身体语言，它分为两种：第一种是不欢迎的意思。比如，有两个人在一块儿说话，你也走过去和他们在一起，如果他们只是很平淡地看了你一眼，那就说明他们对你的到来不感兴趣，你最好主动离开。第二种是欢迎的意思。比如两个人坐在桌旁，他们的姿势很自然地互相对称，这表明其中一人对另一人十分感兴趣。

另外，有时几个人在一起组合成一个势力圈，而对圈内的人来说，则是一个整体。这说明情感型肢体语言具有对立统一的特点。

2.示意型

肢体语言是可以用肢体表达意思的语言。如迎接客人时“请”的姿势就是典型。这种肢体语言在身体各个部位都有所表现。例如腿部：你在酒吧等人，但等了很久都没有人来，这时你的腿开始抖动，甚至还出现频频顿足的动作，而头部也频繁地朝门口扭动，眼睛不时地往来人的方向张望或看手表，这一系列姿态，就把你焦躁不安的心态暴露无遗。

还有腰部。弯腰是表示某种“谦逊”或“尊敬”的态度。经常挺直腰板站立、行走或坐下的人，表示其较强的自信心和自制力，也可能表示其性格过于古板。

其他部位都有不少这类肢体语言。挺起胸部，手臂抬高交叉脑后，表示自信、有把握或有优越感；挺起腹部，意在扩大自己的势力范围或威慑对方；反之，收腹蜷缩则表现出不安、消沉和沮丧。

3.陈述型

这是对语言表达的思想内容进行补充和说明的肢体语言类型。首先，它有助于增强反馈效应。例如美国人交谈时，头部的动作很频繁。如果想等待答复，他总是动头，每次说完话后也动头，意思是说自己的话完了，请对方接着说。如果自己以陈述语气继续讲话，那么他就不会动头，并且保持同样的语调。其次，陈述型肢体语言有助于强化语意。例如一个人面对一群人演讲，当讲到特别重要的内容时，便不由自主地站立起来，甚至上身还向听众倾斜，目的是要强调所讲内容的重要性。

另外，陈述型肢体语言还有助于提高听众的理解，有助于你说话顺利流畅，有助于引起听众的注意。所以说，陈述型肢体语言是善于言谈者的拿手本领。

肢体语言的特性

弗洛伊德曾经说过："所有的凡人都掩盖不了自己，如果他口唇静止，手指在轻轻击节，则秘密就会从他的每个毛孔中流溢出来。"这不奇怪，这正是肢体语言本身的特性所决定的。

肢体语言的特性有下面三点。

1.连续性

只要两人在一起，不管你是正襟危坐，还是手舞足蹈，都在传递着信息，整个过程是连续不断、不可分割的。这与语言信息交流一旦话说完了、文章写完了，过程也就结束了的"分离性"是不同的。

2.互动性

语言信息的传递只经过一个通道，比如听话只能逐字逐句地听，读文章也有个前后的顺序。而肢体语言信息则可以“多通道”互动，比如：一个人坐着思考问题时，一手托着腮帮、一手轻敲桌面、双脚踝交叠就是生动的例子。

3.可靠性

人们对语言信息的操纵总是自觉的，这也就难免产生虚假，肢体语言大多是在无意识状态中说话的，因而传递的信息就较为可靠些。

肢体语言的功能

电影表演大师卓别林早年出演的无声电影之所以在全世界受到广泛的欢迎，就在于卓别林准确夸张的肢体语言。其表演显示了肢体语言的强大功能。

肢体语言在人与人之间传达出“无言的沟通”，它的功能有以下四点。

1.替代功能

《晋书·阮籍传》记载，魏晋时代被誉为“竹林七贤”之一的阮籍善为青白眼。所谓“青”，就是黑的意思。“青眼”即人喜悦时眼睛正视，黑珠在中间，是相对于“白眼”（眼睛向上或向旁，现出白眼）而言的。阮籍常用“青眼”表示赞许和喜悦；用“白眼”表示厌恶和蔑视。他见到雅士，便作“青眼”；见到俗人，即以“白眼”对之。阮籍居丧期间，嵇喜前往吊唁，他白眼冷对，嵇喜十分难堪，只好不怿而退。嵇喜的弟弟嵇康听说后，便提着个大酒壶，挟着把琴也来吊丧，阮籍立即投之以青眼，表示欢迎。今天我们常用的“青睐”、“垂青”等词，也就是由此而来。

心理学家阿盖尔认为，诸如承认、爱欲、挑衅、拒绝、寻衅、优越感、屈从、谦恭、满足、妥协、害怕、悲伤、欢乐、痛苦、哀愁等情绪，通常都可以由肢体语言直接替代加以表达。

2.表露功能

有时，千言万语难以表达的思想感情，或一时说不出口的心底的话，采用肢体语言巧妙地加以表露，就容易使对方心领神会。

3.辅助功能

在社交场合讲话要生动有力，给人以深刻印象，那更是少不了肢体语言来辅助。辅助手段如果运用得当，可以加强语势，并能取得较好的信息沟通效果。

4.调节功能

有人来访，你正在忙这忙那，当对方还在滔滔不绝地漫谈时，你会用看看手表或坐立不安等的肢体语言，来暗示对方“废话少说，无事快走”。当教师讲解不清时，学生的脸上会出现困惑不解的神色，有的可能摇头以示不悦，这时许多教师会及时理解学生向自己发来的调节信号，并迅速作出积极反应。

肢体语言的上述 4 种功能，显露了不可低估的“无言的沟通”之意义。如果一个人不会正确破译肢体语言，不善于发挥它在人际交往与沟通中的作用，那就可以说他成功的大门还没有真正打开。

站姿

一个人的站姿要显得健康、自信。标准的人体站姿应该是：抬头，两眼平视前方，嘴唇微闭，面带微笑，下颌微收；放松双肩，稍向下压；挺胸、收腹、立腰；双臂自然下垂于身体两侧，双腿直立，膝和脚后跟要靠紧。一个人站立时不良的姿态表现为：身体僵直，胸部外凸，板腰；垂肩，脊柱后凸，腹部鼓起；胸部下凹及垂肩，脊柱侧凸。此外，缩头探脑，佝偻双肩，双腿弯曲颤抖等，这些站姿都会给人留下不良印象。不良站姿无法显示出一个人的朝气及活力。

无论男性还是女性，站立姿势表现出挺、直、高，那他（她）便是具有了基本的美感。就男性来说，站立时身体各主要部位舒展，头不下垂，颈不扭曲，肩不耸，胸不含，背不驼，髋、膝不弯，这样他就做到了“挺”。站立时脊柱与地面保持垂直，在颈、胸、腰等处保持正常的生理弯曲，颈、腰、背后肌群保持一定紧张度，这样他就做到了“直”。站立时身体重心提高，并且重点放在两腿中间，这样他就做到了“高”。就女性来说，站立时头部微低，显示了她的温柔之美；挺胸，不仅使她显得朝气蓬勃，而且让人觉得她是个自信的人；腹部微收，臀部放松后突，表示她很在意女性曲线美。

在社交场所和任何人群集合的地方，人们三个一群两个一伙地站着谈话，其站姿各种各样。相对站立，这是两个人谈话时常采用的姿态，其中包括两种含义：一是亲密友好，一是彼此发生争吵。又有双人八字形站姿，表明欢迎别人加入。还有多人并肩站姿，说明几个人受到同一约束力。

站立时，对方手臂的姿势也值得琢磨：手臂下垂时，表示他此刻的心理处于松弛状态，心态比较自然，手臂张开时，表示出欢迎和拥抱的姿态，手臂交叉时，既表现一种防卫心理，又具有一定的掩饰作用。即便是颇有声望的政界要人，或社会名声显赫的人物，在与陌生人打交道时，都会程度不一地采用这种姿势。用手握臂时，表示一种自制。有的人置身陌生人当中，为了掩饰不安的心情和缺乏自信心理，会采取这种姿态。手臂上举时，要么表示胜利，要么表示投降，要么表示敬礼、挥手、招手等特定的含义。

坐姿

正确的坐姿在说话时给人以端庄、稳重的印象，使人产生信任感。另一方面，它也给交谈带来方便。坐姿本身就可以向对方传递信息，因此应作为一种交谈手段加以注意。

首先，为了促进交谈，坐椅子时可稍往前坐一点，身体前倾，采取这样的姿势，便于将身体前后摇动，以对对方的谈话内容表示肯定，同时还可以促使对方作决定。如果背部靠在沙发上，则给人以傲慢的印象，同时身体后仰，会使下巴突出，这样容易暴露自己的想法，被对方掌握主动权。

其次，交谈时可以采取稍微侧身的姿势，这样面向对方的侧身坐姿，会产生一种易于接近的作用。

正确的坐姿是：入坐时要轻要稳。走到座位前，转身后，轻稳地坐下。

人的正常坐姿，在其身体背后没有任何依靠时，上身应正直而稍向前倾，头平正，两臂贴身自然下垂，两手随意放在自己腿上，两腿间距和肩宽大致相等，两脚自然着地。背后有依靠时，在正式社交场合，也不能随地把头向后仰靠，显出很懒散的样子。

步态

人们行走的姿态——步态——是千姿百态、变化万端的，比如有消磨时间的散步、无精打采的慢步、大摇大摆的阔步、闲庭自得时的信步、节奏均匀的慢跑、风驰电掣的疾奔、老态龙钟的蹒跚、犹豫不决的徘徊、偷偷摸摸的蹑行、摇摇摆摆的跛行、姿态优雅的滑行、兴高采烈的蹦跳、心焦气躁的急走、故作姿态的扭摆、夸张行进的正步、急促小奔的碎步，等等。这些移动身体的步态，每个人在日常生活中都会用到其中某些部分。

每个人具有独特的走路姿势，能使他的熟人一眼认出来。至少有一些特征，是因为身体的结构而有所不同，但是步法、跨步的大小和姿势，似乎是随着情绪而改变的。假如一个人心情愉快，他会走得比较快、脚步也轻快；反之，他的双肩会下垂，走起路来好像穿着铅底的鞋子一般。走路快且双臂自在摆动的人，往往有坚定的目标而准备积极地加以追求；习惯双手半插在口袋中，即使天气暖和时也不例外的人，喜欢挑战而颇具神秘感，通常他善于扮演“魔鬼的拥护者”的角色，因为他喜欢贬低别人。

一个自满甚至傲慢的人走路时，他的下巴通常会抬起，手臂夸张地摆，腿是僵直的，步伐是沉重而迟缓，似是有意加深别人对他的印象。

一个人在沮丧时，往往拖着步子将两手插入口袋中，很少抬头注意到自己往何处走。一个人在这种心情下，走到井边，说不定会朝里边望一望，借以转移目标，暂时忘记烦恼。

走路时双手叉腰的人，看起来像个短跑者，往往他想在最快的时间内跑最短的距离，以达到自己的目标。他突然爆发的精力，常是在他计划下一步决定性的行动时看似沉寂的一段时间内所产生的。

正确的步态表现出一个人朝气蓬勃、积极向上的精神状态，呈现出一种健美的姿态，行走出一阵疾风，能给人留下美好的印象。

手势

人的肢体语言中，手势是十分突出的。演讲、教学、谈判、辩论乃至日常交谈，都离不开手势，因此有人说手势是第二唇舌。

此外，在让座、握手、传递物件、表示默契，以及在谈话进行中，手势能借以加强我们语言的力量，丰富我们语言的色调。所以说，手势是一种独立的有效的语言。

1.手势的类型

手势从动作上可以分为两大类。

（1）力量型。

这类手势一般使用整个手掌，有时还包括手臂，具体来说，有这样几种情况：

晃动食指：食指伸出，手掌紧握，并大幅度地晃动，这是一种具有很大威胁性的手势。振臂：五指紧握拳头并摇动手臂，向上或向前摇动，主要用来表达强烈的要求。压掌：掌心向下，并猛烈下压，这是表示抑制或压制的手势，能给人一种强制性的感觉。推掌：掌心向外，用力推出，主要用来表示拒绝之意。伸掌：双手掌心向上，向胸前或向腰部的两侧伸出手掌，主要用来表示真诚。抱掌：两手掌心朝向自己的前胸，好像是在拥抱，主要用来表示抒发得到被肯定的心情。切掌：伸直手掌像刀一样上下斩切，主要用来表示果断的决定。

（2）细腻型。

这是指手指的尖或某一个手指，构成仿佛在拿一件小东西并力求要准确地操纵它的形态，主要表示要人们对某一事情做谨慎细致的考虑。

2.手势的作用

说话时巧妙地运用手势，有显而易见的作用：手势语言使所说的话给人以立体感、形象感，帮助对方理解所说的内容。手势语言能强化感情，激起对方共鸣。手势语言还能传达微妙感情，同时提醒自己及时调整表达内容或表达方式。手势能增加说话的魅力，突出自己的个性。手势语言在运用时需注意如下几点：手势的运用恰到好处才会发挥其作用。手势并不是在任何场合、面对任何对象都有作用。尤其是在比较庄重的场合，用手势表情达意，应是无意识的，否则会给人做作的感觉。手势要协调，不能说东指西，令人无所适从。

哇啦乱叫不是说话，乱挥乱舞不是手势。不自然的手势，会招致许多人的反感，造成交际的障碍。

3.手势的特点

手势有如下三个特点。

（1）能代笔描绘形象。

人们在日常生活中常常用手表示物体的大小、高矮、长短等。戏剧中手势更多，开门、关门、骑马、上车，都可以通过手势表现出来。

（2）能传达强烈的感情。

手势可以表示强调，如欢乐时手舞足蹈；愤怒时紧握拳头；懊悔时拍腿顿足；勇敢时拍胸而应；痛苦时捶胸顿足；失望时双手捂脸。有的手势令人远远地感到他的热情和欢喜；有的手势漫不经心；有的手势使人觉得洋洋自得；有的手势告诉你他非常非常之忙，正要赶着办一件紧急的事情；有的手势又告诉你他有要紧的事情要跟你谈，请你等一等。

（3）能指示方位或借代事物。

问路时，人们常用手指指示方向；在人群中寻找某人时亦用手指点。另外，手势可代替数目，中国人吃酒划拳的手势就是以指代数。

4.手势表达的方式

说话时，人们用手势来表达态度的方式主要有：用手遮住额头，表示害羞、困惑、为难；用手搔头，表示尴尬、为难、不好意思；双手相搓，说明陷入为难或急躁状态之中；双手摊开，表示真诚、坦然或无可奈何；双手叉腰，说明对方在挑战、示威或感到自豪；双手插在口袋里，表明内心紧张，对将要发生的事没有把握；双手抱在胸前，表明胸有成竹，对将要发生的事有思想准备；交谈中用手指做小幅度的动作，表明其对提议不感兴趣、不耐烦或持反对态度。

心情处于焦虑不安时，一些人习惯将一只手放在桌上或沙发扶手上，不停地轻弹手指；一些人则习惯用手指搓捻纸条或烟蒂；有些年轻女性则喜欢用手绞手绢。面临某一选择而处于犹豫不决或不知所措的心理状态时，一些人会不知不觉地用手搔脖子；一些人则会用手搔后脑勺。当人们对某件事情充满渴望和期待的心理时，常常会情不自禁地摩拳擦掌。

手势是一种无声的语言，如在表示亲密时热情握手；分别时挥手相向；熟人见面招手示意；紧握拳头表示信心和力量；摆手则是谢绝；学生举手发言是礼貌之举；胜利时则拍手欢呼等。

5.握手技巧

握手在现代社交中非常普遍，除了传统的表示友好和亲近外，还表示见面时的寒暄，告辞时的道别，以及对他人的感谢或祝贺、慰问等。握手不仅是中国人最为常用的一种见面礼和告别礼，而且在涉外交往中也普遍适用。

握手的感觉比一般礼节性要求的内容更丰富、细腻。紧紧相握、用力较重是热情诚恳，或有所期待的表示；力度均匀适中，说明情绪稳定。握手既轻且时间短，是冷淡不热情的表示；握手时拇指向下弯，又不把另外四指伸直，则说明不愿让对方完全握住自己的手，是对对方的一种藐视。用两只手握住对方的一只手，并左右轻轻摇动，是热情、欢迎、感激的表现；反之，刚触到对方的手掌便立即放开，是冷淡和不愿合作的反映。

握手时手指微向内曲，掌心稍呈凹陷，是诚恳、亲切的表示。握手之时，掌心朝下显得傲慢，掌心朝上则显得谦恭，而伸出双手去捧接对方的手那更是谦恭备至了。

握手时还要讲究先后次序。握手次序要依据双方所处的社会地位、身份、性别和各种条件来确定。一般来说，长辈在先，上司在先，主人在先，女士在先。客人、男士、下级、晚辈，应该先问候对方，见对方伸出手后，立即与之相握。在上级、长辈面前不可贸然伸手。如果对方人多，应该先上级，后下级；先长辈，后晚辈；先主人，后客人；先女士，后男士。

握手还可以表示感谢、祝贺、鼓励、慰问之意。矛盾和解了，有时也多习惯以握手为礼。

声调会表达情感

声调也可表达一定的情感，这恐怕是谁也不会否认的。在日常生活中，我们常常可以发现，声调既可以表示热情，也可以表示冷漠；既可以表示非常有耐心，也可以表示厌倦；既可以表示谦虚谨慎，也可以表示狂妄自大、不可一世……

既然声调可以表达不同的情感，那么我们在言谈中就应该根据场合、对象的不同而选择不同的声调。如果你的声调与说话的内容和目的相冲突，那么你的话无论多么重要，也不会产生什么效果。试想一想，如果你用演讲的声调对你刚刚认识的女朋友说“我爱你”、“我喜欢你”、“我昨天晚上梦见你”或“我的生活不能没有你”等一类的话，结果会怎样呢？

那么怎样才能选择适当的声调呢？要做到这一点，首先就要求我们懂得能用什么语调表达什么感情。一般地说，高声叫喊表示着粗野、不耐烦和狂妄自大；轻言细语表示精细、富有耐心和谦虚；吞吞吐吐往往被理解为惊慌；加重语气表示强调；说话不紧不慢表示沉着和胸有成竹；抑扬顿挫是为了吸引人……

一个善于使用声调来表达情感的人，往往都会熟练地使用各种声调。如果他想强调某一句话，就把这句话中的每一个字用加强的语气说出来，以引起别人的重视。当他看到听众跟不上他说话的速度时，他就会不紧不慢地叙述，使说者和听者能保持同步；当他看到听众注意力不够集中的时候，他就会有意地把嗓门提高一些，使听众注意力集中到自己的讲话上来……通过这种交替使用不同声调的方法，他就能使他的讲话生动形象，受到听众欢迎。

此外，在选择适当的声调表达情感的时候，还要注意声调与措辞的一致性。比如，我们在说“对××表示热烈欢迎”的时候，“热烈欢迎”的声调不能太低，否则就没有“热烈”的效果；在说“××因病去世”的时候，“去世”两个字的声调不能太高，否则就不能表现出悲伤的气氛。

总之，我们在用声调表达某种情感的时候，不仅要注意各种声调的含义，注意声调与说话内容的一致，注意声调与措辞的一致以及声调之间的协调，而且还要注意声调、内容、措辞的交叉运用。因为只有这样，我们的讲话才能取得比较好的效果。

听听自己的声音

当你与人谈话的时候，你是不是曾经留心过自己的声音？

第一，你要留意自己，说话是否太快？我们常见许多人说话很快。有的快而清楚，有的快而不清楚，听了以后也不知所云。由于说话太快致使咬字不清楚，固不足道，即使是快而清楚，也不足为法。你虽有说话很快的本领，但听者不一定有听得快的本领，说话的目的在于使人全部了解，否则就是浪费。

训练你自己，说话时声音要清楚，快慢合度。说一句，人家就听懂一句，不必再问你，你要明白，陌生的或地位比你低下的人是不大敢一再请你重说的。

第二，你说话的声音是否太响？在火车里，在嘈杂的公共场所，或者在别人放爆竹的时候，提高声音说话是不得已的，但绝不适合于平常的时候。试想在一个柔和的黄昏，或在舒适的室内，高声谈话是如何粗俗与煞风景啊！在客厅里，过高的声音会使主人嫌恶，若是在公共地方，更会令你的同伴感到难堪。

诚然，说话不可太快和太响，你要明白的是并非每个句子都不可太快太响，而是要懂得怎样调节。

抑扬顿挫，这是调节你声音大小强弱的做法。在乐曲里，不是有极快、快、略快、慢、略慢、最慢等的快慢符号吗？不是也有极强、强、渐弱、弱、极弱等强弱符号吗？要想你的话也如同音乐一般动听，不可忘记在应快时要快，应高时要高，应慢时要慢，应低沉时低沉。流水般的，毫无抑扬顿挫节奏的说话方法，是最易使听者疲倦的。

抑扬顿挫是使你的说话充满感情的方法，你要常常留心电视上那些演技精湛的演员。他们说话的神态是你最好的参考。

你必须细细揣摩神态与声音技巧，在遇到你叙述一件事情的经过，或发表较详细的意见时，说话时得体恰当的声音和神态对表达是很有助益的。

不可不知的说话技巧

有些人总是习惯性地与人作对。无论别人说什么，他总要照例反驳。为什么会这样呢？因为他不喜欢听取别人的意见，心中只有自己，而且他自以为比别人高明，事事都要占上风。

平时谈论没有绝对是非标准的问题时，你的意见不一定是对的，而别人的意见也不一定是错的。那么你为什么每次都要反驳别人，要和他们争辩呢？

第四章
敞开心扉说亮话
——18岁后要明白真诚说话的重要

只有真诚才能换来真诚

真诚，顾名思义就是真实诚恳。我们与人相处，追求成功，良好的目标和准则应该是为了自己、他人和社会，三者均是获益者。交际的实质是给予和索取。如果属于精神上的给予，没有真诚，别人就不可能得到你的给予；如果是物质上的给予，缺乏诚意，对方只能视作恩赐，可能因出于无奈，不得不接受。社会上不乏虚伪之人。他们把社交的技巧看成是蒙骗对方并谋取私利的一种手段。历史上那些打算给正直的君王戴高帽子的奸臣，正是因为伪装成一副正人君子、心口如一的样子，其见不得人的勾当才能得逞。但是，虚伪、伪装的东西是绝对经不起时间的检验的，迟早会被人所识破。所以，一个人若在说话方面染上了这种毛病，也就注定了他失败的命运。

可以这样说，人的本性是真诚的，虚假是社会对人性的扭曲。由于经济与社会地位的高低不同，有些人以追求名利为目的，当达到这一目的的方式在社交中表现出来时，就造成了虚假。它对被蒙骗的一方会造成较大的损害。

一个把自我实现目标放在金钱与权势上的人，虚假几乎是其痼疾。一个以财与势作为社交本钱的人，是绝不会获得别人的真诚对待的，也绝不可能获得最终的成功。只有真诚待人，才能获得相应的回报。

只有真诚的人，才能得到别人的信任

谚语说："真诚贵于珠宝，信实乃人民之珍。"说话真诚的人，能得到别人的信任。

北宋词人晏殊素以说话真诚著称。他14岁时参加殿试，真宗出了一道题让他做。晏殊看过试题后说："我10天以前做过这个题目，草稿还在，请陛下另外出个题目吧。"真宗见晏殊这样真诚，感到他可信，便赐他"同进士出身"。晏殊在史馆任职期间，每逢假日，京城的大小官员常到外面吃喝玩乐。晏殊因为家贫，没有钱出去，只好在家里和兄弟们读书写文章。

有一天，真宗点名要晏殊担任辅佐太子的东宫官，许多大臣不解。真宗对此解释说："近来群臣经常游玩饮宴，只有晏殊和他的兄弟们闭门读书，如此自重谨慎，正是东宫官合适的人选。"晏殊向真宗谢恩后说："我也是个喜欢游玩饮宴的人，只是家里穷而已，如果我有钱，也早就参与宴游了。"真宗听了，越发赞叹他的真诚，对他更加信任。

由此可见，真诚，不论对说话者还是对听话者来说，都非常重要。若不真诚待人，等于欺人、愚人，若轻信他人不实之词，可能会耽误大事，造成不良后果。

寥寥数语，打动人心

说话，是一个传递信息的过程。因此，提高自己的说话自信心，增强自己的说话魅力，不全在于说话者本人能否准确、流畅地表达自己的思想，而且还在于你所表达的思想、信息能否为听众所接受并产生共鸣。也就是说，要把话说好，关键在于说的话能否拨动听者的心弦。

生活中，有的人长篇大论或慷慨激昂，可就是打不起听者的精神；而有的人虽寥寥数语，却掷地有声，产生魔力。何故？因为后者了解人们的自尊心，能设身处地地站到对方的立场上，以对方的眼光来观察问题。因此，他们的谈话充满真诚，很能打动人心。

美国前总统尼克松曾在政治上出现严重的危机。1952年，他还是年轻的参议员，艾森豪威尔将他作为竞选伙伴。当他为竞选奔忙时，《纽约时报》却抛出抨击他在竞选中秘密受贿的文章。新闻飞遍全国，顿时舆论哗然，压力越来越大。使他化险为夷的奇迹，是他做了一次震撼美国的演说。

尼克松被迫在电台发表半小时讲话。全国电台将各种镜头、话筒都对准了尼克松。当尼克松在电视屏幕上出现时，整个美国都安静下来了。他采取了一个罕见的行动，把自己的财务史全部公开，从自己的家产，一直谈到他的欠债。这样，尼克松首先得到了听众的同情。紧接着，他详细说明自己的经济收入情况，连如何花掉每一分钱都告诉听众。他还告诉大家，“这次竞选提名之后，确实收到一件礼物，那就是得克萨斯州有人送给我孩子一只小狗。”当他讲完时，到处都响彻欢呼声。有100万人打电话、电报或寄出信件，从邮局汇来的小额捐款达6万美元，全国听、看这次演讲的竟达6 000万人。演讲使事实得以澄清，还得到了大批的同情者。

情深，则可以惊心动魄。尼克松的演说，就是以真诚和朴实赢得了大众之心。

拳王阿里由于年轻时不善于言辞以致影响了他的知名度。有一次，阿里参赛时膝盖受伤，观众大失所望，对他的印象更加不佳了。当时他没有拖延时间，立即要求停止比赛。阿里说："膝盖的伤还不至于到不能比赛的程度，但为了不影响观众看比赛的兴致，我请求停赛。"在这之前，阿里并不是一个很得人缘的人，却由于他对这件事的诚恳解释，使大家对他有了极佳的印象。他为了顾全大局而请求停赛的确是替观众着想，由此而深深地感动了大家。

以上几个例子足以说明只要说话者情真意切，话语充满真诚，就一定能打动听者的心。

把劝说建立在真诚的基础上

我们都有这样的体验，某人关心了我们，我们就会对他产生感激之情。尤其是当领导对我们问寒问暖，了解工作，询问生活上有什么困难和需要时，我们心里就会感到暖洋洋的，觉得他是一个好领导，不自觉地产生听从他指挥的愿望。

战国时，魏国名将吴起爱兵如子，用嘴为士兵吸脓血，所以，他能使部下万众一心，常胜不败。你对我好，我也对你好，这是生活的常理。

关心别人，就满足了人们需要关心的欲望，自然会引起人们的感恩之情，可是，不关心别人，就等于剥夺了别人的这一需要，把别人置于孤独之中，当然别人也不会产生对你的好感。

改变人的态度也需要关心，关心体贴被说服者，用真诚的爱去温暖他的心，换取他的信任。

在攻心中，有许多成功的事例，证明了关心体贴法的巨大威力。

某厂有位年轻员工，生长在干部家庭，又是独生子，从小受到溺爱，养成了好吃懒做的坏习气。进工厂后，怕苦怕累，组织纪律性差。为了达到离开工厂的目的，他长期装病不上班，后来干脆睡在单位宿舍里不起来，还故意每天晚上尿床。

这时，同宿舍的车间团支部书记不是讨厌他、疏远他，而是关心他、亲近他，连续三个月，天天为他晒尿湿的被褥，终于感化了他。他痛哭流涕地检讨了自己的错误，从此以后，工作积极起来，努力钻研技术，成为车间的技术能手。这种情真意切，真诚地关心、爱护对方的方法，对改变其态度是大有作用的。

除了用实际行动关心对方之外，在思想交锋上，也要善于表现出对被劝导者的关心和体贴。这种关心和体贴表现于你的充分了解。从穿着打扮、佩戴的装饰品或家庭摆设，直到他的工作以及所取得的成就，曾经有过的过失，你了解得越多越好，表现得越明确，他就越感到自尊，就越会觉得你在关心他，否则怎么会知道他那么多事情呢?

这样，就会使自己成为令对方愉快的人，就可能有效地改变他的态度。当然，表示了解只能是适当的，超过了一定的限度，就可能引起相反的效果。

所谓体贴，还表现在你通过摆事实、讲道理，说明其中的利害关系，使被劝导者感到你的劝告并不抱有任何个人目的，没有丝毫不良企图，而是真心实意地帮助他，为他着想，为他的切身利益着想。

有些人常常抱怨，自己讲的全是肺腑之言，只差把心掏出来，对方还是听不进去。原因大概在于你讲道理时没有设身处地为对方着想，没有使对方真切地感到你完全是出于善意和关心，因而也就不能打动对方的心。把劝说建立在真心实意帮助人、为他着想的基础上，你就能攻克对方的心。

做人与做生意

日本著名的推销员原一平说过："做人做生意都一样，要诀是诚实。诚实就像树木的根，如果没有根，那么树木也就没有生命了。"原一平自身的成功也证明了这一点。

原一平年轻时曾在一家机器公司当推销员。有一次他在半个月内就和30位顾客做成了生意。不久，他却发现他现在所卖的这种机器比别家公司所生产的同样性能的机器价钱要贵。他想：如果客户知道了一定以为我在欺骗他们，会对我的信用产生怀疑。

为了妥善解决问题，原一平便带着合约书和订单，逐户拜访客户，如实向客户说明情况，并请客户重新考虑并选择。这种诚实的做法使每个客户都深受感动。结果，30人中没有一个解除合约，反而成了更加忠实的消费者。

做生意的规律是，只要你的一个产品有问题，你的全部产品就都会受到怀疑。说话也是如此，只要你十句话中有一句是谎言，你的全部话语就都会受到质疑。

诚实的语言也是论辩的技巧

很多人都想用一种机智的语言让对方相信你的话。

但在现实中，这种方式并不是不可取，只是做起来太难了。

生活在现代的这个社会，你一定要相信，比你聪明的人虽然不是很多，但至少有很多人和你一样聪明。

那么你凭什么要让那些和你一样聪明的人相信你的话呢？

俗话说，会说的不如会听的。要想让对方相信你的话也不是件容易的事。

有一位大学生，毕业之后到了一家大公司。这家公司是经营玉石的，规模相当大。本来这位大学生是应聘公司职员的，可是上面却把他分到了公司下面的店里站柜台，让他向客人卖玉石。

虽然当一名售货员并不是这位大学生的理想，但是他想既然分到了这里就应该安心地干下去。

干了仅仅一个月的时间，这位大学生卖的玉石竟然是全店售货员中卖出最多的。

那么这位大学生采用的是什么样的销售方式呢？他采用的就是诚实的方式。

当一位客人到来的时候，一般的店员都是向客人说自己经营的玉石是多么的好，价钱是多么的合理。

这位大学生并不是这样，他先是向对方说出这种玉的价格，然后对客人说："这种玉是一种顶级玉石，如果不是有些微瑕，那么它的价格就不是现在的这种价格了。"

然后他就向客人指出那玉石的微瑕，然后再向客人讲解一些鉴定玉石的技巧。结果，客人总是高高兴兴地买下他推荐的玉石。

由此可见，诚实的语言也是论辩的技巧，有时，这种方式比巧舌如簧更加有力。

通过机智加诚实的申辩不但能令身处逆境者转危为安，有时还会取得意想不到的良好效果。

古时候，魏文侯得到了一只天鹅，就派了一名叫毋择的人给齐侯送去。毋择小心翼翼地捧着天鹅前行，谁知一不留神，天鹅直冲云霄飞走了。毋择吓坏了，苦思冥想后，毅然来到齐侯的宫殿，双膝跪地，恭恭敬敬地呈上一只空空的鸟笼，并对齐侯禀道："大王，我的国君派我给您送天鹅来了。"

"天鹅在哪里？"齐侯见是只空鸟笼，非常生气地问。周围的大臣也都露出愤怒和鄙夷的神情。

但见毋择不慌不忙地回答："一路上我非常小心地看守着天鹅，当我发现天鹅干渴得厉害的时候，于心不忍，就将它放出来喝水，谁知就这一会儿的工夫，它就飞上天，再也没有回来，当时我难过到了极点。我原想，世上的天鹅那么多，不如就买一只相似的送给大王吧，但一想，这样岂不是欺骗大王吗？我又责怪自己，连送一只天鹅都送不到，不如自杀算了，但这样一来，传出去岂不会让别人认为国君把鸟兽看得比人还重要吗？我又想，没有天鹅有何颜面见大王呢？干脆逃跑好了，但这样岂不因为我而影响两国的友好往来吗？最后，没有办法，我只好呈上一只空鸟笼给大王，请大王发落。"

听完毋择的话，齐侯被感动了，非但丝毫没有怪罪毋择，反而对他说："你这几句话远远胜过了一只天鹅，我封给你百里之地好吗？"

从这个故事里我们可以看出，毋择凭着他的智慧及诚实的回答，不但没有因丢失天鹅而被斩首，反而得到了齐侯的看重。他的话之所以有如此强烈的雄辩力量，是因为他使用了诚实这种论辩方式，即：如果新买了一只天鹅，就是欺骗大王；我不能欺骗大王，所以我不能新买一只天鹅。

当然，诚实的语言并不总能得到让你满意的结果，例如：

有个老师好心地提醒一名学生的家长说："你应该回家好好地给你的孩子洗洗澡了，因为他的身上带有一股难闻的臭味，同学们都不愿同他坐在一起。"

那位家长蛮横地对老师说："你真是多管闲事，我的儿子又不是玫瑰，我送到学校是为了让他学习，不是送他来让你闻的！"

这位老师采用的就是诚实的方式，却不被学生的家长所接受。但是这位老师却不慌不忙，她笑着对那位家长说："是啊，他确实不是送来让我闻的。但是他身旁的同学因为无法忍受他的气味儿上课都用手捂着鼻子，以至于没有空闲的手用来写字和举手回答问题。学校的规定是这样的，如果一个学生扰乱了课堂，让别的学生无法上课，那么可以让这位学生回家去，你看你的孩子是不是这种情形呢？”

那位家长听了之后默默不语，他答应回去之后就为孩子洗澡。

实话实说能让你找到好工作

在一家大公司的人事部办公室里，有人正在应聘销售员工作。

经理约翰先生看着眼前这位身材瘦弱、脸色苍白的年轻人，忍不住摇了摇头。

约翰先生在问了一些基本情况后，又问道：

“干过推销吗？”

“没有！”他回答道。

“那么，现在请回答几个有关销售的问题。”约翰先生开始提问，“推销员的目的是什么？”

“让消费者了解产品，从而心甘情愿地掏腰包。”他不假思索地答道。

约翰先生点点头，接着问：

“你打算对推销对象怎样开始谈话？”

“‘今天天气真好’或者‘你的气色真不错’。”

“你有什么办法把打字机推销给农场主？”约翰先生不动声色。

他稍稍思索一番，不紧不慢地回答：“对不起，先生，我没办法把这种产品推销给农场主，因为他们根本就不需要。”

约翰先生高兴地从椅子上站起来，拍拍他的肩膀，兴奋地说：“年轻人，你通过了，我想你会出类拔萃！”

对于测试的最后一个问题，以前的应聘者总是胡乱编造一些办法，但实际上绝对行不通，因为谁愿意买自己根本不需要的东西呢？这位应聘者认识到了这一点，据实回答，所以被录取了。

一家公司招聘职员，面试时主考官问了这样一道算术题："10减1的答案是多少？"

一些应试者神神秘秘地说："你想让它等于几，它就等于几。"

还有的人说："10减1等于9，就是消费；10减1等于12，那是经营；10减1等于15，那是贸易；10减1等于20，那是金融；10减1等于100，那就是贿赂。"

在这些应试者中，只有一个人欲言又止地说等于9。主考官问他为什么，这位应试者说："我怕照实说，会显得自己很愚蠢，智商低。"然后，他又小声地补充了一句："对获得一份好工作来说，诚实可能是这个世界上最有用的武器。"

这个诚实的人最后被录用了。

不可不知的说话技巧

相信每个年轻人都希望受到周围人的称赞，希望自己的真正价值被认可，尤其是希望得到朋友的认可。虽然处在极小的天地里，仍然认为自己是小天地里的重要人物。对于肉麻的奉承、巴结会感到恶心，然而却渴望得到对方发自内心的赞扬。鉴于此，我们不妨遵守"黄金原则"："希望朋友对我们如何，我们就对他们如何。"——发自内心地称赞他们。

林肯曾经说过："人人都喜欢受人称赞。"威廉·詹姆士也说过："人本质中最殷切的需求是渴望被肯定。"爱听赞美的话是人类的天性，人人都喜欢正面刺激，而不喜欢负面刺激。如果在人际交往中人人都乐于赞扬他人，善于夸奖他人的长处，那么，人际交往中的愉快度将会大大增加。

第五章
简洁明快，一句顶一万句
——18岁后要懂点简明说话的技巧

林肯的演讲词

1863年7月1日，美国南北战争中的一场决定性战役，在华盛顿附近的葛底斯堡打响了。经过3天的鏖战，北方部队大获全胜。战后，宾夕法尼亚等几个州决定合资在葛底斯堡建立国家烈士公墓，公葬在此牺牲的全体将士。

1863年11月19日，公墓举行落成典礼，美国总统林肯应邀到会演讲。这对林肯来说，有很大难度，因为这次仪式的主讲人是艾弗雷特，林肯只是由于总统的身份，才被邀请在艾之后“随便讲几句适当的话”。艾弗雷特不仅是个著名的政治家和教授，而且是当时被公认为美国最有演说能力的人，尤其擅长在纪念仪式上的演讲，在这个典礼上，他那长达两个小时的演讲，确实精彩极了。

在这种情况下，怎样讲才能和观众建立良好的交往关系，并最终赢得他们的掌声呢？林肯决定，以简洁取胜。结果林肯大获成功。尽管他的演讲只有10句话，从上台到下台不过两分钟，可掌声却持续了10分钟。林肯的演讲不仅赢得了在场1万多名听众的热烈欢迎，而且轰动了全国。当时的报纸评论说："这篇短小精悍的演说是无价之宝，感情深厚，思想集中，措辞精练，字字句句都很朴实、优雅。行文完全无疵，完全出乎人们的意料。"就是艾弗雷特本人第二天也写信给林肯道："我用了两个小时总算接触到了你所阐明的那个中心思想，而你只用了两分钟就说得明明白白。"后来，林肯的这次出色的演讲的手稿被收藏到图书馆，演讲词被铸成金文存入牛津大学，作为英语演讲的最高典范。

林肯这次演讲获得的巨大成功，给了我们一个启示：简洁明快的语言会使说话更添魅力。

1.历史上冗长的演讲记录

在人际交往中，要想得到一种较佳的效果，语言必须简洁、明快，要能使听者在较短的时间里获取多而有用的信息。

历史上曾记载了一些冗长的演讲记录，这些演讲绝对是不能称为优秀的。

1843年，一位名叫爱尔德尔的美国参议员，为了反对通过"私刑拷打黑人的案件归联邦法院审判"的法案，在参议院高谈阔论了5天时间。一位记者统计：他在演讲台踱步75公里，共做了1万个手势，吃了300个夹肉面包，喝了40公升清凉饮料。

1957年，斯特罗姆·瑟蒙德作阻止"民权法案"通过的演讲，历时24小时18分，但遭失败。

1812年，英美发生战争，一个众议员用马拉松式的演讲来阻止通过对英宣战的决议。直到战火烧到家门，形势迫在眉睫，可这位议员仍在喋喋不休。时至半夜，听众席上鼾声四起，最后，一议员急中生智，将一个痰盂甩到演讲者的头上，才得以终止演讲，通过了宣战决议。

2.演讲大师都惜语如金

“言不在多，达意则灵。”要语不烦，字字珠玑，简练有力，能使人不减兴味；冗词赘语，絮语唠叨，不得要领，必令人生厌。在中外历史上，不少演讲大师惜语如金，言简意赅，同样留下了许多珍贵的篇章，成为“善辩者寡言”的典型。比如：

最短的总统就职演说，也就是1793年的华盛顿总统的演说，仅用135个字，便举世闻名。

恩格斯在马克思墓前的演说只有1 260个字。

列宁在马克思、恩格斯纪念碑揭幕典礼上的讲话只有552个字。

斯大林在1941年7月3日发表的反对德国法西斯入侵重要广播演说只有3 800个字。

罗斯福的就职演说仅有985个字。

1984年7月17日，38岁的法国新总理洛朗·法比尤斯发表的演说，更是短得出奇，演讲词只有三句：“新政府的任务是国家现代化，团结法国人民。为此要求大家保持平静和表现出决心。谢谢大家。”措辞委婉、内容精辟。

上述这些演讲大师驾驭语言的功力都是非凡的。同时，这也就说明了简洁明快在语言交际中举足轻重的作用。

不做啰嗦先生

简洁明快的语言能增添说话的魅力，是因为如下原因：

第一，简洁明快的语言是认识能力和思维能力高超的表现。话语的简洁常常体现出说话人分析问题的迅速与深刻。

第二，简洁明快的语言是果敢决断的性格表现。自信心强、办事果敢的人都说话干脆果断，不拖泥带水。

第三，现代社会节奏快，时间观念强，说话简洁会给人一种生机勃勃的现代人的感觉，所以，简洁明快的话语还是时代风貌的反映。

第四，简洁的话语既不占用听者太多的时间，又能使听者觉得说话者很尊重他，所以，说话简洁的人受人欢迎。

我们都会有这种感觉，即那种说话唠唠叨叨、啰啰唆唆、拖泥带水、言语空泛的人，是很令人讨厌的。曾有位“啰唆先生”在写给家人的信中说：

……吾于下月即将返里。不在初一即在初二，不在初二即在初三，不在初三即在初四，不在初四即在初五，不在初五即在初六，不在初六即在初七，不在初七即在初八，不在初八即在初九……不在二十八即在二十九。其所以不写三十，因月小之故也……

“啰唆先生”这封可简为“吾下月将返里”的书信，却啰唆了这么长，谁看了也会觉得索然寡味，十分讨厌。虽然这仅是一则笑话，但它也告诉我们一个深刻的道理：说话啰唆就会失去魅力。

许多说话啰唆的人，常常是因为情绪激动而造成思维混乱，且语言表达前后倒置，条理不清。所以，要做到说话简洁明快，我们就要在思维和语言两个方面下工夫，不断练习，掌握技巧，适当发挥。

1.丘吉尔的演讲词

1948年，牛津大学举办了一个“成功秘诀”讲座，邀请到了当时声誉已登峰造极的伟大的丘吉尔来演讲。三个月前媒体就开始炒作，各界人士引颈等待，翘首以盼。

这一天终于到来了，会场上人山人海，水泄不通。全世界各大新闻机构都到齐了。人们准备洗耳恭听这位大政治家、外交家、文学家（丘吉尔曾获诺贝尔文学奖）的成功秘诀。

丘吉尔用手势止住大家雷动的掌声后，说："我的成功秘诀有三个：第一是，绝不放弃；第二是，绝不、绝不放弃；第三是，绝不、绝不、绝不能放弃！我的讲演结束了。"说完就走下讲台。

会场上沉寂了1分钟后，才爆发出热烈的掌声，经久不息。

2.前总裁的回答

一个年轻人才28岁便获选为银行总裁。他从没有想到过自己会成为总裁，更无法想象自己这么年轻就能担当这个职位。一天，他与股东会议主席，也就是前任总裁谈话。他说："正像您所知道的那样，我刚刚被指定担当总裁的职务，这真是个艰巨的任务。我非常希望您能根据您自己多年的经验给我一点建议。"

年长的前任总裁看着坐在自己面前的新总裁，微微一笑，很快地以六个字作为他的回答："做正确的决定。"

年轻的总裁期望能得到更进一步的建议，他说："您的建议很有帮助，我能得到您的帮助感到很荣幸，也非常感激。但是能否请您说得详细一点儿呢？我是真的很需要您的帮助以便我作出正确的决定。"

可这个睿智的老人惜字如金，因此他仍然很简单地回答："经验。"

新总裁仍然很困惑，再次问道："没错，那正是我今天出现在这里的原因。我不具备我所需要的经验，我该如何获得这些经验呢？"

老人无声地笑了，但依旧以简短精练的话语总结道："错误的决定。"

措辞简洁的六大要领

1.尽量简明扼要

说话越简明越好，有些人在叙述一件事情时说了很多话，但还是无法把他的意思表达出来，以致听者花了很多时间和精力，仍然不知道他想说明什么东西。如果你有这种毛病，一定要自己矫正。矫正的最好办法是，在说话之前，先在脑子里做一个初步的计划，然后再把计划要说的东西讲出来。

2.用语不要过多重叠

在汉语里，有时的确要使用叠句来引起别人的注意，或者加强语气。但是，如果滥用叠句，就会显得累赘。例如，许多人在疑惑不解的时候常常会说："为什么为什么？"其实，一个"为什么"就足以表达你的疑惑之情，为什么偏要多加一个呢？还有的人答应别人一件事情的时候，常常说"好好好"，一连说上好几个。其实，说一个"好"字就足够了。

3.同样的词语不可用得太频繁

听者总希望说者的语言丰富多彩。我们虽然不必像某些名人所说的那样，每说一事都要创造一个新词汇，但也应该在许可的范围内尽量使表达多样化，不要把一个名词用得太频繁。即使是一个非常新奇的词，如果你在几分钟之内就把它复述了好几次或十几次，那么人们对它的新奇感会丧失，并对它产生一种厌倦感。

4.要避免口头禅

有些人在交谈中爱说口头禅，诸如"岂有此理"、"我以为"、"俨然"、"绝对的"、"没问题"一类的话几乎是脱口而出。不管这些话是否与所说的内容有关联，这类的口头禅说多了，不仅影响说话的效果，而且容易被别人当做笑柄。因此，这类的口头禅应下决心不说。

5.避免使用粗俗的词

常言道："言语是个人学问品格的衣冠。"一个相貌堂堂、看上去高贵华丽的人，如果一开口就说出粗俗不堪的话，那么别人对他的敬慕之心就会马上烟消云散。其实，这些人中的相当一部分并非学问品格不好，只是在追求语言的新奇和俏皮的过程中染上了这种难以更改的坏习惯。试想一想，在一个陌生人面前，你说了粗俗的话，他会怎么想呢？他不一定会认为这是一个习惯问题，而可能会认为你是一个修养不足、不可交往的人。

6.不要滥用术语

粗俗的词不可用，太深奥的词如专用术语也不可多用。如果不是同一个学者讨论学术问题或不得不用，过多地使用专业术语，即使你使用得很恰当，也会给别人以故弄玄虚的感觉。

上述几点只是列举了几个易于为人们觉察到的问题，那些较为隐晦的问题还有赖于你在实践中去揣摩和克服。如果你在说话时能措辞简洁、生动、高雅而又贴切，那么就可能会成为一位交际明星、说话好手。

什么是不必要的

一篇成功的演讲稿，要避免赘词，读者中有没有拉拉杂杂讲了一大堆话，却毫无重点、不知所云的经验呢？

以下是主人面对丰盛的午餐，向所有客人做的礼貌性致辞。读完原稿以后，请考虑如何删除赘语。

各位来宾、女士们、先生们：

首先让我说声大家好，由于平常承蒙各位的照顾，一直希望有报答的机会，聊表我的一点谢意。因此今天特地邀请各位参加这个招待会。各位能在百忙中拨冗驾临，真使我觉得三生有幸，特地在此表示谢意。（第一段）

利用今天的机会讲公事是一件不礼貌的事，但是事不由己，请先接受我的歉意。敝公司数年来苦心研究的新产品已经研制成功，并且在大量生产中，今后开展市场大力推销时，还须赖各位助一臂之力，因此特地摆席设宴，聊表心意。（第二段）

过去已有不少新产品仰赖各位出售，并且接到不少订单。敝公司对于产品的销售能有十成的信心和把握，都是大家的赐予，关于这一点，敝公司非常感激。现在再度重托各位，但愿能再为新产品推广销路。总之，请容我再度向各位拜托。（第三段）

至于新产品，比起同类的产品有两项优点，一点是……另一点是……（第四段）

说句真心话，凭这些优点，新产品能够获得好评是理所当然的事。敝公司为了使消费者能认识这项产品，曾经通过大众传播工具，如：电视、广播大力宣传，不过最彻底的方法，仍须依赖直销，因此请各位尽力帮忙。（第五段）

今天麻烦各位专程来参加宴会，但因准备不周，未能尽心招待，草草备有薄酒粗菜，还请慢慢饮用，并且开怀畅谈。（第六段）

拉拉杂杂讲了一大堆话，非常抱歉，请各位宽恕我的无礼。最后再一次谢谢各位给我们的关怀和照顾。现在谨以拙辞聊表十二万分谢意，并且预祝各位事业如意，精神愉快。（第七段）

你读了这篇讲稿以后，认为应该删除哪些地方呢？第三、第五、第六、第七段的赘词是否需要删除？请大家仔细阅读。依照文句来看，应该说非常详细，那么为什么需要删除呢？请仔细深思。

一般，在使用客套话的文句中，常有如下的词句出现：

①突然被指名致辞，深感荣幸……

②口才非常差，又因不习惯……

③在口才比我好的长辈面前，觉得越权……

④我的口才极差，委屈大家了……

⑤口吃的我，居然有机会站在台上，深深觉得惭愧……

常听的结束语：

（1）简单几句话来结束我的话……

（2）这些就是我向各位问安的拙辞……

（3）各位能侧耳倾听，真是感激不尽……

（4）浪费大家宝贵的时间非常惶恐抱歉……

（5）拉拉杂杂毫无系统，特此表示歉意……

因发明飞机而一跃成名的飞行家莱特兄弟，在庆祝会上，作了非常简短的演说。他说："各位先生，各位女士，鸟类中最善于讲话的鹦鹉是不会飞的，而我则不善于讲话。谢谢各位！"

不可不知的说话技巧

老子曾说过："有无相生，难易相成，长短相形，高下相倾，音声相和，前后相随。"

绝妙的语言就像动听的乐曲，少不了加以修辞。比喻、象征、夸张……它们不仅在文字中有着强大的功效，运用到语言中更会使你魅力四射。

第六章
巧于赞美，把话说到对方心坎上

——18岁后要懂点赞美的技巧

离奉承者远些

就像铁屑被磁铁吸引，唯唯诺诺者、阿谀奉承者，都以上司为靠山。如果将磁场关闭，这类喜欢奉承的人就会像一堆没有生命的木偶一样散落在地，显得愚蠢可笑，完全散了架子。对于这样的人和事，正人君子是不屑一顾的。古人对此有这样的说法：与地位高的人交往不阿谀奉承，可谓悟到了交友的关键。那些花言巧语、巧言令色的人则被认为是不讲仁义的小人。公孙弘将学习的目的歪曲为阿谀谄媚，郭霸品尝魏元忠的小便，宋之问为张易之等人端尿壶，赵履温甘为安乐公主拉车的牛马。这些人载于史册，遗耻千古。

怎样识别奉承的人？主要有三种途径：动作、语言、神色——也就是他们办事的方式，说话使用的言辞，浑身上下显露出来的神情。唯唯诺诺的小人走路的架势和姿势都要学领导的样子，说话时的用词和口气也开始与领导相似，甚至连腔调也会和领导一样。

奉承拍马在程度上有轻重之别，并不都像敬佩和崇拜那样单纯。许多人是在不自觉的情况下充当了对上司唯命是从的角色，而有些人则是非常自觉的。这其中有一些比较普遍的原因，如保住工作饭碗：背靠大树好乘凉，有人当靠山总比较保险；掩盖真实意图：暗中打算跳槽，不让别人察觉；缓和紧张气氛：何苦兴风作浪，待人和气为好；着眼个人前途：赢得上司好感，有利于个人发展。

不管是有意奉承还是无意奉承，都要离奉承者远些，以免受到不必要的干扰。

赞美与奉承的两个区别

赞美是一种说话的艺术，正确运用这门艺术，会使被赞美者心情愉快，而作为赞美者自己，也会从中感到快乐甚至感到幸福。

但是，在这里我们有必要弄清楚这样一个问题：真诚的赞美和奉承究竟有什么不同。因为弄清楚这个问题，是使那些不愿赞美他人者“赞口常开”的关键。

赞美与奉承有本质的区别。赞美是真诚、热忱的，是出于真实的感觉，绝不能掺杂任何不良的用心；同时，赞美是对别人的优点和长处充分肯定，是为满足别人对于尊重和友爱的需要，给别人以精神上的激励和鼓舞。而奉承则是宁肯牺牲自己的尊严去恭维人，是出于某种不可告人的企图，明显是趋炎附势，巴结讨好权威。正如卡耐基所说：“奉承是从牙缝中挤出来的，而赞美是发自心灵的。”

第一个区别：是否发自内心。真诚的赞美起源于内心深处的一种“美感”，一种冲动。它反映了一个人对另一个人的认可：外表漂亮，言谈合自己的口味，行动敏捷，品格高尚……即在两个人之中，其中一个人在另一个人身上发现了符合自己理想和价值标准的可贵之处。我们认识、了解这个人的时候，已经有一种无形的力量促使自己要去赞美他的一些优点。

但是奉承却不同，它不是发自内心世界的对另一个人的认可和钦佩，而是基于内心世界早已存在的一种目的，一种对眼前或日后能够收到“回报”的投资。奉承者在“赞美”他人的时候，脸上虽眉飞色舞，但却有几分不自在；他的词语是火辣辣的，但他的内心却是一片冰冷。他在赞美一个人的时候，心里想着的只是如何顺利地办完与自己利益攸关的事，如何获得自我的满足。

第二个区别：真诚的赞美是实事求是、有理有据的赞，而奉承则是凭空捏造、无理无据的捧。一个真诚的人，在赞美别人的时候，非常有针对性和分寸。他们知道哪些应该讴歌，哪些应该提醒注意，哪些应该反对。在他们看来，真正的十全十美是不存在的，事物不存在完美，人更不存在十全十美。因而他们对一个人的评价，根本不会用“最最”这些字眼，也不会用“他没有缺点”这些措辞去评价一个人。

奉承者无事生非。他们把只能用一般词语赞美的东西任意扩大。大事特夸、小事大夸、无事也要夸是这些人的特点。其中有些“佼佼者”，把一个人的优点能转变成缺点，把一个人的缺点又同样能转变成优点，因而他们在领导、上级面前，时常“义正词严”地诋毁别人，以博取欢心，而心里却打着自己的主意。他们在“赞美”一个人的时候，心里会说“这个人喜欢被人拍，我就多拍一拍他吧”，或者“他喜欢坐轿，我就抬一抬吧，总有一日要把他摔下来”，因而他们在赞美一个人的时候，会自以为聪明地向旁人挤眉弄眼，以显示自己非凡的本领。

使别人快乐和讨对方喜欢是两件不同的事。使别人快乐考虑的是别人而不是自己，讨对方喜欢则刚好相反，他处处计较个人的得失。愿你把握分寸，真心地赞美你周围值得赞美的人。

赞美是一种有特色的说话艺术，能恰如其分地赞美别人，既可以增添我们的自信心，也可以提高我们说话的胆量。

每个人都渴望被赞美

人，总是喜欢被赞美的，无论是咿呀学语的孩子，还是白发苍苍的老翁，因为人任何时候都有一种被人肯定，被人赞美的强烈欲望。有位企业家说："人都是活在掌声中的，当部属被上司肯定、受到奖赏时，他就会更加卖力地工作。"卡耐基也曾说过："当我们想改变别人时，为什么不用赞美来代替责备呢？纵然下属只有一点点进步，我们也应该赞美他。因为，那才能激励别人不断地改进自己。"

美国历史上第一个年薪过百万的管理人员叫史考伯，他是美国钢铁公司总经理。记者曾问他："你的老板为什么愿意1年付你超过100万的薪金，你到底有什么本事？"史考伯回答："我对钢铁懂得并不多，我的最大本事是我能把员工鼓舞起来。而鼓舞员工的最好方法，就是表现真诚的赞赏和鼓励。"说穿了，史考伯就是凭他会赞美人，而年薪超过了100万美金。赞美是说话的艺术，合乎人性的法则。适当得体的赞美，会使人感到开心、快乐。

1.赞美给人以信心

多年前，一个伦敦的孩子在一家布店当店员，早上5点钟他就要起床，打扫全店，每天干十几个小时的工作，那简直是苦工、奴隶。两年后，男孩再也不愿忍受了，一天早晨起床后，男孩连早餐都没吃，跑了13里路，去找他在别人家里当管家的妈妈商量。他一边哭泣，一边发狂地向妈妈请求不再做那份工作了，并发誓，如果再留在那店里，他就要自杀。而后，他又给老校长写了一封言辞悲惨的信，说明他心已破碎，不愿再活着。他的老校长看信后，给了他一点赞美，诚恳地对他讲，他实在是很聪明，应该适于更好的工作，并给他一个教员的位置。从此，那个赞美改变了那个孩子的未来。后来他在英国文学史上，因创作了76本书，留下了永久的形象。他的名字就是韦尔斯。

2.赞美使女孩获得成功

有一个女孩，5岁就开始登台演唱。她有着优美的歌声，她的天赋从一开始就显现无疑。长大后，她的家人请了一个很有名的声乐老师来训练她，不论何时，只要这女孩一想到放弃或节奏稍微不对，老师都会很细心地指正。经过一段时间后，她嫁给了他。

婚后他还是她的老师，但是她的朋友们发现她那优美自然的歌声已有了变化，声带拉紧、硬邦邦的，不再像以前那样动听。渐渐地，邀请她去演唱的机会越来越少。最后，几乎没有人邀请她了。而这时，她的丈夫——也是她的老师——去世了。

此后几年，她很少演唱，她的才华似乎枯竭了，直到有一位推销员追求她。每当她哼着小调，或一个乐曲旋律时，他都会惊叹歌声的美妙。“再唱一首，亲爱的，你有全世界最美的歌喉。”他总是这样说。

事实上，他并不确知她唱得好不好，但是他确实非常喜欢她的歌声，所以他一直对她大加赞扬。她的自信心开始恢复了，她又开始前往世界各地演唱。

后来，她嫁给了这位“良好的发现者”，又重新开始了成功的歌唱生涯。

多在背后赞美他人

德国历史上的“铁血宰相”俾斯麦为了拉拢一位敌视他的议员，便有计划地在别人面前说那位议员的好话。俾斯麦知道，那些人听了自己对议员说的好话后，一定会把他的话传给那位议员。后来，两人成了无话不说的朋友。

人往往喜欢听好听的话，即使明知对方讲的是奉承话，心里还是免不了会沾沾自喜，这是人性的弱点。一个人听到别人说自己的好话时，绝不会感到厌恶，除非对方说得太离谱了。作为一门学问，说好话的奥妙和魅力无穷，然而，最有效的好话还是在第三者面前说。

设想一下，若有人告诉你，某某在背后说了许多关于你的好话，你能不高兴吗？这种好话，如果是在你的面前说给你听的，或许适得其反，让你感到很虚假，或者疑心对方是否出于真心。为什么间接听来的便会觉得特别悦耳动听呢？那是因为你坚信对方在真心地赞美你。

当你直接赞美对方时，对方极可能以为那是应酬话、恭维话，目的只在于安慰自己。要是通过第三者来传达，效果便会截然不同。此时，当事者必定认为那是认真的赞美，没有半点虚假，从而真诚接受，还对你感激不尽。

在现实中，我们往往会看到这样的现象：当父母希望孩子用功读书时，采用整天当面教训孩子的方法，还是很难获得一些效果，但是，假如孩子从别人嘴里知道父母对自己的期望和关心，父母在自己身上倾注了很多心血时，便会产生极大的动力。

卡尔上初中后，由于受他父亲去世的影响，学习成绩逐渐下降。他的妈妈苏珊想方设法帮助他，但是她越是想帮儿子，儿子离她越远，不愿和她沟通。卡尔学期结束时，成绩单上显示他已经缺课95次，还有6次考试不及格。

这样的成绩预示他极有可能连初中都毕不了业。苏珊想了很多办法，比如带他到学校的心理老师那里去咨询、软硬兼施、威胁、苦口婆心地劝他甚至乞求他，但是，这一切都无济于事。卡尔依然我行我素。

一天，正在上班的苏珊接到一个自称是卡尔学校的心理辅导老师的电话。老师说："我想和你谈谈卡尔缺课的情况。"

老师刚说了这一句，不知为什么，苏珊突然有一种想倾诉的冲动。于是她坦率地把自己对卡尔的爱，对他在学校里的表现所产生的无奈，她自己的苦恼和悲哀，毫无保留地统统向这个从未谋面的陌生人一吐为快。苏珊最后说："我爱儿子，我不知道该怎么办。看他那个样子，我知道他还没有长大，他是一个好孩子，只要他努力，他会学出好成绩，我相信他，我的儿子是最棒的。"

苏珊说完以后，电话那头一阵沉默。然后，那位心理辅导老师严肃地说："谢谢你抽时间和我通话。"说完便挂上电话。

卡尔的下一次成绩单出来了，苏珊高兴地看到他学习有了明显的进步。后来卡尔一跃成为班上的头几名。

一年过去了，卡尔升上了高中，在一次家长会上，老师介绍了他怎样从差生向优生的转变过程，还夸奖苏珊教子有方。

回家的路上，卡尔问苏珊："妈妈，还记得一年前那位心理辅导老师给您打的电话吗？"苏珊点了点头。

"那是我。"卡尔承认说，"我本来是想和您开个玩笑的。但是我听见了您的倾诉，心里很难过。我就想，是我伤了您的心。这使我很震惊。那时候我才意识到，爸爸去世了，您多不容易啊！我必须努力，再也不能让您为我操心了，我下定决心，一定要让您为有我这个儿子而骄傲。"

卡尔的一席话，使苏珊的心里顿时充满了温暖。

请多多和孩子沟通与交流，让彼此的心灵不再遥远。如果你对孩子有什么看法和建议，不妨找个机会开诚布公地谈一次。

又如，当下属的人，平时上司在自己面前说了很多勉励的话，但还是没有多大感触，但当有一天从第三者的口中听到了上司对自己的赞赏后，深受感动，从此更加努力工作，以报答上司对自己的“知遇”之恩。

多在第三者面前去说一个人的好话，是使你与那个人关系融洽的最有效的方法。假如有一位陌生人对你说：“某某朋友经常对我说，你是位很了不起的人！”相信你感动的心情会油然而生。那么，我们要想让对方感到愉悦，就更应该采取这种在背后说人好话的策略。因为这种赞美比起一个魁梧的男人当面对你说“先生，我是你的崇拜者”更让人舒坦，更容易让人相信它的真实性。这种方法不仅能使对方愉悦，更具有表现出真实感的优点。

赞美他人，照亮自己

在生活的世界里，有很多人和事值得我们去赞美，去讴歌，去为之心旷神怡。攀华山绝壁，观泰山日出，踏天山的雪，听东海的涛，使我们忘却千山万水，踏破铁鞋，一睹无恨。即使对于那些平凡的事物，我们也要在“那么一刻”发出惊人的感叹：嫩芽爬出枝头，春天来啦！或者白雪茫茫，不觉吟诵“只识弯弓射大雕”，豪迈的情调也会由此而生。

赞美他人，是一件使人与人之间感情融洽的、于人于己有益无害的事情。真诚地、恰当地赞美他人，则好似增强人与人之间友谊的润滑剂，使自己容易被人接受。如果我们与人交往时易被人接受，易使人亲近，这无疑会给我们增添许多信心，使我们更大胆地说话，更有勇气参加社交活动。所以，从某种意义上说，能够艺术、中肯地赞美他人，也会增添我们说话的信心和魅力。

大自然是值得我们花时间去认识、去接受和赞美的。每年的《感动中国》的节目中，那些杰出人物的所作所为总是让我们感动。在我们把他们当作凡人的同时，也需要我们去认识他们：这种人是一贯无私和勇往直前的，他们是最值得我们去赞美和爱戴的。

然而，除了他们之外，我们是不是就没有值得赞美的人和事物了呢？不是！环顾你的周围，你就会发现除了某些共有的缺点之外，我们每个人都拥有一些别人所没有或不能拥有的优点：小王是把钱看重了一点，但他富有正义感；小李文化不高，但言谈比一些大学生还要有礼貌；小张不会跳舞，但歌唱得非常好……也许在我们的办公室中，我们的同事就有一些我们想学学不到、想模仿模仿不了的优点：他成天快活，我则是一脸苦相；她口齿伶俐，而我呆嘴笨舌。

我们生活在重负的时代里——物质上、生活环境上都决定了我们不可能有太多的享受：想长生不老，不行；想上月球旅行，也只有那么几个人可以。然而我们不要苦了自己，要创造个人的幸福；而要创造幸福，就要求我们用一种赞美的态度去欣赏我们周围的人和事物。当你认为这个人可爱时，大胆一点，说一声："你好漂亮啊！"

"赞美"这种东西，不是出自我们的口，而是出自我们的内心世界。一个对生活充满绝望，不抱理想的人，对周围人和事物的态度不可能持乐观和赞美的观点，有的只是冷酷和愤世嫉俗。

当然，我们也不要忘记了一种例外。这就是那些对生活持消极态度和愤世嫉俗的人，在某种场合，也会说一些赞美的话。《老山羊和狼》的故事，相信大家都读过；为了达成一笔大交易，那些守财奴也会把你拉到歌舞厅，拍着你的肩膀夸你"真有本事"。

一些有经验的人，颇能分辨出真假赞美之词，因为他们具有洞悉心灵的本领。而对于那些缺乏经验的人，便不具备这种才能，这也使他们因为听了不实的赞美之词而昏昏然，铸成大错。

但是一个靠以口头赞美别人为生的人，在这个社会是难以被大家接受的。经常性地把说赞美之词当饭吃的人，到头来学无长进，亲友疏远，夫妻反目，还是要害自己的。因此，在赞美人家的时候，别忘了你的内心一定要真诚。

赞美既然是发自内心的，那么作为赞美者，自己的内心必然要受到震撼，人格得到升华，对美的体验也便强烈一些；而作为被赞美者，便知道自己的长处，并继而追求至善至美。

特别是在不正之风盛行的环境里，对美的人、物的赞美便构成了一种支持、一种无形的力量。它使我们更易于发现真善美。

在实际生活中，赞美帮助我们赢得了朋友。我们所拥有的众多朋友，都是因为我们在内心深处赞美他们、接受他们而获得的，因为这些朋友都在这方面或那方面拥有我们所没有的优点。我们赞美他们，他们也赞美我们，彼此之间的距离也就缩短了。我们并不要求他们与我们有相同的文化、相同的成长背景、相同的专业爱好。我们只求他们其中的一点，或诚实可靠、或处事稳健、或富于幽默感，就足以“使我惭愧、促我自新”了。

赞美别人照亮了我们的生活，也创造了我们和谐的工作环境。在很多人眼里，持“同事是敌人”的观点的人恐怕不少，因而对于周围的人取得的成绩，爱嫉妒、爱贬低或喜欢从侧面去找岔子。有位大学生在刚参加工作的时候也是这样：那一年评“先进工作者”没有他的名，虽然他从业务素质到实干精神自己都认为不错。第一天他为此而伤脑筋睡不着觉，甚至想起了被评上的那位同事的几个不足：备课笔记是用了好几年的，在上课时与学生乱开玩笑。他真想破门而出，让大家都知道要评他该多好！可是他转而想了一下自己的不足，又认为采取另一种方式会更好：大家都是同事，共事的时间还很长，不要为这种小事而破坏了关系。第二天他便向被评上者表示祝贺。他对别人的赞美的态度使他一下子解脱了出来，而且他们的友情也从此开始了。其实，在很多同事或朋友之间，这种和谐的气氛就是通过互相赞美而产生的。

赞美可以缩短人与人之间的距离，为我们赢得友情和坚强的团体；然而赞美的最大好处还在于使被赞美者获得提高。你赞美一个人勇敢的时候，这个人会变得更加勇敢；你赞美一个人正直的时候，这个人会变得更加正直。

赞美的六个前提条件

赞美是一门艺术，合理的赞美有六个前提条件。

1.要有根有据，不能言不由衷或言过其实

赞美要有根有据，如果言不由衷或言过其实，对方就会怀疑赞美者的真实目的。

清代的左宗棠平素喜欢牛，认为牛能任重致远，他甚至把自己看作是牵牛星降世。他曾经在自己的后花园开凿水池，左右各列着一个石人，一个似牛郎，一个似织女，并且在旁边立着石牛，隐寓自负之意。

左宗棠身体肥胖，大腹便便。他曾经在茶余饭后捧着自己的肚子说："将军不负腹，腹亦不负将军。"一天，他捧着自己的肚子问手下人："你们知道我这腹中装的是什么东西吗？"有的说是满腹文章，有的说是满腹经纶，有的说腹中有十万甲兵，有的干脆说腹中包罗万象。左宗棠听了后连说："否，否！"忽然有位小校出来大声说："将军之腹，装满了马绊筋。"左宗棠听了拍案大加赞赏说："是，是！"小校因此而受到提拔。

湖南人喊牛吃的草为"马绊筋"。小校的回答正是抓住了左宗棠的心境，与他的夙志相符，所以受到左宗棠的赞赏。

2.要雪中送炭，不要锦上添花

最有效的赞美不是“锦上添花”，而是“雪中送炭”。最需要赞美的不是那些早已扬名天下的人，而是那些自卑感很强的人，尤其是那些被压抑、自信心不足或总受批评的人。他们一旦被人真诚地赞美，就有可能使尊严复苏，自尊心、自信心倍增，精神面貌从此焕然一新。

在19世纪初期，伦敦有位年轻人想当一名作家。他好像什么事都不顺利。他几乎有4年的时间没上学。他的父亲因无法偿还债务，被迫入狱，而这位年轻人还时常遭受饥饿之苦。最后，他找到一份工作，在一个老鼠横行的货仓里贴鞋底的标签，晚上在一间阴森寂静的房子里，和另外两个男孩一起睡。就在这个货仓里，他写稿寄出去，可是一个接一个的稿件被退回，最后有一位编辑承认并夸奖了他，由于这句夸奖，使他受到了极大的激励，眼泪流到了他的双颊。这个男孩的名字叫查尔斯·狄更斯。

假如没有那位编辑的夸奖，狄更斯很可能永远成不了作家，更不用说成为世界著名作家。这就是妙语激励的神奇效果。

3.内容要具体，不能含糊其辞

赞美要具体，不能含糊其辞。含糊其辞的赞美可能会使对方混乱、窘迫，甚至紧张。赞美越具体，说明你对他越了解，从而拉近人际关系。

克莱斯勒公司为罗斯福总统制造了一辆汽车，因为他下肢瘫痪，不能使用普通的小汽车。工程师把汽车送到了白宫，总统立刻对它表示了极大的兴趣。他说：“我觉得不可思议，你只要按按钮，车子就开起来，驾驶毫不费力，真妙。”他的朋友和同事们也在一旁欣赏汽车。总统当着大家的面夸奖：“我真感谢你们花费时间和精力研制了这辆车，这是件了不起的事。”总统接着欣赏了散热器、特制后视镜、钟、车灯等，换句话说，他注意并提到了每一个细节，他知道工人为这些细节花费了不少心思。总统坚持让他的夫人、劳工部长和他的秘书注意这些装置。

这种具体化的赞美让人感觉到真心实意。

4.要恰如其分，不能掺一点水分

恰如其分就是避免空泛、含混、夸大，而要具体、确切。赞美不一定非得是一件大事不可，即使是别人一个很小的优点或长处，只要能给予恰如其分的赞美，同样能收到好的效果。

一次会议上，何处长在总结工作时提到发表文章比较多的小杨时表扬道："小杨同志肯动脑子，好钻研，近来成果很多，发表了7篇文章，其他年轻同志要向他学习，搞些成果出来。"话音未落，就有一位年轻的部下插话说："水平不能以文章来定，文章的好差不能以发表的多少来定。发表文章多并不一定说水平高，那有可能是文字垃圾多。有的人一辈子就发表一篇或几篇文章，影响却大，难道说水平低吗？"处长被问了个瞠目结舌，不得不解释一番。结果弄得谁都扫兴而归。

这个何处长的尴尬不在于他没有根据，而是有据却无理。他的表扬经不起推敲，有水分，太夸张，所以其他人心里不痛快，把他的赞美给堵了回去。

5.要把握时机，不要拖延

赞美别人要善于把握时机，因为赏不逾时。一旦发现别人有值得赞美的地方，马上要发掘出表扬的道理当众表扬他，不要拖拉，也不必要积累到一起再找时机表扬。事情就是这样，当其他人看到某人的成绩或优点时，嫉妒心可能萌发，为寻求心理平衡可能会攻击或者找到攻击别人的理由，所以赞美"留到以后再说"，难度可能更大。

有一次，曾国藩召集诸将议论军务，他先发言道："诸位都知道，洪秀全是从长江上游东下而占据江宁的，现湖北、江西均为我收复，江宁之上，仅存皖省，若皖省克复，江宁则早晚必成孤城。"此时，一向沉默寡言的李续宾从曾国藩的话中意识到了下一步的用兵重点，就试探着插话问道："大帅的意思是要进兵安徽？""对！"曾国藩见李续宾听出了自己话中的真意，便以赏识的口气说："续宾说得不错，看来你平日对此已有思考。为将者，踏营攻寨算路程等尚在其次，重要的是胸有全局，规划宏远，这才是大将之才。续宾在这点上，比诸位要略胜一筹。"其他将领也连连点头，认为曾国藩说得不错。

曾国藩是很善于赞扬别人的，他听完李续宾的发问后，立即抓住时机，准确及时地给予大力赞扬。这在李续宾听来无疑是增强自信心；在其他人听来，也仿佛接受了一次教导。一次准确及时的赞扬，两个好的结果。

6.要真心诚意，不能虚伪

有的人在赞扬别人时，只想着树立自己个人的威信，收买人心，实际上并没有表现出欣赏的诚意，无论是被表扬者，还是其他人都像被猴耍一般，这样的赞美根本不起作用。所以赞美要表示出真心诚意。

北魏太武帝拓跋焘欣赏崔浩的才能，聘他为顾问，并鼓励他集思广益、敢于进谏。在一次宫廷酒宴上，太武帝对着群臣发自内心地称赞身边的崔浩说："你们看他纤瘦懦弱，手不弯弓持矛，但他胸中所怀的却远远超过甲兵之勇。朕开始时虽有征讨之意，但思虑犹豫不能决断，最后克敌制胜，都是他引导我走到今天这一步的。"话中充满诚意。

富兰克林说："诚实是最好的政策。"聪明的领导在表扬下属时，最好的方法就是要真诚。太武帝对崔浩的赞美没有半点虚伪，坦诚之情历历可见。

赞美的四个方式

赞美是欣赏，是感谢，给人的喜悦是无可比拟的。一副冷漠的面孔和一张缺乏热情的嘴是最使人失望的。怎样赞美呢？主要有以下四种方式。

1.直接式

赞美他人最常见的方式就是直接赞美。特别是上级对下级、老师对学生、长辈对晚辈。它的特点是及时、直接。

被誉为“现代物理学之父”的爱因斯坦平日酷爱音乐，喜欢弹钢琴，擅长拉小提琴。有一年，他应邀去比利时访问，比利时国王和王后都是他的朋友。王后也是一个音乐迷，会拉小提琴。他和王后在一起合奏弦乐四重奏，合作得非常成功。爱因斯坦对王后说：“您奏得太好了！说真的，您完全可以不要王后这个职业。”听了爱因斯坦的赞美，王后为此很是兴奋了一阵。

2.间接式

在日常生活中，如果我们想赞美一个人，不便对他当面说出或没有机会向他说出时，可以在他的朋友或同事面前，适时地赞美一番。这样收到的效果会更好。

南北战争开始时，北方联军连吃败仗。后来林肯大胆起用了一位将军——格兰特。他出身平民，衣着不整，言语粗俗，行为莽撞，有人还说他是个酒鬼。林肯心里明白，所有对他的传言都是夸大之辞……后来，竟然有人要求林肯撤掉格兰特的军职，其理由是说他喝酒太多。林肯则不以为然，他赞扬格兰特说：“格兰特总是打胜仗，要是我知道他喝的是哪种酒，我一定要把那种酒送给别的将军喝。”格兰特没有辜负林肯的信任，为结束南北战争立下了赫赫战功，证明自己的确是一位能力卓越的将军。后来，他成为了美国第十八任总统。

3.激情式

朋友之间需要赞美，同事之间需要赞美，恋人之间更需要赞美。赞美既是获取爱情的催熟剂，又是缓和矛盾的润滑剂，还是保持感情的稳定剂。正如拿破仑所说：“从来没有哪个女人像你这样受到如此忠贞、如此火热、如此情意缠绵的爱！”对他的女神，拿破仑总是不吝啬赞美。

情人眼里出西施，在拿破仑眼中，他的妻子约瑟芬是天下最有魅力的女人。他用尽了一切华美的、无与伦比的词语去赞美她。拿破仑在行军中给约瑟芬写信说：“我从没想到过任何别的女人，在我看来，她们都没有风度，不美，不机敏！你，只有你能够吸引我，你占据了我整个心灵。”他有一次甚至在约瑟芬耳边以哀求的语气说：“啊！我祈求你，让我看看你的缺点；请不要那么漂亮、那么优雅、那么温柔和那么善良吧；尤其是再不要哭泣；你的泪水卷走了我的理智，点燃了我的血液。”

对于心爱的人，拿破仑无法掩饰自己的赞美之情，这种激情式赞美使约瑟芬十分受用和满足。

4.意外式

出乎意料地赞美，会令人惊喜。丈夫工作一天后回家，见妻子已摆好了饭菜，称赞妻子几句；老师见学生把教室打扫得干干净净，夸奖一番。在学生看来是应该的，却得到了老师的赞美，心情是无比愉悦的。

有时，赞美的内容出乎对方意料，也会引起对方的好感。

卡耐基在《人性的弱点》中写了一个他曾经历过的故事：一天，他去邮局寄挂号信，办事员服务质量很差，很不耐烦。当卡耐基把信件递给她称重时，他说：“真希望我也有你这样美丽的头发。”闻听此言，办事员惊讶地看着卡耐基，接着脸上露出微笑，服务变得热情多了。

某将军在战场上攻无不克、战无不胜，可谓英姿飒爽、出尽风头。当别人频频跷起大拇指称赞他“真是位了不起的军事家”时，他总是无动于衷，因为打胜仗对他来说是最为平常不过的事了。而当有人看着他的胡须说“将军，您的胡须可真美，简直能与美髯公相媲美”时，将军却孩子般地笑了。

赞美的五大效果

赞美的效果表现在以下五个方面。

1.能缓和矛盾

人与人相处，产生矛盾在所难免，夫妻也不例外。对此，一旦有了纷争，即使认为自己一方在理，也要避免过分数落、指责。

这时候，最好的方式是使用调侃、幽默的言语，浇灭对方的怒气，达到释疑解纷的效果。

有一妻子虚荣心重，当夫妻商量出席友人婚礼时，她缠着丈夫要买一种昂贵的花帽。此时正值这对夫妻闹经济危机，丈夫自然不肯答应花这笔钱。

争吵中，妻子赌气地说："人家小方和小刘的爱人多大方，早就给自己的夫人买了这种花帽，哪像你，小气鬼！"丈夫不愿争论，只是故意夸张地说："可是，她俩有你这样漂亮吗？我敢说，她们若有你这样美，根本就不用买帽子打扮了，是吗？"

妻子一听丈夫的赞语，不觉转怒为笑，一场争吵也随之平息了。

2.能催人奋进

人得到赞美，其喜悦心情固然无可比拟，但更重要的是赞美所产生的力量总是巨大的。它能够激发人的积极性和创造性，增添人们克服困难的勇气，甚至使人创造出种种奇迹来。

有甲乙两猎人，各猎得两只野兔。甲的女人看见了冷冷地说："只打到了两只吗？"甲猎人心中不悦，"你以为很容易打到吗？"他心里如此埋怨着。第二天他故意空手回家，让她知道打猎是不容易的事情。乙猎人所遇则恰好相反。他的女人看见他带回了两只野兔，就欢天喜地地说："你竟打了两只吗？"乙听了心中喜悦，"两只算得了什么！"他有点骄傲地回答他的女人。第二天，他打回了4只！这是赞美的魅力。

3.能给人力量

一个女孩迷上了小提琴，每天在家拉个不停，家里人不堪这种“锯床腿”的干扰，每每向小女孩求饶。女孩一气之下跑到一处幽静的树林，独自奏完一曲。突然听到一位老妇的赞许声，老人继而说：“我的耳朵聋了，什么也听不见，只是感觉你拉得不错！”于是，女孩每天清晨来这里为老人拉琴。每奏完一曲，老人都连声赞叹：“谢谢，拉得真不错！”终于有一天，女孩的家人发现，女孩拉琴早已不是“锯床腿”了，便惊奇地问她是否有什么名师指点。这时，女孩才知道，树林中那位老妇是著名的器乐教授，而她的耳朵竟然从未聋过！一个优秀的小提琴手就这样诞生了，是赞美给了她力量！

4.能遂己愿

有一位美国的老妇人向史蒂夫·哈维推销保险。她带来了一份全年的哈维主编的杂志《希尔的黄金定律》，滔滔不绝地向他谈她读杂志的感受，赞誉他“所从事的，是今天世界上任何人都比不上的最美好的工作”。她的迷人的谈话将主编迷惑了75分钟，直到访问的最后5分钟，才巧妙地介绍自己所推销的保险的长处。就这样，老妇人成交了指定购买的保险金额5倍的保险业务。

5.能摆脱纠缠

有一位白领女性，相貌出众，在某家公司负责产品销售策划。一次下班后，公司经理主动邀请她：“小姐，晚上陪我吃夜宵好吗？”她不得不按时赴约。见面后，经理喜出望外，情意绵绵。两人边吃边谈，女子竭力向经理劝酒，滔滔不绝地向他介绍公司的发展计划，并不时赞美经理，称他是一位有修养、有气质、讲信用、受人尊敬的现代企业家。经理颇为得意，故作谦虚道：“你过奖了。”最后两人共舞一曲而告终。临别时经理握住女子的手，郑重地说：“你是个自尊自爱的女子！我心里会永远记得你这完美的女孩形象。”

多谈对方的得意之事

人总是喜欢被赞美的。现实生活中，无论是与朋友还是客户交谈，不妨多谈谈对方的得意之事，这样容易赢得对方的认同。如果恰到好处，他肯定会高兴，并对你有好感。

美国著名的柯达公司创始人伊斯曼，捐赠巨款在罗彻斯特建造一座音乐堂、一座纪念馆和一座戏院。为承接这批建筑物内的座椅，许多制造商展开了激烈的竞争。但是，找伊斯曼谈生意的商人无不乘兴而来，败兴而归，一无所获。正是在这样的情况下，“优美座位公司”的经理亚当森，前来会见伊斯曼，希望能够得到这笔价值9万美元的生意。

伊斯曼的秘书在引见亚当森前，就对亚当森说：“我知道您急于得到这批订货，但我现在可以告诉您，如果您占用了伊斯曼先生5分钟以上的时间，您就完了。他是一个很严厉的大忙人，所以您进去后要尽量简洁地讲。”亚当森微笑着点头称是。

亚当森被引进伊斯曼的办公室后，看见伊斯曼正埋头于桌上的一堆文件，于是静静地站在那里仔细地打量起这间办公室来。

过了一会儿，伊斯曼抬起头来，发现了亚当森，便问道：“先生有何见教？”

秘书为亚当森作了简单的介绍后，便退了出去。这时，亚当森没有谈生意，而是说：“伊斯曼先生，在我等您的时候，我仔细地观察了您这间办公室。我本人长期从事室内的木工装修，但从来没见过装修得这么精致的办公室。”

伊期曼回答说：“哎呀！您提醒了我差不多忘记了的事情。这间办公室是我亲自设计的，当初刚建好的时候，我喜欢极了。但是后来一忙，一连几个星期我都没有机会仔细欣赏一下这个房间。”

亚当森走到墙边，用手在木板上一擦，说：“我想这是英国橡木，是不是？意大利的橡木质地不是这样的。”

“是的，”伊斯曼高兴地站起身来回答说，“那是从英国进口的橡木，是我的一位专门研究室内橡木的朋友专程去英国为我订的货。”

伊斯曼心情极好，便带着亚当森仔细地参观起办公室来了。

他把办公室内所有的装饰一件件向亚当森作介绍，从木质谈到比例，又从比例扯到颜色，从手艺谈到价格，然后又详细介绍了他设计的经过。

此时，亚当森微笑着聆听，饶有兴致。他看到伊斯曼谈兴正浓，便好奇地询问起他的经历。伊斯曼便向他讲述了自己苦难的青少年时代的生活，母子俩如何在贫困中挣扎的情景，自己发明柯达相机的经过，以及自己打算为社会所作的巨额的捐赠……

亚当森由衷地赞扬他的功德心。

本来秘书警告过亚当森，谈话不要超过5分钟。结果，亚当森和伊斯曼谈了一个小时，又一个小时，一直谈到中午。

最后伊斯曼对亚当森说：“上次我在日本买了几张椅子，放在我家的走廊里，由于日晒，都脱了漆。昨天我上街买了油漆，打算由我自己把它们重新漆好。您有兴趣看看我的油漆表演吗？好了，到我家里和我一起吃午饭，再看看我的手艺。”

午饭以后，伊斯曼便动手，把椅子一一漆好，并深感自豪。直到亚当森告别的时候，两人都未谈及生意。

最后，亚当森不但得到了大批的订单，而且和伊斯曼结下了终身的友谊。

为什么伊斯曼把这笔大生意给了亚当森，而没给别人？这与亚当森的口才很有关系。如果他一进办公室就谈生意，十有八九要被赶出来。亚当森成功的诀窍，就在于他了解谈判对象。他从伊斯曼的办公室入手，巧妙地赞扬了伊斯曼的成就，谈得更多的是伊斯曼的得意之事，这样，就使伊斯曼的自尊心得到了极大的满足，把他视为知己。这笔生意当然非亚当森莫属了。

不要胡乱恭维对方

凡说赞美的话，一定要切合实际，而且要言之有物。比如到别人家里做客，与其不切实际地乱捧主人一场，不如赞美主人房间布置得别出心裁、壁上的一幅上乘之作或盆栽的精巧。若要取得他人的喜欢，我们就要尽量发现他人的兴趣并加以发挥。若主人爱狗，不妨赞美他的狗；若主人爱金鱼，则不妨说说自己如何欣赏那些鱼的美丽。赞美别人最近的工作成绩、最心爱的宠物、最费心血的设计，是比说上许多无谓虚浮的客气话更为明智。特别关心别人的某一种事物，必使人在欣喜之外还觉感激。

如果我们对别人没有清楚地研究过，就不可盲目地恭维对方。只有发自内心由衷地敬佩别人的话，才能打动别人，引起别人的好感。比如，对一个有名望有地位的人，赞美他时，我们首先要想到，他能够成为名人，一定是在自己的工作中有特殊的贡献，而在他成名之后，恭维他的工作成绩的人一定很多，积久当然也就会生厌了，若我们仍然依葫芦画瓢地用别人所用过的话来恭维他，是不会使他觉得高兴的。所以，我们的恭维若不能别出心裁，则无济于事。对这种人，最好拣工作以外的其他事情去赞美他。譬如某歌唱家喜欢在闲时写写诗，那么我们与其赞美他歌声悦耳动听，不如说他诗写得好，因为对方成名的工作，无须我们再多恭维，而其诗写得好却无人加以注意，我们若特别提及，一定会博得他无限喜悦。所以，赞美一个普通的人，可以赞美他努力了许多而无人注意的工作，尤其是他足以自慰的工作或本领。但对于一个名人，我们却要欣赏他那些不大为别人所知的，而是他自己所得意的事情。

说话要谨慎，恭维他人的话尤其应如此。我们若以为恭维的话不会得罪人，可以乱说，那就大错特错了。不切实际的恭维话、言不由衷的恭维话，都很容易闹出是非。正如我们不能随便见到妇人就赞美她漂亮一样——倘若这个女人明知自己实在称不上漂亮时，心里会觉得我们是在笑话她，定会生气。女人，我们可以赞美她漂亮，或说她活泼，或说她苗条，或说她健美，或赞美她有才智，或说她幽默，或恭维她处理家务井井有条、教子有方，等等。同是女人，各有所长，虽是赞美，也要加以选择。

总之，恭维他人的话，一不能乱说，二不能不分对象用同样的说法，三不能多说。

夸人减龄，遇货添钱

有句俗话说："夸人减龄，遇货添钱。"也是一种赞美。

1.夸人减龄

芸芸众生每一个人都希望自己永远年轻。因此成年人对自己的年龄非常敏感。

由于成年人普遍存在怕老心理，所以"夸人减龄"就成了讨人喜欢的说话技巧。这种技巧在于把对方的年龄尽量说小，从而使对方觉得自己年轻，养生有术等，产生一种心理上的满足。比如一个30多岁的人，你说他看上去只有20多岁，一个60多岁的人，你说他看上去只有四五十岁，这种说法对方是不会认为你缺乏眼力，对你反感的，相反，他会对你产生好感，形成心理相容。

"夸人减龄"这种方法只适用于成年人（特别是中老年人），相反，对于幼儿、少年，用“逢人长命”（年龄往大点说）的方法效果较好，因为他们有一种渴望成长的心理。

2.遇货添钱

货，就是购买物品。买东西是再平常不过的日常行为。在我们的心中，能用“廉价”购得“美物”，那是善于购物者所具有的特质，那是精明人的一种象征，虽然我们不会，也不可能都是精明购物者，但我们还是希望我们的购物能力得到别人的认可。因此，当我们买了一件物品之后，如果花了50元，别人认为只需30元时，我们就会有一种失落感，觉得自己不会买东西。但当我们花了30元，别人认为需要50元时，我们则有一种兴奋感，觉得自己很会买东西。由于这种购物心态的存在，“遇货添钱”这种说话方式也就能打动人心。

甲买了一套款式不错的西服，乙知道市场行情，这种衣服两三百元完全可以买下。于是乙在品评时说：“这套西服不错，恐怕得六七百元吧？”甲一听笑了，高兴地说：“老兄说错了，我160元就买下啦！”

这里乙的说法就很有技巧性，在他不知道甲花了多少钱买下这套衣服的情况下故意说高衣服的价格，使对方产生成就感，当然也就使得对方高兴。

遇货添钱法能讨得对方欢心，操作起来也简单，对其价格高估就行了。当然“价格高估”也需要注意，一要对物价心里有底，二不能过分高估，否则收不到好的效果。

不可不知的说话技巧

小孩在做游戏时，常会说“这是我的”、“我要”，这是自我意识强烈的表现。在小孩子的世界里，这或许无关紧要，但有些人在18岁以后还是如此。他们说话时，仍然强调“我”、“我的”，这给人自我意识太强的坏印象，人际关系也会因此受到影响。

第七章
说幽默话，做幽默人

——18岁后要懂点幽默的技巧

幽默的四大类型

幽默是人的能力、意志、个性、兴趣的综合体现，它是社交的调料。有了幽默，社交可以让人觉得醇香扑鼻，隽永甜美。它是引力强大的磁石，有了幽默的社交，便会把一颗颗散乱的心吸入它的磁场，让别人脸上绽开欢乐的笑容。它是智慧的火花，是智慧者灵感勃发的光辉；它是高级的逗笑品，幽默不一定会使你捧腹大笑，却能引起莞尔而笑。

就品种而言，幽默和笑一样丰富多彩，它有善意的、冷酷的、友好的、悲伤的、感人的、攻击性的、不动声色的、含沙射影的、不怀好意的、嘲弄的、挑逗的、和风细雨的、天真烂漫的、妙趣横生的，等等，这里不论属揶揄也好，属嘲笑也好，充满同情怜悯也好，纯属荒诞古怪也好，其意趣必须是从内心涌出。只有这样，它才以一种生动感、生命感，标志出超卓的心智心力，展开心灵的温暖与光辉。

幽默可以分为以下几种类型，不同的人对幽默有各自的欣赏眼光。

1.哲理性幽默

对哲学、宗教等方面有嗜好的人会对此反应强烈。他们往往能对自身弱势进行嘲笑。对这类幽默感兴趣的人并不是自虐狂，而是具有一种能坦率地承认并欣赏自己的弱点，并能超越它们的开阔胸怀，是一种令人感到和蔼可亲的谦卑。

请看下面这则妙语：

大学生请一位著名的经济学家给衰退、萧条、恐慌等词下个定义。

“这不难，”专家回答，“‘衰退’时人们需要把腰带束紧。‘萧条’时就很难买到扎裤子用的皮带。当人们没有裤子时，‘恐慌’就开始了。”

2.荒诞式幽默

这是以一种出乎意料的独特方式摆脱理性而产生的完美的“蠢话”。这种幽默绝不会来自傻瓜的头脑，而是高度智慧的结晶。喜欢这种类型的人理性思维较发达，追求精神的自由奔放。

有一次，英国作家狄更斯正在钓鱼，一个陌生人走到他跟前问：“先生，您钓鱼？”

“是的，”狄更斯毫不迟疑地答道，“今天，我钓了半天，没见一条鱼；可是在昨天，也是在这个地方，却钓起了15条鱼！”

“是吗？”陌生人问，“那您知道我是谁吗？我是专门巡检偷钓的人，这一带湖口禁止钓鱼！”

说着，那陌生人从口袋里掏出一本罚单，要记下名字罚狄更斯的款。见此情景，狄更斯忙反问道：“那么，你知道我是谁吗？”

当那陌生人还在惊讶迷惑之际，狄更斯直言不讳地说：“我是作家狄更斯，你不能罚我的款，因为虚构故事是我的职业。”

3.社会讽刺小品

这是对社会风气、对人性某些灰暗面的嘲讽。酷爱这类小品的人是在以一种半超然半冷漠的态度对待世界。这种幽默的欣赏者往往以一种更开阔的视野，即所谓“上帝的眼光”来看待自己与人类自身，成为自己与人类命运自由而超然的观察者。

1717年，伏尔泰因为讥讽摄政王奥尔良公爵，被囚禁在巴士底狱11个月之久。出狱后，吃够了苦头的哲学家知道此人冒犯不得，便去请求他宽饶。摄政王深知伏尔泰的影响，也急于同他化干戈为玉帛。于是两人都讲了许多恰到好处的抱歉之辞。最后伏尔泰再一次表示感谢说：“陛下，您真是助人为乐，为我解决了这么长时间的食宿问题，我衷心地再次向您表示感谢。可今后，您就不必再为这件事替我操心啦。”

4.插科打诨式的“胡言乱语”

这是轻松的自我娱乐。对于那些刚开始体会推理之味、对世事涉足不深的年轻人来说，可能对此会兴趣盎然。

马克·吐温一天在美国里士满城抱怨自己的头痛。当地的一个人却对他说：“这可能是你在自己家里吃的食品的缘故，我们里士满不仅食品卫生，空气也很干净，再也没有比里士满城更卫生的城市了，我们的死亡率现在降低到每天不到一个人了。”

马克·吐温立即对那人说：“请你马上到报馆去一趟，看看今天该死的那个人死了没有？”

幽默形式和品种异彩纷呈，百花争妍，表明人类的幽默艺术经久不衰，生命力旺盛。当我们为它的奇光异彩所吸引时，应该看到：一如世上绝大多数事物一样，幽默也有不同品格，有的高贵文雅，启人心智；有的低级庸俗，贻害青年。对发挥幽默力量者而言，理性的判断透视是必要的。

幽默在谈吐中的五大作用

英国哲学家培根曾经说过："善谈者必善幽默。"

幽默风趣的谈吐，无论是在日常生活中，还是在重大的社交场合，都是离不开的。说话的幽默是指我们在谈吐中，利用语言条件，对事物表现诙谐、风趣的情趣。幽默的谈话不仅能吸引听者的注意力，而且还能与听者建立起亲密的关系。要是你的话能使听者情不自禁地笑了起来，就表明听者已完全进入了与你的思想交流之中。所以人们说幽默的谈吐是口才的标志之一。

英国有一位美貌风流的女演员，曾写信向萧伯纳求婚，并表示她不嫌萧伯纳年迈丑陋。她在信里写道："咱们的后代有你的智慧和我的外貌，那一定是十全十美的了。"

萧伯纳给她回了一封信，说她的想象很美妙，"可是，假如生下的孩子外貌像我，而智慧又像你，那又该怎样呢？"

萧伯纳这位大师，把深邃的哲理寓于幽默的谈吐之中。可以这么说，在生活中，谁都喜欢跟那些谈吐幽默、机智风趣的人交谈，而好口才的人，差不多都有这样诙谐的语言，具有极强的幽默感。

英国作家哈兹里特曾把幽默在谈吐中的作用，比作是炒菜中的调味品，这是很恰当的。它说明：幽默在谈话中是绝不可缺少的。尽管你说的话有许多实在的内容，假如没有幽默，就没有味道，也缺少魅力，然而幽默能使听者对你说的话感兴趣，但它并非食物，因此很少能从根本上改变听者的态度。所以，我们对幽默的作用，既不要小看，也不宜估计过高。

幽默在谈吐中的作用是很多的，主要可以分为以下几个方面。

1.调节气氛，缩短距离

善说者一席幽默的话语，往往既活跃了气氛，又把与听者之间的距离缩短。因此，无数事例可以证明，风趣幽默是说者和听者建立融洽关系的有效途径与手段。

新成国成立初期，曾发生过这样一件事：由于某些基层干部作风粗暴，使一位老教授投河自杀（由于及时发现，被人救了起来）。陈毅知道后，把有关干部叫去狠狠地对他们进行了批评，要他们主动去赔礼道歉。后来，在一次有这位老教授参加的高级知识分子大会上，陈毅说："我说你呀，真是读书一世，糊涂一时，共产党搞思想改造，难道是为了把你们整死吗？我们不过想帮大家卸下包袱，和工农群众一道前进，你为啥偏要和龙王爷打交道，不肯和我陈毅交朋友呢？你要投河也该打个电话给我，咱们再商量商量嘛！当然啦，这件事主要怪基层干部不懂政策，也怪我陈毅教育得不够……"

陈毅这一席话，活跃了气氛，增强了语言的亲切感，使其中所含的批评与自我批评显得那么自然得体，易于被人接受。

2.脱离困难，消除尴尬

幽默的谈吐常常能使局促、尴尬的场面变得轻松和缓，使双方摆脱困境，也消除了尴尬。

马克·吐温有一次去某小城。临行前，别人告诉他，那里的蚊子特别厉害。到了那个小城，正当他在旅店登记房间时，一只蚊子正好在马克·吐温面前盘旋。那个职员面露尴尬之色，忙驱赶蚊子。

马克·吐温却满不在乎地对职员说："贵地的蚊子比传说中的不知聪明多少倍。它竟会预先看好我的房间号码，以便夜晚光顾，饱餐一顿。"

大家听了不禁哈哈大笑。结果这一夜马克·吐温睡得十分香甜。原来，旅馆的职员听了马克·吐温的讲话，全体职工一齐出动，想方设法不让这位众人喜爱的作家被"聪明的蚊子"叮咬。

3.揭露缺点，进行批评教育

幽默采用影射、讽刺的手法，机智、灵活、巧妙地揭露他人的缺点，善意地进行批评，使人难以发怒，在笑声中接受教育。

一次，伟大的生物学家达尔文被邀赴宴。宴会上，他恰好和一位年轻美貌的女士并排坐在一起。

“达尔文先生，”坐在旁边的美人带着戏谑的口吻向科学家提出疑问，“听说你断言，人类是由猴子变来的，我也属于您的论断之列吗？”

“那当然！”达尔文白了她一眼，彬彬有礼地答道。

“我像猴子吗？”美人带点嘲弄地说。

“不过，您不是由普通的猴子变来的，而是由长得非常漂亮的猴子变来的。”

在这里，达尔文机智、巧妙地揭露了这位美貌夫人的无知和自命不凡，善意地进行了批评。

4.评判是非，领悟哲理

幽默在说话中将人的智慧和语言技巧巧妙地结合起来，揭示出事物的深刻含义，富有哲理，含不尽之意于言外，使人在含笑中评判是非，领悟哲理，增长智慧。

一位年轻的画家拜访德国著名的画家阿道夫·门采尔，向他诉苦说：“我真不明白，为什么我画一幅画只用一会儿工夫，可卖出去却要整整1年？”

“请倒过来试试吧，亲爱的，”门采尔认真地说，“要是你花1年的工夫去画它，那么只用一天，就准能卖掉它。”

门采尔的幽默话语，的确含不尽之意于言外，使人在含笑中评判是非，增长智慧。

5.宽松精神，感受美感

有人说：“没有幽默的语言是一篇公文，没有幽默感的人是一尊塑像。”这话是很有见地的。当今社会高效率、快节奏、信息量大，这样必然会使人的大脑容易产生疲劳。如果我们的生活多点笑声，多点幽默，就会消除人们的烦躁心理，保持情绪的平衡。说话，在某种程度上，具有一定的娱乐性。它不应该让人感到紧张、费力，而应给人一种舒适轻松之感。

有个大财主定了个规矩：庄稼人遇到他，都得敬礼，否则便要挨鞭子。

一天，阿凡提经过这里，碰上了大财主。

“你为什么不向我敬礼，穷小子！”大财主怒不可遏。

“我为什么要向你敬礼？”

“我最有钱。有钱就有势，穷小子，你得向我敬礼，否则我就抽你。”

阿凡提站着不动。

围观的人越来越多，大财主有点心虚，便压低声音对阿凡提说：“这样吧，我口袋里有一百块钱。我给你五十块，你就向我敬个礼吧！”

阿凡提慢慢悠悠地把钱装进兜里，说：“现在你有五十块钱，我也有五十块钱，凭什么非要向你行礼不可呢？”

周围的人大笑起来，大财主又气又急，一下子把剩下的五十块也抽了出来：“听着，如果你听我的，那我就把这五十块钱也送给你！”

阿凡提又把这五十块钱收下，接着严肃地说：“好吧，现在我有一百块，你却一分钱也没有了。有钱就有势，向我行礼吧！”

大财主目瞪口呆。

阿凡提的故事虽然带有寓言的色彩，但他的话语的确逗人，给人以美的享受。

幽默的三大力量

与世界上所有的力量一样，幽默的力量也不是万能的，可是，幽默的力量对你的生活确有实实在在的帮助。它帮助你以新的眼光看待周围的环境和个人的生活，帮助你正视并恰当地估计和应付那些困扰你的难题，帮助你同他人的关系充满温暖与和谐，帮助你把许多的不可能变为可能……

1.帮你取得成功

获得工作上的成就和事业上的成功要具备很多条件，但幽默有助于你改善与他人的关系，促使你成功，则是一个不争的事实。

年轻有为的美国福特汽车公司总裁亨利，通过一系列的变革和创新，使每月亏损900万美元的公司一举扭转了被动的局面。有人针对他在改革过程中也做过一些错事而问他，“如果让你从头做起又将如何？”亨利爽朗地答道：“我看不会有什么非同寻常的作为，人们都是在错误和失败中学到成功的，因此要我从头再来的话，我只能犯一些不同的错误。”

亨利幽默的语言，显示出他的坦率和诚恳，这也是他事业成功的重要原因之一。

2.助你排忧解难

幽默，最重要的是帮助我们解除工作中的紧张状态，帮助解决生活中的难题。

在一个大城市的市郊，有一个颇具规模的化工厂。这个厂终年生产一种化学产品，从烟囱里冒出了大量的烟和灰尘，使邻近的几家企业饱受烟和灰尘之苦。在一次化工厂加班生产的时候，隔壁一家工厂的厂长半开玩笑地说：“你们生产这么忙，如何处理这些烟和灰尘呢？”化工厂的厂长也半开玩笑地说：“我们打算将烟筒加高二分之一，与此同时，我还将向包装厂定制一个特大的塑料袋，并用直升机把袋子吊到烟囱的上空罩下来。”两位厂长各带幽默的话语，使他们互相取得了谅解，一道哈哈大笑起来，紧张的心情便渐渐地舒展开来了。

3.替你减轻痛苦

以轻松的态度面对自己，以严肃的态度面对人生。如果反其道为之，我们就有烦恼了。不成熟的个性常常在于视自己为人际交往中的核心，而成熟则伴随着视自己和群体有合适的关系。

有一个相声，说的是有一个人患了盲肠炎，医生为之开刀，盲肠被割去了。患者痊愈后，小腹仍时时作痛，经检查，原来是医生把手术剪刀留在里面了，于是重新开刀。事后，病人仍感腹中气胀，经检查，原来是纱布又遗忘在腹中了，遂又开刀。于是，病人对医生说：“你还不如在我的肚子上装个拉链更方便！”

要化痛苦为幽默，关键在于进入一种假定的没有生理痛苦的境界。

笑一笑，十年少

我国有一句谚语“笑一笑，十年少”。可见，笑对于人类有益无害。幽默，作为笑的媒介，会引起人们发笑。

如有一篇名为《挤车的诀窍》的讽刺小品，写得风趣又不浅薄，让我们来欣赏其中精彩的片断：

尽管车辆增加，修建地铁，扩展环行路……可哪里赶得上人生的快！于是，上下班乘车，就成了一门“学问”。

先说上车，车来时，上策为“抢位”——犹如球场上的“抢点”。精确计算位置，车门停在身边，可收“先据要津”之利，当然，必须顶住！此中诀窍：上身倾向来车方向，稳住下盘，千万莫被随车涌来的人流冲走（好在你身后还有助力之人）。中策则为“贴边”。外行正对车门，拥来晃去，枉费心力。尤其是北京不同于外地——哈尔滨上车是“能者为王”；上海人多少顾及颜面，但动辄大呼小叫，使你无心恋战——北京人又要讲点风格，又要赶紧上车，车门前便非好去处。你是否注意过：售票员洗车，从来无须擦车门两旁——那里全被精明的挤车人蹭得一干二净了！贴住边，扮出一副泰然自若的样子，一点一点把“无根基”者拱开，只要一抓住车门，你就赢了。下策呢，可称“挂搭”。一般人，见车门内外龇牙咧嘴之惨状，早已退避三舍了。司机呢，只要车门关不上，也不敢贸然走车。这时，你将足尖嵌入车门（万勿先进脑袋），而后紧靠门边，往里“鼓拥”，自可奏效……

看到这段话，凡挤过车的人都要捧腹大笑的。作者观察仔细，对各地的风情了解得清清楚楚，使人读后如身临其境，遣词造句既得体又幽默风趣，使人既了解北京挤车之难，又能以轻松的心境对待之，消除忧患，实在是十分巧妙。

多数人都感觉到年龄渐长等问题，也是难以解脱的烦恼，看看应怎样以幽默来对待这个难题：

著名演说家罗伯特说：“我争取在最年轻的时候死去。”他不论在私下还是在公共场合，都把年龄看得很轻，以一颗年轻并富有趣味的心而出名。因此，在他70岁生日那天，他还签了一个为期5年的演讲合同。

幽默就是这样，让人心胸开阔，延年益寿。

幽默促推销

每个人无论在怎样的环境中生活，都会经常碰到各种各样的矛盾，有的甚至是相当棘手的难题，需要你去妥善处理。

智者的体验是：不轻松的问题，可以用轻松的方式来解决；严肃之门可以用幽默的钥匙开启。

美国俄亥俄州的著名演说家海耶斯，30年前还是一个初出茅庐、畏首畏尾的实习推销员。一次，一个老练的推销员带着他到某地推销收银机。这位推销员并没有电影明星那种堂堂相貌，他身材矮小、肥胖，红彤彤的脸却充满着幽默感。

当他们走进一家小商店时，老板粗声粗气地说："我对收银机没有兴趣。"

这时，这位推销员就倚靠在柜台上，格格地笑了起来，仿佛他刚刚听到了一个世界上最妙的笑话。店老板直愣愣地瞧着他，不知所以。

这时，这位推销员直起身子，微笑着道歉："对不起，我忍不住要笑。你使我想起了另一家商店的老板，他跟你一样地说没有兴趣，后来却成了我们熟识的主顾。"

而后这位老练的推销员一本正经地展示他的样品，历数其优点，每当老板以比较缓和的语气表示不感兴趣时，他就笑哈哈地引出一段幽默的回想，又说某某老板在表示不感兴趣之后，结果还是买了一台新的收银机。

旁边的人都瞧着他们，海耶斯又困窘又紧张，心想他们一定会被当做傻瓜一样赶出去。可是说也奇怪，老板的态度居然转变了，想搞清楚这种收银机是否真有那么好。

不一会，他们就把一台收银机搬进了商店，那位推销员以行家的口吻向老板说明了具体用法。结果这位推销员运用幽默的力量跨过了严肃之门，取得了成功。

幽默能使你豁达超脱，使你生气勃勃；幽默能使你具有影响力，使你打破僵局，摆脱困境；幽默是润滑剂，也是成功者的禀性。所以无论是朋友相处，还是要成为一个优秀的推销员，都应富有幽默感。

谁说中国人不懂幽默

中华民族的幽默，是源远流长的。

早在春秋时期，各国的宫廷已有用优之风，贵族们自养以“滑稽调笑”为业的艺人。如《史记·滑稽列传》所载“优孟谏楚庄王贱人而贵马”，用“归谬法”使楚王觉察了“寡人之过”。优孟还建议楚王把当马当成牲畜来“葬”，送“葬”送进肚肠。优孟的戏谑之言，是十分诙谐可笑的。关于先秦的这些记载，给后世留下了深远的影响。

1.《诗经》中的幽默

我国第一部诗歌总集《诗经》，诗中的幽默，可见于不少讽刺诗和情诗。

例如《邶风·新台》一诗，就是揭露和讽刺当时卫宣公的一桩丑闻的。卫宣公打算为他的儿子娶齐国的一个女子为妻。后来，宣公听说那女子非常漂亮，便在河上筑了一座华丽的新台，把齐女强占为自己的老婆。卫国人民写诗讽刺这件丑事。全诗分三章，其尾章是这样的：

鱼网之设，鸿则离之。燕婉之求，得此戚施。

诗歌假借齐女的口吻，进行讽刺。说张起网本为捕鱼，但哪知却遇到一个癞蛤蟆；本想求得一个如意郎君，谁知竟嫁了一个丑老公。形象的比喻，嬉笑怒骂，剥下了统治者卫宣公的面皮，又达到幽默讽刺的效果。

2.《笑林》中的幽默

魏晋时期，哲学重新解放，思想非常活跃，幽默再度兴起。我国出现了笑话专集《笑林》，为三国魏人邯郸淳所撰。如：

汉世有人，年老无子，家富，性俭啬。恶衣蔬食，侵晨而起，侵夜而息，管理产业，聚敛无厌，而不敢自用。或人从之求丐者，不得已而入内，取钱十，自堂而出，随步辄减，比至于外，才余半在。闭目以授乞者。寻复嘱云："我倾家赡君，慎勿他说，复相效而来。"老人俄老，田宅没官，货财充于内帑矣。

这一短小的笑话，嘲笑剥削阶级的吝啬，富有民间笑话机智辛辣的风格。这些笑话开后世诙谐文字之先，有的故事具有一定的社会意义。

3.《世语新说》中的幽默

南朝刘义庆所撰的《世说新语》，内容记录汉魏至东晋名人文士之逸事言谈，全书收录语录一千余则，多为清谈家言谈应对之言语片断。如《雅量》中有这样一则：

顾和始为扬州从事，月旦当朝，未入顷，停车州门外。周侯诣丞相，历和车边，和觅虱夷然不动。周既过反还，指顾心曰："此中何所有？"顾搏虱如故，徐应曰："此中最是难测地。"周侯既入，语丞相曰："卿州吏中有一令仆才。"

《世说新语》用大量的篇幅记载名士们奇特的兴致和玄妙的清谈，是我们研究"魏晋风流"的重要资料。这些名士标榜"雅量"、"豪爽"，讲究"容止"、"识鉴"，就连"任诞"、"简傲"也成了一种清高的美誉。

到了明代，幽默突破了"礼"制的牢笼和"理"学的束缚，异常蓬勃地生长，造成了中国幽默史上又一个重要的时期。

王利器先生辑录《历代笑话集》，其内容是颇为丰富的，由三国至清，共1 850则。

4.《西游记》中的幽默

明代吴承恩的《西游记》，是根据民间传说和说唱故事，加工整理重新写成的。小说通过幻想的神话世界，用虚构、夸张的艺术手法，描写了猴王孙悟空大闹天宫、地府和协助唐僧取经，荡妖除怪的故事。孙悟空神通广大，具有正义感和反抗斗争精神。玉皇大帝、龙王或阎王，统统不放在他的眼里，对"法力无边"的西方佛祖如来，也敢嘲笑一番。悟空保唐僧取经，一路受到无数妖魔阻挡，他不畏惧困难，顽强不屈，勇敢乐观，即使是受到委屈，被唐僧驱逐回花果山时，还是念念不忘唐僧去西天取经是否平安。他的乐观与开朗的性格，使他的语言动作富于幽默感，常常博得人们的笑声。

明代另外两部著名的长篇小说《三国演义》、《水浒传》中，也妙笔生花地描绘了许多活灵活现的幽默滑稽的人物，许许多多的细节也被描写得生动和极富幽默感。如《三国演义》第二回“张翼德怒鞭督邮，何国舅谋诛宦竖”中关于张飞怒鞭督邮的描写：

张飞大怒，睁圆环眼，咬碎钢牙，滚鞍下马，径入馆驿，把门人那里阻挡得住，直奔后堂，见督邮正坐厅上，将县吏绑倒在地。张飞大喝：“害民贼！认得我么？”督邮未及开言，早被张飞揪住头发，扯出馆驿，直到县前马桩上缚住；攀下柳条，去督邮两腿上着力鞭打，一连打折柳条十数枝。

再如第三十八回“定三分隆中决策，战长江孙氏报仇”中，玄德三访孔明时，关公、张飞在外立久，不见动静，入见玄德犹然侍立。请看张飞的言语：

张飞大怒，谓云长曰：“这先生如何傲慢！见我哥哥侍立阶下，他竟高卧，推睡不起！等我去屋后放一把火，看他起不起！”

张飞的这些富于个性的言语，是那么滑稽、有幽默感，从而使他的形象生动、逼真。

5.《水浒传》中的幽默

《水浒传》中的李逵，也是一个特别生动的形象。第七十三回“黑旋风乔捉鬼，梁山泊双献头”，李逵听说宋江夺了太公的女儿，要向宋江讨还。请看书中所述：

宋江见了李逵、燕青回来，便问道：“兄弟，你两个那里来？错了许多路，如今方到。”李逵那里应答，睁圆怪眼，拔出大斧，先砍倒了杏黄旗，把“替天行道”四个字扯做粉碎，众人都吃一惊。宋江喝道：“黑厮又做甚么？”李逵拿了双斧，抢上堂来……

第七十五回“活阎罗倒船偷御酒，黑旋风扯诏骂钦差”，陈太尉前往梁山泊招安，单不见了李逵，书中写道：

萧让却才读罢，宋江已下皆有怒色，只见黑旋风李逵从梁上跳将下来，就萧让手里夺过诏书，扯得粉碎，便来揪住陈太尉，拽拳便打……李逵道：“你那皇帝，正不知我这里众好汉，来招安老爷们，倒要做大！你的皇帝姓宋，我的哥哥也姓宋，你做得皇帝，偏我哥哥做不得皇帝！你莫要来恼犯著黑爹爹，好歹把你那写诏的官员，尽都杀了。”

这些滑稽、幽默的语言动作，把李逵疾恶如仇、坚决反对招安的个性特征，惟妙惟肖地描绘出来了。

6.《红楼梦》中的幽默

清代古典文学名著《红楼梦》中，不乏闪耀出幽默光彩的故事，至今读来仍令人捧腹。如第四十回“史太君两宴大观园，金鸳鸯三宣牙牌令”中，由刘姥姥的幽默，引出了“群笑图”，堪称是“千古之笑”。也可见，曹雪芹是工于幽默的。文中这样描述：

那刘姥姥入了坐，拿起箸来，沉甸甸的不伏手……刘姥姥见了，说道：“这叉爬子，比俺那里铁锨还沉，那里犟的过他。”说的众人都笑起来。

刘姥姥的坦率，她的语言风格，举止言谈，同大观园内的“规范”全然不同，是大观园一帮人见所未见，闻所未闻的，因而在大观园的姐妹们看来是谐趣的、滑稽的，所以会引起她们的兴趣，并博得她们阵阵“捧腹大笑”。

曹雪芹在《红楼梦》中，还用了相反相成的方法刻意描绘了刘姥姥式的幽默。《红楼梦》第四十回最后，在姐妹们都对完鸳鸯的牙牌令后，便要刘姥姥对答，书中这样写道：

鸳鸯笑道：“左边‘四四’是个‘人’。”刘姥姥听了，想了半日，说道：“是个庄家人罢！”众人哄堂笑了……鸳鸯道：“中间‘三四’绿配红。”刘姥姥道：“大火烧了毛毛虫。”

从《红楼梦》的这些精彩的幽默故事中，我们不难看出，到了清代，创造幽默和欣赏幽默的能力已得到了很大的发展。

7.近代幽默

辛亥革命后，五四运动以科学与民主的大旗，猛烈地扫荡了封建意识形态，西方文化的传入，使东方文化蜕变更新。在这一时期，各种艺术样式都或多或少受到“渗透”和影响。散文中派生出幽默讽刺的体式“杂文”；曲艺中“笑的艺术”——相声已趋成熟；戏剧中的“喜剧”也终于成型。思想文化界也曾对“幽默”与“笑”进行了几次大讨论。以鲁迅、老舍、钱钟书为首的艺术大师们，使幽默艺术发展到了一个崭新的阶段。

例如鲁迅先生的杂文《准风月谈》、《花边文学》及三本《且介亭杂文》（即《且介亭杂文》和它的二集、末编），就是在反动势力加紧压制言论自由，一些报社编辑发出呼吁，请求作者少谈政治，多谈风月的情况下，用灵活的战法，从更加广泛的题材中，从许多细小的生活现象中，用嬉笑怒骂皆成文章的笔法，来透视当时的社会生活，达到揭露黑暗的效果。

中华民族的幽默传统虽然源远流长，但同西方比较而言，并不是一个长于幽默的民族，因此，更应发扬传统，“古为今用，洋为中用”，增强我国文化的幽默性格。近年来，幽默的发展是前无古人的，出版的“幽默小说集”、“笑语录”等数以百计；专门性的杂志《讽刺与幽默》，报纸《杂文报》等大量发行；相声、小品、喜剧电影、漫画……赢得了最广大的听众、观众与读者，更使幽默艺术达到了一个新的高峰。

幽默的十大技法

幽默的技法主要有以下十种。

1.大词小用法

作家冯骥才访问美国，有非常友好的华人夫妇带着他们的孩子来拜访，双方交谈投机之时，冯骥才突然发现那孩子穿着皮鞋跳到了床单上。这是一件令人很不愉快的事，而孩子的父母竟然浑然不觉。此时，任何不满的言语或行为都可能导致双方的尴尬。怎样让孩子下床呢？

冯骥才很轻松地解决了，凭着他的阅历和应变的能力，他幽默地对孩子的母亲说："请您把孩子带回到地球上来。"主客双方会心一笑，事情得到了圆满的解决。

在这里冯骥才只玩了个大词小用的花样，把"地板"换成了"地球"，但整个意义就大不相同了。地板是相对于墙壁、天花板、桌子、床铺而言，而地球则相对于太阳、月亮、星星等而言。"地球"这一概念，把主客双方的心灵空间融入了茫茫宇宙的背景之中。这时，孩子的鞋子和洁白的床单之间的矛盾便被孩子和地球的关系淡化了。

技法要领：所谓"大词小用"法，就是运用一些语义分量重、语义范围大的词语来表达某些细小的、次要的事情，通过所用词的本来意义与所述事物内涵之间的极大差异，造成一种词不符实、对比失调的关系，由此引出令人发笑的幽默来。

2.戏谑调侃法

有一个人很有幽默感，而且擅长恭维。一天，他请了几位朋友到他家一聚，准备施展一下自己的专长。他临门恭候，等朋友接踵而至的时候，挨个儿问道："你是怎么来的呀？"

第一位朋友说："我是坐的士来的。"

“啊，华贵之至！”

第二位朋友听了，打趣道：“我是坐飞机来的！”

“啊，高超之至！”

第三位朋友眼珠一转：“我是坐火箭来的！”

“啊呀，勇敢之至！”

第四位朋友坦白地说：“我是骑自行车来的。”

“很好啊，朴素之至！”

第五位朋友羞怯地说：“我是徒步走来的。”

“太好了，走路可以锻炼身体，健康之至呀！”

第六位朋友故意出难题：“我是爬着来的！”

“哎呀，稳当之至！”

第七位朋友讥讽地说：“我是滚着来的！”

主人并不着急，说：“啊，真是周到之至啊！”

众人齐笑。

主人的戏谑幽默是纯自我保护性的，几乎无攻击性，表现了他触景生情、即兴诙谐的才智。

技法要领：“戏谑幽默”法，就是带有很强的攻击性，或表面攻击性强，其实无攻击性的幽默技巧。越是对亲近的人攻击性越强，越是对疏远的人攻击性越弱。简言之，就是开的玩笑是带有机智、哲理的玩笑，目的是增加你对对方的亲切感。

3.歪解幽默法

歪解就是歪曲、荒诞的解释。

三位母亲自豪地谈起她们的孩子，第一位说：“我之所以相信我家小明能成为一名工程师，是因为不管我买给他什么玩具，他都把它们拆得七零八散。”

第二位说："我为我的儿子感到骄傲。他将来一定会成为出色的律师，因为他现在总爱和别人吵架。"

第三位说："我儿子将来一定会成为一名医生，这是毫无疑问的，因为他现在体弱多病。俗话说'久病成良医'。"

读到这儿，我们都会忍俊不禁。这种幽默的力量是从哪里来的呢？很显然，是从这三位母亲的滑稽的解释中得来的。如果说儿子能当上工程师是因为喜欢用积木搭桥盖房子，说儿子能当律师是因为喜欢法官的大盖帽，说儿子能当医生是因为他常玩给布娃娃打针的游戏，那就没有多少幽默可言了。这种解释是从生活的常理中来的，人们听来毫不觉得意外，所以并不可笑。而这里的三位母亲却都跳出了这些常理的框框，给这些问题找到了一个似是而非、牛头不对马嘴的解释，结果和原因之间显得那样不相称，那样荒谬，两者之间造成了巨大反差，于是形成了幽默感。

技法要领：俗话说，理儿不歪，笑话不来。"歪解幽默"法就是以一种轻松、调侃的态度，随心所欲地对一个问题进行自由自在的解释，硬将两个毫不沾边的东西捏在一起，以造成一种不和谐、不合情理、出人意料的效果，在这种因果关系的错位和情感与逻辑的矛盾之中，产生幽默的技巧。

4.借语作桥法

英国作家理查德·萨维奇患了一场大病，幸亏医生医术高明，才使他转危为安。但欠下的医药费他却无法付清。最后医生登门催讨。

医生："你要知道，你是欠了我一条命的，我希望有价报偿。"

"这个明白，"萨维奇说，"为了报答你，我将用我的生命来偿还。"于是，他给医生递过去两卷本《理查德·萨维奇的一生》。

作家这样说就比向对方表示拒绝或恳求缓期付款要有趣得多。其方法并不复杂，不过是接过对方的词语（生命），然后加以歪解，把"生命"变成"一生"。显然，两者在内涵上并不一致，但在概念上能挂上钩就成。

技法要领："借语作桥"法是指交谈中，一方从另一方的话语中抓住一个词语，以此作为过渡的桥梁，并用它组织成自己的一句对方不愿听的话，反击对方。

作为过渡桥梁要有一个特点，那就是两头相通，且要契合自然，一头与本来的话头相通，另一头与所要引出的意思相通，并以天衣无缝为上。"借语作桥"在于接过话头以后，还要展开你想象的翅膀，敢于往脱离现实的地方想，往荒唐的、虚幻的地方想。千万别死心眼、傻乎乎，越是敢于和善于胡说八道，越是逗人喜爱。

5.推理幽默法

有人请阿凡提去讲道。阿凡提走上讲坛，对大家说："我要跟你们讲什么，你们知道吗？"

"不，阿凡提，我们不知道。"大伙说。

"跟不知道的人我要说什么呢，还说什么呢？"

阿凡提说完，走下讲坛便离开了。

后来，阿凡提又被请来。他站到讲坛上问："喂，乡亲们！我要跟你们说什么，你们知道吗？"学乖了的人们马上齐声回答："知道！"

"你们知道了，我还说什么呢？"阿凡提又走了。

当阿凡提第三次登上讲台，又把上两次的问题重复一遍后，那些自作聪明的人一半高喊："不知道！"另一半则喊："知道！"

他们满以为这下可难住阿凡提了，哪知道，阿凡提笑了笑说："那么，让知道的那一半人讲给不知道的另一半人听好了！"说完扬长而去。

阿凡提的过人之处就在于他利用"知道"与"不知道"这两个不具体而虚幻的说法，推理出与大家希望完全相反的结果。以不变应万变，不管对方怎么变幻，理由也跟着变幻，而行为却一点不变。这就是"推理幽默"法使你在社交中能够超凡脱俗、潇洒自如的妙处。

技法要领：“推理幽默”法是借助片面的、偶然的因素，构成歪曲的推理。它主要是利用对方不稳定的前提或自己假定的前提，来推理引申出某种似是而非的结论和判断。它不是常理逻辑上的必然结果，而是走入歧途的带有偶然性和意外性的结果。

6.反语幽默法

“反语幽默”法是造成含蓄和耐人寻味的幽默意境的重要语言手段之一。简言之，就是故意说反语，或正语反说，或反语正说。

《镀金时代》是幽默大师马克·吐温的杰作。它彻底揭露了美国政府的腐败和政客、资本家的卑鄙无耻。他答记者问时说：“美国国会中，有些议员是狗养的。”此话一经发表，各地报刊杂志争相刊出，使美国国会议员暴怒，说他是人身攻击，正因不知哪些议员是狗养的，便人人自危。所以群起鼓噪，坚决要求马克·吐温澄清事实并公开道歉，否则将以中伤罪起诉，求得法律手段保护。

几天后，在《纽约时报》上，马克·吐温刊登了一则致联邦议员的“道歉启事”：“日前鄙人在酒会上答记者问时，说‘美国国会中有些议员是狗养的’，事后有人向我兴师问罪。我考虑再三，觉得此话不恰当，而且不符合事实。故特此登报声明，我的话修改如下：‘美国国会中有些议员不是狗养的。’”

这段“道歉启事”，只在原话上加上一个“不”字，前边说“有些议员是”，唯其未指出是谁，因此人人自危；后改成“有些议员不是”，议员们都认为自己不是……于是，那些吵吵闹闹的议员们不再过问此事。

马克·吐温以他超人的智慧平息了这场风波；以反语的手法，使本来对他怀有敌意的人们谅解了他。

技法要领：“反语幽默”法就是用相反的词语表达本意，使反语和本意之间形成交叉。“反语幽默”法的技巧在于以反语语义的相互对立为前提，依靠具体语言环境的正反两种语义的联系，把相对立的双重意义辅以其他手段，如语言符号和语调等衬出，使对方由字面的含义悟及其反面的本意，从而发出会心的微笑。

7.指鹿为马法

赵高想造反，害怕群臣不听使唤，因此先设法试验，牵着一只鹿献给秦二世，说：“这是一匹马。”二世笑着说：“丞相弄错了吧，怎么把鹿当做马？”赵高问众大臣，有的大臣不回答，有的坚称是马，有的说就是鹿。赵高就把说是鹿的暗记下来，假借别的名义送法严办。从此以后，大臣们都畏惧赵高。

依当时的情形看，赵高“指鹿为马”，是他为谋权篡位采取的卑劣手段，若站在交际的角度来说，“指鹿为马”则是一种高超的幽默艺术。

某厂，有两个工人在评价他们的厂长。

“厂长看戏怎么总是坐在前排？”

“那叫带领群众。”

“可看电影他怎么又坐中间了？”

“那叫深入群众。”

“来了客人，餐桌上为啥总有我们厂长？”

“那是代表群众。”

“可他天天坐在办公室里，车间里从不见他的身影，又怎么讲！”

“傻瓜，这都不懂，那是相信群众嘛！”

谁都明白这两位工人在心照不宣地指鹿为马，指白说黑地讽刺他们厂长的工作作风。虽然显得名不副实，却有很强的幽默感。这是为什么呢？因为幽默感并不是一种客观的科学的认识，而是一种情感的交流。情感是主观的，不是客观的，情感与科学的理性是矛盾的。科学的生命在于实事求是，而情感则不然，实事求是不一定完全表达情感。幽默的生命常常在名不副实的判断中产生。

技法要领：“指鹿为马”在幽默中就是用双方心照不宣的名不副实，把白的说成黑的，从而产生反差，传达另外一层真正要表达的意思，达到幽默交流的目的。

8.位移真义法

人们总希望自己能言善辩，能够妙语连珠、幽默诙谐地和周围的同事、朋友们交谈。或许，“位移真义”这种巧钻空子的幽默技巧能为你的谈吐增色。

在一次军事考试的面试中，主考的军官问士兵：“一个漆黑的夜晚，你在外面执行任务，有人紧紧地抱住你的双臂，你该说什么？”

“亲爱的，请放开我。”报考者幽默地回答。

乍一看，我们也许会莫名其妙，可等你回过神来，恍然大悟时，一定会忍俊不禁的。“亲爱的，请放开我”一般是情人间亲昵的用语，军官提问是想知道他的士兵怎样对付敌手，而年轻的士兵则理解或者说故意理解为恋人抱住他双臂时，他该说什么。把原心理重点“怎样对付抱住他双臂的敌手”，巧妙地移到另一个主题——“怎样对付抱住他双臂不放的情人”。这就是我们所说的“位移真义”法。

技法要领：人们说的话，往往字面意义与说话人想表达的意义并不完全一致，我们暂且称它们为表义和真义。将人们说的话的真义弃之不顾，而取其表义，是“位移真义”法的根本技巧。

9.望文生义法

“十年动乱”中，有位姓张的干部在“批判会”上被诬为“两面派”，谁知老张淡淡一笑，答道：“刚才有人说我是‘两面派’，这使我十分奇怪！请看我的脸：皮肤是这样黑，颧骨是这样高，两颊是这样瘦，鼻梁是这样低，嘴唇却这样厚。双眼无神，两耳招风……”

说着他指着自己的脸，风趣地说："让革命群众一起评一评吧，如果我还有另一张脸，是什么'两面派'的话，我会用这张脸吗？"

一句俏皮话，引得听众哈哈大笑。诬陷老张的打手狼狈不堪，老张因而平安通过"批判"会。

老张这番话中，从"两面派"的表面字义来理解，明知故错地把它解释成"有两张面孔的人"，再郑重其事地"摆事实，讲道理"，证明自己并没有两张面孔。由于这一点是众所周知的事实，老张却煞有其事地去论证，刻意费力，显得滑稽可笑，十分幽默。

技法要领："望文生义"法是一种巧妙的幽默技巧。运用它，一要"望文"，即故作刻板地就字释义；二要"生义"，要使"望文"所生之"义"变异得与这个"文"通常的意义大相径庭，还要把"望文"而生的义，引向一个与原义风马牛不相及的另一个内容上，从而在强烈的不协调中形成幽默感。

10.随机套用法

"随机套用"法就是预先熟练地掌握一些与本人工作生活有关的幽默范例，然后加以灵活套用的幽默技巧，最好能根据自己所处的环境特点即兴加以发挥。

张大千是我国现代著名的画家。他颏下留长须，讲话诙谐幽默。一天，他与友人共饮，座中谈笑话，都是嘲弄长胡子的。张大千默默不语，等大家讲完，他清了清嗓门，态度安详地也说了一个关于胡子的故事：

三国时候，关羽的儿子关兴和张飞的儿子张苞随刘备率师讨伐吴国。他们两个人为父报仇心切，都想争当先锋，这却使刘备左右为难。没办法，他只好出题说："你们比一比，各自说出自己父亲生前的功绩，谁父功大谁就当先锋。"

张苞一听，不假思索顺口说道："我父亲当年三战吕布，喝断坝桥，夜战马超，鞭打督邮，义释严颜。"

轮到关兴，他心里一急，加上口吃，半天才说了一句：“我父五缕长髯……”就再也说不下去。

这时，关羽显圣，立在云端上，听了儿子这句话，气得凤眼圆睁，大声骂道：“你这不孝之子，老子生前过五关斩六将之事你不讲，却在老子的胡子上做文章！”

听了这个幽默的故事，在座的无不大笑。

张大千巧妙地套用了关于胡子的幽默故事，不仅使自己摆脱了众矢之的的困境，而且也反击了友人善意的嘲弄。

技法要领：掌握一些现成的幽默的语言、轶事、故事之后，不但要做到不为所制，而且更重要的是灵活自由地套用它来说明自己的观点，解决自己面临的困境。这时，要有一种大加发挥的气魄，切忌拘谨。而在发挥时，就不仅是套用了，而是创造幽默了。

不可不知的说话技巧

批评之所以被人拒绝，有两种原因：其一是批评者不了解当事人的处境和造成错误的原因，使当事人感到委屈；其二是批评者采用了权威性的立场，暗示当事人行为的“笨拙”或“愚昧”性质，引起了当事人的反感。基于诚恳的批评，应能避免这两种错误。批评要讲究批评方法和批评艺术。

第八章
学会提问，掌控话语主动权

——18岁后要懂点提问的技巧

提问的四大作用

提问，是社会交往中很常见的一种活动。如何使对话按照自己计划的进程发展，使社交对象说出自己想要得到的回答，很重要的一点就是取决于人们提问技巧的高低。它也是口才高低的表现。提问的一个重要作用是让对方为自己解疑释难，此外，提问还有以下作用。

1.促进人与人的关系

我们每天遇到熟人都会说："小陈，上哪儿？""老林，你来啦？""小白，吃过了吗？"很显然，问题的内容并不是我们关心的，而是用这种问候语进行感情交流。在同事、好朋友之间也经常用提问来交流情感。例如：你的女同事坐在那儿哭，其实你也明白她哭泣的原因是由于夫妻俩感情不融洽，受到丈夫的欺负。如果你坐近她，从事件的起因问起，一直问到结束，她一定会感激你的体贴和关心。如果你不问她的苦衷，说上一大通大道理，肯定不能使她感到安慰的。

2.以问话作为对话的引子

冯玉祥将军统领西北军时，部队中有个外国军事专家经常提问刺探军事秘密。冯玉祥不高兴了，有一天对他说："你知道中国'顾问'两字是什么意思？"

"不知道。"

"'顾'者看也；'问'者问话也。'顾问'者，我看着你，有话问你时，才请你答复。"

显然，冯玉祥将军的问话，其目的就要引出对方讲"不知道"，然后就势讲出后面他想说的，对他进行教育。

3.以提问代回答

《钢铁是怎样炼成的》里写道：

有一天晚上，保尔和安娜不幸被几个匪徒拦劫。一个匪徒用手枪逼住了保尔，另外两个兽性大发的匪徒把安娜拖到了一所空房子里。事后，一个正爱着安娜的工人茨维泰叶十分不安地问保尔，安娜是否被强奸。保尔很难过，反问道："你爱安娜吗？"茨维泰叶费力地说："是的。"听了这话，保尔抑制住愤怒，头也不回地迈步走了。

这里，保尔对对方提出的问题不作正面答复。保尔这个反问，实际上回答了对方的牵挂问题，这个问句起到了一种以问代答的作用，反驳对方的话语。

4.回击、反驳对方的话语

回击、反驳有三种情况：一是回击对方刁难、攻击自己的话语动机；二是反驳对方的人品；三是反驳对方话语中提出来的观点。试举一例：

徐孺子，南昌人，11岁时与太原郭林宗游，稚与之还家。林宗庭中有一树，欲伐去之，云："为宅之法，正如方口，口中有木，困字不祥。"

徐曰："为宅之法，正如方口，口中有人，囚字何殊？"郭无以难。

郭林宗有迷信思想，认为宅中有树，犹如口中有木，成了不吉利的"困"字，因此想把树砍掉。而11岁的徐稚一个问句就把这种观点给反驳了。他说如果宅中不能有树的话，那么宅中也不能有人，因为口中有木成了"困"字，口中有人则成了"囚"字。如果说"困"就不祥，那么"囚"字又有什么不同呢？问得对方无言以对。

提问的技巧

打工妹燕子找到了一份在饭店做服务员的工作，却只上了一天班就被老板辞退了。其实她的条件并不是很差，也没有做错什么事，只是不小心问了一句不该问的话。

那天，燕子刚一上班，店里就进来了三位客人，她随即拿了菜单，去让客人点餐。第一位客人点的是糖醋里脊，第二位客人点的是宫保鸡丁，第三位客人点的是京酱肉丝，但是，他特别强调要用干净一点的杯子倒啤酒。

很快，燕子将这三位客人所点的菜，用盘子端了出来，一边朝他们坐着的方向走来，一边还大声地向这三位客人问道："你们谁要用干净一点的杯子盛酒……"就凭燕子的这一句问话，老板当然会毫不客气地向她下辞退令，因为她的问话很使老板脸上无光。

要恰当，得体、有效地提问，需要掌握一定的提问技巧。

1.选好对象，有针对性地提问

（1）适应对方的年龄、身份、文化素养、性格等特点。

你对小朋友可以问"你几岁啦？"对老年人就不宜这样问。再如你可以对一个中国人问："你在哪儿工作？""收入不错吧？""家里有几口人？”这是关心尊重对方的表示；但这样问一个美国人，就是打听别人隐私的不礼貌行为。被问人有的热情直爽，有的沉默寡言；有的文静安详，有的急躁毛躁；有的高傲，有的谦虚；有的诚恳，有的狡黠。性格不同，气质各异，提问的方式也应当有相应的变化：或单刀直入，或迂回进攻，或敞开发问，或试探而进。只有这样，才能达到目的。

（2）根据对方的心理特点。

在问答过程中，提问的人，提问的内容、提问的方式，甚至提问行为的本身都会对被问人的心理产生一定的影响。提问人必须根据被问人的心理特点进行提问，这样才能达到提问的目的。在提问的时候，被问人总是处于一定的心境之中，比如我们去探望病人，人家正在为病情焦灼不安，我们就不应问：“病情会不会恶化呀？”

另外，被问人总会对提问人的问题本身抱有一定的态度，从而产生种种心理活动，如抗拒心理、回避心理、揣测心理等。

2.掌握双方问答进程，提问要有明确目的

提问在交际活动中处于主动地位，它决定了对方说不说，说什么，怎么说；也决定了双方的交谈程序和交际气氛。所以，提问也应有控制技巧。

（1）掌握社交气氛。

两人问答，气氛是冷淡或是融洽，对社交的效果有很明显的影响。社交气氛可由提问的问题和方式来控制。选择问句的句式和严肃的语气，使气氛紧张，能对被提问的人的心理产生压力。如审讯犯人：

“你昨晚去没去会计室？”“去过。”

“一个人还是几个人？”“一人。”

“去干什么？”“偷钱。”

“偷没偷？”“偷了。”

从此例可看出收到了较好的效果。

又如一位外祖母同她的小外孙久别后，见面时的一次对话：

“夏天过得好吗？”“好。”

“游泳了吗？”“没有游。”

“你见到了许多小朋友吧？”“嗯。”

“你爱吃冰激凌吗？”“爱吃。”

这样的谈话气氛沉闷，双方都像例行公务似的。其实，外祖母只是想和小外孙亲近亲近，可不知怎样才能让他说话，只好接二连三地采取是非问和事件信息问，这种闭塞式的提问，当然不会打开对方的话头了，这样的提问就没有控制住谈话活动。

（2）掌握由提问到表达的过程。

有时人们提问，是要对方听自己表达，这就有个由自己提问到自己表达的转变过程。如：

电车上，一位中年人给一位妇女让座。这妇女一声不吭就坐下了。

中年人问：“嗯，您说什么？”

“我没说什么呀！”

“哦，对不起。我以为你说了‘谢谢’呢。”

先生的提问是为了引出自己后面对女方的批评，显得含蓄而又有心计。

孟子在批评齐宣王不会治国时问“假若一个人，把妻室儿女托付给朋友照顾，自己到楚国去了。等他回来时，妻子儿女却在挨饿受冻。对这样的朋友，该怎么办？”

王答：“和他绝交。”

孟子说：“假若管刑罚的官吏不能管理他的部下，怎么办？”

王答：“撤掉他！”

孟子又问：“假若一个国家搞得很不好，那又该怎么办？”

王这时只好顾左右而言他了。

孟子先设两问，诱导齐宣王作出肯定的回答，然后提出应该怎样处置不会管理国家的国君，使宣王无以对答，最后服从自己的想法。

3.讲究方式提问，提高提问水平

（1）话题的选择是一大关键。

一位心理学家曾说过，要使对方乐于答话，莫如挑他擅长的来说。其实，提问也如此。比如，一个人羽毛球打得好，就可先问："听说你对羽毛球很拿手，是吗？"问话的提问正像打羽毛球时的发球，你以对方的特长发问，就像特意发了个使对方容易接的球，他当然乐意还击，一来一往，畅谈不休。所以，有人把提问称为"谈话的发球"，这一比喻是很恰当的。

（2）技巧要与实际相适应。

有位青年人走进一家装潢别致的咖啡厅，拿起餐巾围在脖子上。店主看见了，就对伙计说："你过去告诉他，他弄错了。不过讲话要注意方式。"服务员走过去，对顾客说："对不起，先生，您要刮脸，还是理发？"这个青年人听后却拉下了脸。

这个提问由于不符合社交场合，谁也不会跑到西餐馆来刮脸或理发，于是这种委婉提问在青年人听来就可能是讽刺与嘲弄，是达不到交际效果的。

（3）运用技巧要讲究效果。

有位父亲想知道儿子毕业后找什么工作。他提问：

"宝儿，你长大要干什么？"

"当飞行员！"儿子说。

"当飞行员干什么？"

"周游世界！"

这位好心的父亲启发式的提问之所以未能达到效果，是因为提问的导向不明确，故儿子不可能如他预想的那样回答。

提问的方法

表达同类或类似的意思、达到同样或类似目的的问话，以不同的方式说出来，其效果也不一样。比方说，问“你很讨厌他吗”或“你很喜欢他吗”就不如问“你对他的印象怎么样”好。对一个看起来超过40岁的人，与其问“你今年贵庚”，倒不如问“你今年可能有30多岁了吧”；问“替我把信寄了吧”，就不如问“能否帮我寄了那封信”听起来更舒服。

为什么会出现这种效果上的差异呢？原因很清楚。第一句问话太直接，第二句话以对方为中心，让人听来有被尊重之感。提问者是否谦恭，其问话是否合乎听者的心意，都直接会影响到问话的效果。任何人都希望得到别人的尊重和体谅。问话者如果不尊重和体谅对方，他自己也只能自讨没趣。下面，我们将通过对两句普通问话的分析来说明这一点。

一家餐厅里曾发生过一件有趣的事。有两位顾客同时到这家餐厅吃饭。在点菜时，一位顾客问服务员：“今天的石斑鱼好不好？”服务员回答说：“好。”结果这位顾客只吃到了前一天剩下的石斑鱼。另一位顾客则问服务员说：“今天有没有什么好的海鲜？”服务员也满口应承说：“有。”这位顾客最后真正吃到了好海鲜。

为什么这两位顾客的遭遇不一样呢？这就要从他们的问话上找原因。“今天的石斑鱼好不好”和“今天有没有什么好海鲜”两种问法，在对方心理上引起的反应是不一样的，虽然它们在字面上有些相似之处。前者只是在问一样东西，只有好或不好两个答案，为了顾全餐厅的声誉，服务员不能不说“好”。而且，一种东西的好与不好的标准是很难说的。标准既不易界定，那么服务员说了个“好”字，也不能说是欺骗了你，即使今天的石斑鱼并不好。另外，前者所问的只是石斑鱼，似乎除了石斑鱼外，其他的都不爱吃。为了讨好你，服务员也觉得说“好”是他的责任。这种问话产生的效果，只能是问话者吃亏。

第二种问法就不同了。首先，“今天有没有什么好的海鲜”表示心中并无成见，不管什么海鲜，只要好便行。其次，这种问法还体现出提问者为人谦虚，善于请教他人，不是故作聪明。再次，这种问法范围很广，给对方留下了较大的回旋的余地。服务员可以说“有”，也可以说：“今天没有什么好的海鲜。但今天的烧鸡又肥又嫩，值得一试。”因此，这种问法必定会给服务员留下良好的印象。他见你求教于他，其自尊心就得到满足。出于内心的高兴，也出于对工作的负责，他当然会把最好的海鲜介绍给你。而且，“海鲜”的范围很广，只要把各种海鲜比较一下，把当天最好的介绍给你就行了，并且这工作也易于应付。

问话的方式是千变万化的，这里所举的例子，只起到了抛砖引玉的作用。要掌握纷繁的问话方式的奥妙，还得自己去不断地揣摩和探索。

提问的尺度

提问是开启谈话对象的万能钥匙。只要你掌握了一定的问话尺度，即使你没有各种专长，也足以应付各种各样的人，因为你如果不能回答对方，就可设法一直提问。

交谈，特别是陌生人之间的交谈，都是以问话开始的。对不同的人，应问不同的话。假定你的谈话对象是一位医生，而你在医学方面完全是个门外汉，你可以说：“近来乙型肝炎好像又开始流行，你们大概又很忙于给一般人打预防针吧？”这个问题既是大家都关心的，又是对方的工作问题，经你一问，对方的口便开了。由此可以接着谈下去，从乙型肝炎的症状谈到饮食卫生，谈到治疗药品……只要你不厌烦，你可一直追他谈下去。如果遇到房地产经营者，你可以问近来地价的起落；遇到电器行业的负责人，你可以询问哪种牌子的录像机最实用；遇到教师，你可以问他学校的情形，学生的素质和倾向。总之，问话是打开交谈之门的最好的办法，而在问话时最好是问对方知道的问题或最内行的问题。

但应该注意，在日常交谈中，有些方面是不宜提问的。

第一，对方不知道的问题不宜问。如果你不能确定对方能否回答你的问题，那么你还是不问为佳。譬如你问一位医生："去年发生在本市的肝炎病例有多少？"这个问题对方很可能就答不出来，因为一般的医生谁也不会去费神地记这类数字。要是对方回答说"不太清楚"，就不仅使答者有失体面，问者自己也会感到没趣。

第二，政见不宜问。如果你的谈话对象不是一位政治家、政论家或权威人物，你最好不要就某个重大的政治问题向他提问。普通人对于政治的看法是有很大分歧的。对方不知道你有何背景，也不知道你有无成见，不会开诚布公地回答这类问题。

第三，有些问题不宜刨根问底。比方说，你问对方住在哪里。对方回答说"在北京"或者说"在香港"，那么你就不宜再问下去。如果对方高兴让你知道，他一定会主动详细地说出来，而且还会说"欢迎光临"之类的话。否则，别人便是不想让你知道，你也就不必再问了。此外，在问其他类似的问题如年龄、收入等的时候，也要注意掌握问话尺度，要适可而止。

第四，不要问同行的营业情况。在激烈竞争的社会里，任何人都不愿意把自己的经营状况或秘密告诉一个可能的竞争对手，即使你问到这个方面的问题，也只能自讨没趣。

另外，在交往中还应注意：不问别人的饰物的价钱；不问女子的年龄

（除非知道她有60岁）；不问对方的家世；不问别人用钱的方法。总之，凡对方不知道或不愿别人知道的事情都应避免问。时刻要记住，问话的目的是引起双方的兴趣，不是使任何一方感到没趣，那么，你的问话技巧就非等闲了。

看清对方，问得适宜

日常闲聊总免不了提问，但问也不是随随便便的。俗话说：到什么山唱什么歌。同样，提问也应见什么人发什么问。

首先，人有男女老幼之分，该由老人回答的问题，向年轻人提出就不合适，该向男性提出的问题，也不能叫女性来回答。

其次，每个人都有自己独立的性格色彩。有人性格外向、热情直率，对任何问题几乎都能谈笑风生，畅所欲言；有人寡言好思，情绪不外露，态度比较严肃；也有人讷于言辞、孤僻自卑，对任何问题都很敏感，甚至有点神经质。对性格外向的人尽管什么问题都可以提，但必须注意问得明白，不要把问题提得不着边际，否则很容易使谈话"走题"；对寡言好思的人，要开门见山，简洁明了，提问要富有逻辑性，尽量提那种"连锁式"问题，"你为什么会这样呢？""后来呢？"等等，这样可以促使他源源不断、步步深入地谈下去；对那种敏感而又讷于言辞的人，要善于引导，不宜一开始就提冗长、棘手的问题，通常以他喜欢的话题，由浅入深据实发问，启发他把心里话说出来，但必须注意绝不能向他提令其发窘的问题。

再次，提问必须掌握最佳时机。提问并不像逛大街、上自由市场那样随时都可以进行。有些提问时机掌握得好，发问的效果才佳。两个过去很要好的朋友都刚刚走上工作岗位，一个偶然的机会他们相遇了，互相询问："你们单位怎样？工作还顺利吧，谈恋爱了吗？"显得既亲热自然，又在情理当中。但是，如果一位姑娘经人介绍与一位从未见过面的小伙子谈恋爱，公园门口两人准时赴约了，沉默了一会，姑娘抬起头来问："你谈过恋爱吗？工作轻松吗？工资多少？"其结局就可想而知了。中国人见面打招呼都喜欢问一句"吃了吗？"如果这话用在吃饭时间前后，倒也无妨，但如果下午三点左右在公共汽车上遇到熟人也问这么一句，就难免让人感到有点莫名其妙。

一般来说，当对方很忙或正在处理急事时，不宜提琐碎无聊的问题；当对方正专心欣赏音乐文娱节目或体育比赛时，不宜提与这支音乐或这场文娱节目和体育比赛无关的问题；当对方伤心或失意时，不宜提太复杂、太生硬、会引起对方不愉快的问题。

总之，一把钥匙开一把锁。我们应该注意选择最佳时机，针对不同的对象，采用不同的对策提问，让对方在轻松、自然的气氛中，把思想深处的东西和盘托出。

问得太多惹人烦

有个人家里出了一点麻烦，可他并不想让别人介入这件事。可是有个朋友一次到他家去，感觉气氛不对头，于是就不断问："怎么回事？你家出什么事了？"搞得他很无奈。

经常遇到一些喜欢刨根问底的人，他们的"无微不至"的关怀，让人不堪忍受啊！假如有人没完没了地打听你的生活，你烦不烦呢？他们总会这样连珠炮似地问：

第一，你现在正在听谁的歌？你在哪里读书（工作）？你最后吃的一样东西是什么？现在天气如何？戴隐形眼镜吗？你们家养过什么？你是什么星座？兄弟姐妹和他们的年龄？

第二，有几个耳洞？你有文身吗？你喜欢你目前的生活吗？喝过酒吗？暗恋过几个人？会因为害羞而不敢跟人表白吗？不敢吃的东西有哪些？最喜欢吃的是什么东西？最喜欢喝什么饮料？最喜欢的数字？最喜欢的电影？最喜欢的卡通人物？最喜欢的品牌？

第三，最怀念的日子？最伤心的经验？最喜欢星期几？最喜欢春夏秋冬哪个季节？最喜欢的花是什么？最喜欢的运动是什么？最喜欢的冰激凌种类？最怕什么东西？如果有来世？

第四，讨厌做什么事？擅长的事是什么？卧室地毯的颜色是什么？想做什么职业？你们家住几楼？你觉得自己10年后会在哪里？寄这封邮件给你的人是谁？

第五，无聊的时候你大多会做些什么？你住的最远距离的一个朋友是谁？世界上最好的事是什么？目前有男（女）朋友吗？觉得同性恋如何呢？对于没有把握的事情态度如何？

第六，如果有人误会你怎么办？如果有人误会你，又不听你解释怎么办？有想过要怎么对待你讨厌的人吗？你认为你的另一半帮你付钱是理所当然的吗？通常几点上床睡觉？现在心里最想见的人是谁？想要多大结婚？今天心情好吗？

如此地了解，烦不烦啊？累不累？

与人交往，不该知道的就不要知道。知道多了反而惹是生非。每个人都有自己需要保密的东西，都有不想让别人知道某些事的权利。你的朋友因一个不愿让他人知道的事闹得情绪很低落，而你又敏感地从他的神色上猜出了他有心事，于是就问对方遇到了什么麻烦，可对方觉得告诉你不好，不告诉你又怕得罪你，这不是难为他吗？

一次提出两个问题

有人说，女性的心理真是难以捉摸，在邀请女孩子时，如果你先问："去吗？"然后再问她："不去吗？"可能百分之八十的女孩子会拒绝说："算了吧！"因为女孩子总是比较含蓄和留有余地的，对于没有把握的事往往选择"不"。

知道了女孩子的这种心理，你在邀请女孩子时就不妨运用一点攻心上的技巧，即不妨先问她："不去吗？"然后再问："去吗？"增加她考虑答应的几率，情况就可能改观。

也有些女性总是难以开口说"不"，让你搞不清她的意思，你问她："怎么决定？是去，还是不去？"她沉默不语。有位心理学家是这样说的："女孩子的沉默不语，表示答应。"因此，你不妨这样问她："怎么样，还是去吧！"除非她很快地开口说"不"，否则就表示默许了。

日本著名的心理学家多湖辉说过这样的话：根据人们选择后者的思维习惯，在有两个以上的选择时，将你所期待的问题放在最后，就能获得满意的回答。他还举过这样一个例子。

某男演员是一个著名的花花公子。有一次，他在一家杂志上发表一段话，对于如何说服一名女性留下过夜，他用了这样的问法："你是要回去呢？还是要住下来？"而绝不会问："你是要住下来，还是要立即回去？"

你看了这段故事后，大概也会觉得这家伙确实有一手。

因为，当一名女性被自己喜欢的男性问及"是否要回去"时，心里便有安全感，因为对方似乎颇尊重自己，同时又因为期待落空而略感失望，便紧接着对方的"还是要住下来"的问话，又使失望感顿时消失，即使是不回答，也等于是答应了。

如果我们反过来先问"你是要住下来"的话，一般女性必定会产生警戒心，而接着又问“还是要回去”，使对方直觉感到是要回去，即使原本是愿意留下的，此时也不好说出口。

当然，在实际生活中，即使两个人的交往已经到了炉火纯青的地步，“是否住下”这一问题对女性而言，还是一个很大的问题，必然会产生紧张心理。第一种说法，表面上看似乎尊重对方，其实不过是诱使女方的一种说辞。

我们在日常生活中也时常会遇上两者选择其一的情况。若是你想让对方选择自己所期待的，问话时最好是将它置于后方。例如，在商店，当一位客人买了许多东西正要回去时，你便问他：“是要我帮你送过去呢？还是你自己带回去呢？”

大多数客人听了都会说：“还是我自己来好了。”

如此提问不但达到了你对他的关怀之意，同时又替自己省去了许多的时间和劳力。

让对方说“是”

美国电机推销员哈里森，讲了一件他亲身经历的有趣的事：

有一次，他到一家新客户的公司去拜访，准备说服他们再购买几台新式电动机。不料，刚踏进公司的大门，便挨了当头一棒：

“哈里森，你又来推销你那些破烂了！你不要做梦了，我们再也不会买你那些玩意儿了！”总工程师恼怒地说。

经哈里森了解，事情原来是这样的：总工程师昨天到车间去检查，用手摸了一下前不久哈里森推销给他们的电机，感到很烫手，便断定哈里森推销的电机质量太差。因而拒绝哈里森今日的拜访，推销更是无门啦！

哈里森冷静地考虑了一下，认为如果硬碰硬地与对方辩论电机的质量，肯定于事无补。他便采取了另外一种战术，于是发生了以下的对话：

“好吧，斯宾斯先生！我完全同意你的立场，假如电机发热过高，别说买新的，就是已经买了的也得退货，你说是吗？”

“是的。”

“当然，任何电机工作时都会有一定程度的发热，只是发热不应超过全国电工协会所规定的标准，你说是吗？”

“是的。”

“按国家技术标准，电机的温度可比室内温度高出42℃，是这样的吧？”

“是的。但是你们的电机温度比这高出许多，喏，昨天差点把我的手都烫伤了！”

“请稍等一下。请问你们车间里的温度是多少？”

“大约24℃。”

“好极了！车间是24℃，加上应有的42℃的升温，共计66℃左右。请问，如果你把手放进66℃的水里会不会被烫伤呢？”

“那——是完全可能的。”

“那么，请你以后千万不要去摸电机了。不过，我们的产品质量，你们完全可以放心，绝对没有问题。”结果，哈里森又做成了一笔买卖。

哈里森的成功，除了因为他的电机质量的确不错以外，他还利用了人们心理上的微妙的变化。

当一个人在说话时，如果一开始就说出一连串的“是”字来，就会使整个身心趋向肯定的一面。这时全身呈放松状态，容易造成和谐的谈话气氛，也容易放弃自己原来的偏见，转而同意对方的意见。

使用让对方说“是”的方法，有两点要特别引起我们注意：

第一，一定要创造出对方说“是”的气氛，要千方百计避免对方说

“不”的气氛。因此，提出的问题应精心考虑，不可信口开河。

例如，一推销员与顾客之间发生了一场对话：

“今天还是和昨天一样热，是吗？”

“是的！”

“最近通货膨胀，治安混乱，是吗？”

“是的！”

“现在这么不景气，真叫人不知如何是好！”

这一类问题虽然很正常，不论推销员如何说，对方都会回答“是的”，好像已经创造出肯定的气氛，可是注意他说话的内容，却制造出一种让人无心购买的否定悲观的气氛。

也就是说，顾客在听到他的询问后，会变得心情沉闷，当然什么东西也不想购买了。

第二，要使对方回答“是”，提问题的方式是非常重要的。什么样的发问方式比较容易得到肯定的回答呢？最好的方式应是：暗示你所想要得到的答案。

所以，在推销商品时，不应问顾客喜不喜欢，想不想买。因为你问他“你想不想买”、“喜不喜欢”时，他可能回答“不”。因此，应该问：“你一定很喜欢，是吧？”

当你发问而对方还没有回答之前，自己也要先点头，你一边问一边点头，可诱使对方作出肯定的回答。

相同的问题有不同的问法

同是一个问题，措辞略有不同，效果相差很远，例如，说“邮筒在哪里”

和“在哪里有邮筒”便有不同的答案。因为你问法不同，听起来就有差别。

以讲究衣着出名的美国电影明星辛西娅·吉布，某次出席一个聚会，穿的是一件红色的大衣，用一句形容词就是“红得很好看”。第二天，许多亲友和记者来问那件红大衣的事，问法有如下的不同。

“吉布小姐，昨天你穿了件什么颜色的大衣呀？”（自由式）

“吉布女士，你昨天穿了件大衣，是红色，还是什么别的颜色？”（半自由式）

“是红色的吗？”（肯定式）

“不是红的吧？”（否定式）

“是红的，还是白的？”（选择式）

“是深红还是浅红？”（强迫式）

吉布事后对人说，她最不开心是听到否定式的提问，对于强迫式也不感觉愉快。她笑道：“他们何不问我那大衣是浅绿还是深绿？这样，我会爽快地答他是红的。”

否定的方式常会使问话的意义模糊不清，比如：“你昨晚喝醉了酒所以没有回家吗？”

公共汽车上有一个女学生问她的同学小赵：“你觉得这个假期的电影不算没有好看的吧？”小赵听不惯对方的问话，因此小赵一时也想不出如何答她。答“有”呢，还是“不算没有”？实在是因为她的问题令人难解。

聪明人都喜欢间接，但是大都加以滥用，所以有时弄巧成拙。不过，凡是可能直接使对方难过，有所损害的，都以间接法为宜。

某地有一个退休干部，年已九十九岁，已拿退休工资数十年，每次都由他的孙儿到有关单位领取。某次财务处换了一个新人，他看见花名册上写着领薪人的出生年月是1915年，算一算岂不已近百岁，心想可能是他的儿孙蓄意瞒报领薪人死亡，从而冒领退休工资。

本来他可以问："喂，同志，这个老先生究竟死了没有？"可是他并不这样问，却用"间接法"："老先生在1915年出生，今年可有多少岁了？"听话的人当然知道对方用意何在，于是答道："今年99了，托福他还健在。"对方疑团顿释，当即语带歉意地说："是吗？恭喜你有这么一个长寿的祖父。"于是双方满意告别。

要知道别人的年龄，直接询问也常会得不到好结果，尤其是问女性今年多少岁，简直会被对方认为是一种侮辱。

被选为日本第一保险推销员的原一平，就常用以下的方法问别人的年纪。

他先问对方："你看我今年有多少岁呀？"对方说："三十四五岁吧？"原一平就答："你猜中了，我今年34，你呢，我看是四十二三吧？"（故意把对方估计年轻一些）

"哪里，我今年48岁了。"

先用一种方法向对方示以敬意，就是间接法的经典之处。比方说，你看见一个妇女大腹便便，你与其问她："你怀孕啦？"就不如说："恭喜你！"

问句类型举例

1.封闭式问句

例一：有相当程度威胁性，令人不舒服。

上星期三，你上哪儿啦？

你有没有向××提那件事？

例二：供对方任意选择

你的专业是文科还是理科？

毕业后，你是去政府机关，还是到工矿企业？还是选择留校？

例三：让对方进一步明朗态度。

你想办×××那件事，决定了没有？有什么困难吗？

你说领导交给你的那项任务非常不好办，现在有没有勇气承担？

例四：敦促对方表态。

一个共产党员，必须无条件服从革命需要，你说是吗？

学习刘翔的拼搏精神，就能克服困难，你说对不对？

他一贯表现得很好，应不应该受到表扬？

例五：参照式问句，用第三者的意见说服对手。

老李认为××事应该采取××措施完成，你以为如何？

经理说，今年把营业额提高10%，大家认为怎么样？

2.开放式问句

例一：使大家畅所欲言。

你对自己当前工作的表现有什么看法？

你看我们承担××任务应该怎样开展才好？

你对明年的工作计划有什么考虑？

例二：征求意见。

公司经理说需要派一个人去××洽谈业务，你愿意去吗？

工厂要搞一项技术革新，你在这方面有基础和经验，你愿意参加吗？

我校新兴学科缺乏教师，要公开招聘，你愿意应聘吗？

例三：探索式问话可以显示兴趣和重视。

你谈到在工作中遇到不少困难，你能不能告诉我主要有哪些？

你刚才讲不适合承担这项工作，你能进一步说明原因吗？

你说小张有才华可以提拔重用，你能不能进一步谈谈理由？

例四：启发对方谈出新看法。

现在接近年末了，你能不能谈谈对今年工作的评价?

你在报刊上发表了不少××方面的学术论文，对于学术研究有什么窍门?

明年的物价可能还要上涨，你有什么看法和意见?

不可不知的说话技巧

高尔基曾说："简洁的语言中有着最伟大的哲理。"在当今的信息时代，我们的生活节奏大大加快。人们不喜欢那些穿靴戴帽、庞杂冗长、繁文缛节的空话套话。说话要达到简洁、明快，就要千锤百炼，使自己的词汇富足、思路清晰。因为词语贫乏，表达必词不达意、啰唆干瘪；思维模糊，表达必语无伦次，枉费口舌。所以，在说话时应要求自己长话短说，要"筛选"、"过滤"出最精辟的、恰如其分的表情达意的词句，尽可能以简略的语言表达出深刻的内涵。

第九章 见什么人说什么话

——18岁后要懂点看人说话的技巧

边看边说，边说边看

不同的人爱听不同的谈话内容，这是容易理解的。但困难的是你怎么知道他爱听什么、不爱听什么呢？这就要“看”人说话——边“看”边说，边说边“看”。这“看”，即是观察：在与对方谈话时，要善于一边说一边察言观色。

“看”对方什么呢？

1.看面部表情

狄德罗曾经说过，一个人的“心灵的每一个活动都表现在他的脸上，刻画得很清晰，很明显”。有时对方口头表示赞同你的意见，但他的眉头却不知不觉地紧皱了起来，或者他的嘴唇突然紧闭，而且嘴角向下撇。这些表情恰恰是内心不愉快的流露。因此他说的赞同的话其实是言不由衷的，或者碍于情面，或者屈于权势，才不得不这样说的。

2.看体态表情

几乎每一种体态，每一种动作都是一种特殊的语言，都在宣泄着一个人的内心世界。问题在于我们要能看懂这些体态表情，要能领会它们的内在含义。例如，与你谈话的人双脚并立，双臂交叉在胸前，这就表明此人对你怀有某种敌意，他在做自我防卫；而当他不仅双臂交叉，而且双拳紧握时，那就是说他不只在自卫，还要向你进攻了。又如，谈话者常向你摊开双手，这就表明此人是真诚坦率的，他对你毫无提防之心。

3.看语言表情

与人交谈时不但要看他说什么，而且还要看他怎么说。这就是要从对方说话声音的高低、强弱、快慢、腔调等看出他的言外之意，听出他的弦外之音。这是因为说话声音的种种变化不但表现一个人的性格——急性子的人说话节奏快、声音响亮，慢性子的人说话节奏缓慢、声音低沉——而且能够表明一个人的情绪与心境。例如，人在忧伤时语速慢、声音低、节奏平缓，而人在兴奋时与之相反，语速快、声音高、节奏强烈。

所谓“看人说话”，主要是“看”上述三种表情。从这些表情变化中，我们便可随时猜度对方的心理态势，透视对方的心理需要，然后也就可以随时调整自己谈话的内容与方式，使之更适应对方的思想线索。这样，说话便可获得预期的良好的效果。

看人说话，将使你在成功的道路上路路绿灯，处处顺畅。

注意对方，谨慎开口

与人交谈要善于观察，尽可能地用眼睛捕捉一些与对方深入谈话的信息与灵感。如果有机会到陌生朋友家里去做客，就要用自己的眼睛去细心观察对方的有关情况，加强对对方的了解。比如，我们从对方家庭的日常生活用品及布置设计中，就可以判断出对方的经济状况、生活情趣、艺术修养格调等；从对方的言谈举止、音容笑貌及衣着表情，就可以窥探出对方的性格、品德以及为人处世与待人接物方面怎样；从对方家中案头放的书籍、墙上挂的艺术作品，就可以了解到对方的个人爱好、学习兴趣、审美情趣等。有了以上这些对对方的了解，我们容易轻松自如地与对方进行交谈。

1.注意对方的心理

了解听者的心理，是掌握说话技巧的基础。我们只有在了解听者心理的基础上，才能正确地选择在某个场合该讲什么，不该讲什么，哪些话能够打动听众的心坎，能使听众产生共鸣，真正使谈话达到水乳交融的境地。

人的心理捉摸不定、较难把握，但是，在有些场合，人内心的东西又常通过各种方式而外露。善于观察听者的一举一动，并能据此加以分析和推测，那么，基本上就可以掌握听众的心理和情感。譬如，在讲话时，听者发出嘘声，说明听众不喜欢那些话；如果听者两眼注视，说明说话的内容非常吸引人；如果听者左顾右盼，思想不集中，说明他心里可能很着急，但又出于尊敬而不愿离开……当然，有许多人善于抑制自己的感情，不让它外露，即使这样，也会露出蛛丝马迹。

战国时，魏文侯和一班士大夫在闲谈。文侯问他们："你们看我是怎样的一位国君？"许多人都答道："您是仁厚的国君。"可一位叫翟璜的人却回答说："你不是仁厚的国君。"文侯追问："何以见得？"翟璜有根有据地答道："你攻下了中山之后，不拿来分封给兄弟，却封给了自己的长子，显然出于自私的目的，所以我说你并不仁厚。"一席话说得文侯恼羞成怒，立刻令翟璜滚出去，翟璜若无其事地昂然离去。文侯仍不甘心，他又接着问任痤："我究竟是怎样的一个国君？"任痤答道："您的确是位仁厚之君。”文侯更加疑惑了。任痤说：“我听说过，凡是一位仁厚的国君，其臣子一定刚直，敢说真话，刚才翟璜的一番话说得很直，而不是阿谀奉承之词，因此，我知道他的君主是位宽厚的人。”文侯听了，觉得言之有理，连声说：“不错，不错。”立即让人把翟璜请了回来，而且拜他为上卿。

在这则故事中，我们不但能看出任痤的人品高尚，救助同事；而且能看出他机巧聪明，善于抓住魏文侯愿意被人尊为仁厚之君这种心理，从同一事件中巧妙地引出了有利的结论，化解了文侯和翟璜之间的矛盾。

2.注意对方的身份

几乎没有一个人可以在说话的时候不考虑到彼此的身份。不分对象，不看对方的身份，都用一样的口气说话，是一种幼稚无知的表现。虽然身份不同不会妨碍人际交流，比如下级对上级、晚辈对长辈、学生对老师、普通人对于有名气地位的人，等等，不必表现得屈从、逢迎，但在言谈举止上有必要表现得更加尊重一些。在不是十分严肃隆重的场合，身份较高的人对身份较低的人说话越随和风趣越好，而身份较低的人对身份较高的人说话则不宜太过随便，尤其在公众场合，说话要恰如其分地把握好自己与听者的身份差别。

1953年6月28日，毛泽东到了北京市郊区鱼池村视察。他走访的第一家，主人名叫张振。走进院里，毛泽东就问寒问暖，他摸着院子里晾的一床露棉花的破被套问：冬天盖这样的被子薄不薄？又走进屋里问：冬天烧不烧炕？还问家里几口人，都叫什么名字，多大年纪，小孩子上学没有，庄稼长得好不好……当问到粮食够吃不够吃时，张振如实回答：“过去吃野菜，现在有吃的啦，不过还不太好，荒月还要吃些白菜团子。”毛泽东点点头，安慰他说：“不用急，生活会一天天好起来的。”

与乡亲拉家常，毛泽东对不同的人擅长说不同的话，讲究话语的形式与自己和对方的身份相符，既得体又恰当，更把自己与乡亲的距离拉近了。

3.注意对方的地位

地位，是个人在团体组织中担负的职位和在社会关系中所处的位置。个人的社会地位不同，就会有不同的人生经历、社会职责和交际目的，对口才表达也会产生不同的需求。

美国军队中规定，凡是军人不能蓄长发。而黑格尔将军在担任北约部队的总司令时，却蓄着一头长发。有一名留长发的士兵看到画报上登载着一头长发的黑格尔将军的照片，就把它撕下来，贴在不允许他留长发的连长办公室门上。为了表示抗议，他还画了个箭头，并在旁边配了一行小字："请看他的头发！"连长看了这份别出心裁的抗议书后，并没有立即把这个愤愤不平的士兵叫来训斥，而是将那箭头延长到总司令的肩章处，并也加了一行小字："请看他的军衔！"

这个士兵只想和黑格尔攀比头发，因而愤愤不平，却没考虑到两者的身份和地位的悬殊差异，连长则不失时机地提醒了他。

清朝乾隆皇帝有一次到镇江金山游览。当地的方丈派了一个能说会道的小和尚做向导。当乾隆皇帝上山时，小和尚边走边说："万岁爷步步高升。"乾隆听了很高兴。一会儿，下山了。乾隆皇帝有意试试小和尚的口才，便问："你在上山时说我步步高升，现在你看我怎样？"小和尚不假思索，立即答道："万岁爷后步更比前步高！"

下山时后面的脚当然比前一只脚要高，所以也暗含着"步步高升"的意思。这个小和尚能注意说话对象的身份地位恰当用语，体现了他随机应变的智慧。

4.注意对方的性格特征

性格，又称性子或脾气，是对人、对事的态度和行为方式所表现出来的心理特征。一个人的性格特征通过自身的言谈举止、表情等流露出来，如：那些快言快语、举止简捷、眼神锋利、情绪易冲动的人，往往是性格急躁的人；那些直率热情、活泼好动、反应迅速、喜欢交往的人，往往是性格开朗的人；那些表情细腻、眼神稳定、说话慢条斯理、举止注意分寸的人，往往是性格稳重的人；那些口出狂言、自吹自擂、好为人师的人，往往是性格骄傲自负的人；那些懂礼貌、讲信义、实事求是、心平气和、尊重别人的人，往往是性格谦虚谨慎的人。

对于这些不同性格的人，和他们说话时要具体分析，区别对待。如他喜欢婉转的，就说流利的话；他喜欢亢直的，就说激切的话；他喜欢有学问的，就说深刻的话；他喜欢家常的，就说浅近的话；他喜欢诚恳的，就说朴实的话。说话方式与对方性格相投，自能一拍即合。

5.分析对方的知识水平

与人说话要分析听话人的文化知识水平。知识水平与人的经历、职业、文化教养等是紧密相关的。

江苏省语言学会成立之时，蒋礼鹤教授受浙江省语言学会的委托向学会表示祝贺。他是这样说的：“今天我受浙江省语言学会的委托，到这里来祝贺。江浙是兄弟之邦。从龚自珍和段玉裁来说，江苏还是浙江的‘外公’，我来向‘外公’祝贺。现在祝贺‘外公’健康长寿！”

这几句话中，蒋礼鹤引用了有关的历史名人。段玉裁是清代著名文学家，龚自珍是段玉裁的外孙，也是个著名的文学家。由于在座的都是语言学工作者，对于段玉裁和龚自珍的这层关系都是了解的。所以，蒋礼鹤这几句就对方的知识水平而说的话，说得十分得体。

6.考虑对方的语言习惯

说话要考虑感情、褒贬、民族、时代、地域等问题，不可大意。我们说某人“壮得像头牛”，英语则说“壮得像匹马”，就是语言习惯的问题。

有个牧师，想翻译《圣经》给非洲居民读，可是译到“你们的罪恶虽然是深红的，但也可以变成像雪一样白”的时候，难题就出现了。因为热带的土人，根本不知道雪是什么东西，雪的颜色和煤的颜色有什么不同。后来，牧师从椰子得到启发，把这句话改译成“你们的罪恶虽然是深红的，但也可以变成像椰子肉一样白”，这样，非洲居民就懂了。

把“罪恶可以变成像雪一样白”译成“罪恶可以变成像椰子肉一样白”，这正是考虑到了对方的语言习惯。

7.顾及对方的兴趣爱好

兴趣是一个人力求认识、掌握某种事物，并经常参加该种活动的心理倾向。说话时，需要顾及对方对事物的兴趣，顺着他的心理倾向，如对一位潜心研究学问的学者就不能谈“股票”、“生意经”；对一位经商的人就不能谈“治学之道”。一个具有敬业精神、勇于开拓创造的人，喜欢听事业、工作方面的具体指导和建议；生活困难，穷困潦倒的人喜欢听到扶贫济困、发财致富的信息。不同的兴趣有不同的“兴奋点”，兴趣相投的人聚在一起交谈，可以激发出话题焦点的“火花”，进而产生思想感情的共鸣。

面包商图维一直试着将面包卖到纽约某家饭店，可连续4年都失败了，最后图维决定改变策略。他打听到经理是“美国招待者协会”的主席，于是不论在何处举行活动，他都必定去出席。当图维再次见到经理时，就和他谈论他的“招待者协会”，这一下打开了经理的话匣子，反应异乎寻常。经理在图维离开办公室之前，“卖”给了他一张协会的会员证。图维只字未谈面包销售之事。几天以后，饭店的人主动打电话要他们送面包样品和价格单。

4年努力未成，一朝交谈得手，全在于投其所好的功劳。

从声气中认识人

人类的声音包含各种要素。声调是很重要的要素之一，大的声音，同时也具备某种权力。发出很大的声音，可以让别人沉默下来。然而，小的声音有时候更能发挥效果，这是因为人们会注意去听的缘故。当然，声大声小都需要姿势辅助，效果才更好。

发声法对音质有很大的影响。若以鼻子产生共鸣，声音如泣如诉，也会给人傲慢的印象。但是，如果是以胸腔来产生共鸣的话，发声法亦随之改变，变得丰富、强力，响度也够。

讲话的速度也影响到会话。说话速度太快的人，一方面容易给人好像有某种急事、戏剧性的事件或热心投入的印象；另一方面会让对方感觉焦躁、混乱以及些许的粗鲁。说话缓慢的人，虽然给人深思熟虑、诚实的印象，但太慢也会变成犹豫不决或漫不经心，甚至还会呈现消极性的含义。

从声气识人，对看人说话来说是很重要的一件事。

1.和声细气者

人们在请求、询问、安慰、陈述意见时常使用和声细气。它可以弘扬男性的文雅大度和女性的阴柔之美。尤其是在抒发情感时，和声细气的运用，更具有一种迷人的魅力。由于语音学中音素、音位的原理和人们说话时用声用气的心理状态及规律的不同，和声细气，这种声和气宛如柔和的月光和涓涓的细流，由人的心底流出，轻松自然，和蔼亲切，不紧不慢，能给听者以舒适、安逸、细腻、亲密、友好、温馨的感觉。和声细气地说话的男人，为人必定厚道、宽容、襟怀开阔；和声细气地说话的女人，为人必定温柔、善良、善解人意。

2.轻声小气者

轻声小气表现说话者的尊敬、谦恭、谨慎和文雅的态度。在和别人交谈时，可以缩短人与人之间的感情距离，密切双方之间的关系。有时，它还能避免一些可能会招致的麻烦。但用它来公开坚持意见、反驳别人、维护正义和尊严或表示强调是不可取的。

3.高声大气者

高声大气是人们用来召唤、鼓动、说理、强调和表达自己激动心情的声和气。它可以表现说话者的激情和粗犷豪放的性格。它通常用来表示极度的欢喜或慷慨激昂的情绪。

张飞是《三国演义》中群众最喜爱的人物之一。他以粗豪、勇猛、爽直和坚贞的品质深深地吸引着历代的读者。这个人物说话声音响如洪钟，具有浓烈的草莽英雄气质。从其外表便可以看出这一点。他："身长八尺，豹头环眼，燕颔虎须，声若巨雷，势如奔马。"在长坂桥一役，曹操率众军追赶刘备。张飞立马桥头，圆睁环眼，厉声大喝："我乃燕人张翼德也，谁敢与我决一死战！"吼声如雷，将曹军部将夏侯杰惊得肝胆碎裂，倒跌于马下。曹操更是回马便走。

这段有声有色的传奇故事，凸显了张飞粗犷的草莽英雄气质。

4.唉声叹气者

这种人心理承受能力弱，自信心不强，缺乏勇气，一旦遭到失败，便灰心丧气，沮丧颓唐，乃至一蹶不振。

《孔子家语》中记载了这样一段逸事。孔子去齐国的途中听到一阵十分悲哀的哭声，他于是对弟子们说："这个哭声虽然很悲伤，但不是悼念死人的哀声。"孔子随后迅速向前走，遇到了那个哀哭的人。孔子下车询问他的名字，知道他叫丘吾子，孔子问道："这里不是悲哀的地方，你为什么哭得这么悲伤呢？"丘吾子长叹一声，回答说："我一生有三大过错，现在年老才深深觉悟到，但追悔莫及，因此痛哭。"孔子不明白其话中的意思，便一再追问。丘吾子才说："我少年时代爱好学习，周游天下，等回来时我的父母都死了，作为一个儿子竟不能为父母养老送终，这是第一大过失。我做齐国臣子多年，齐君现在奢侈骄横，我多次劝谏都不被采纳，这是第二大过失。我生平交友无数，不料到后来都绝交了，这是第三大过失。树欲静而风不止，子欲养而亲不待。去而不回的，是时间；不能再见到的，是父母。我是个大失败者，还有什么脸面活在这个世上？”说完，丘吾子便投水而死。

人到了这种悲伤而自杀的地步，他的哀情可想而知。而孔子从声气识别出丘吾子的哭声不是为了死者，而是有其他的原因，足见孔子识人之能。

从音色中辨别人

《人体科学》杂志上说，人的声音是气流通过声带振动时发出的声波。人体对声波的感觉并不是没有限度的。人的听觉器官所能感受到的是频率20 000赫兹到20赫兹之间的声波，低于20赫兹和高于20 000赫兹的声波是人无法感受到的。

人的声音具有浓厚的感情色彩，能引起人复杂的心理效应。声音的强弱、快慢、高低、清浊，都能显示出异常复杂的情感。《灵山秘叶》中有这么几句话：“察其声气，而测其度；视其声华，而别其质；听其声势，而观其力；考其声情，而推其征。”其中的声气，略同于声学中的音量，通过声气粗细，察看人的气度（声势相当于声学中的音长，声势壮者，力量必大；声华相当于声学中的音质音色，声华质美，则其人性善品高）；声情相当于带感情的声音。人有喜怒哀乐恐悲伤七情，在语音中必然有所表现，即“如泣如诉，如怨如慕”。因此，由音能辨人之“征”。人的喜怒哀乐，必在音色中表现出来，即使人为极力掩饰和控制，也都会不由自主地有所流露。因此，通过这种方式来观察人的内心世界，是比较可行的方法。

1.凝重深沉者

这种人才高八斗、言辞隽永，对人情事理理解得深刻而准确，对社会、对他人较负责任，有一定的可靠性。但由于人情事理的复杂性，这种人往往得不到重用，抱负无法施展。

2.锋锐严厉者

这种人言辞锋锐，爱好争辩。谈话时他一旦逮住对方语言的漏洞就会不留情地反击，让对方无话可说。这种人看问题一针见血，眼光犀利，但由于急于找到并攻击对方的弱点，从而忽略从总体上把握问题的关键，陷入舍本逐末，顶牛抬杠的处境而不能自拔。

3.刚毅坚强者

这种人办事坚持原则，公正无私，是非分明，但是因原则性太强而显得不善变通，让人没有商量的余地。不过，他还是因为肯主持公道而得到了别人的尊敬。这种人在评判他人的价值时，不因个人恩怨而产生偏见，依然能做到公正无私，扬善除恶，光明磊落，实事求是，主持正义。

4.圆通和缓者

这种人为人宽厚仁慈，性格大度优雅，具有圆通性，对新生事物持公正包容的态度。在语言上圆通能使一个人在交往时显得温和可爱，具有柔和的言辞和态度，不轻易进行争论，以免伤了和气。拥有这种才能的人，总是“入乡随俗”，不在别人面前大露棱角，举止、言语无不八面玲珑。这种人可以从事任何职业，因为搞好人际关系，这是必要的条件之一，尤其是外交官，若不会交际不懂圆通，必然难以胜任。

5.温顺平畅者

这种人说话速度慢，语气平和，性格温顺，权力欲望平淡，与世无争，易与人相处。但因为用意温软，而使自己长期处于一种胆小怕事的状态，对外界人事采取逃避态度。如果他能遇上一个肯提携他的人，从旁帮他一把，教导他磨炼胆气，知难而进，那么，他就会成为一个能刚能柔的人物，会有一番大作为，令人刮目相看。

西晋时王湛在父亲去世后，居丧3年，丧期满，就居住在父亲坟墓的旁边。他的侄子王济每次来祭扫祖坟，从不去看望叔父，叔父也不去见他。偶然见一面，也只不过说几句客套话罢了。有一次，王济试探性地随便问了一些最近的事。王湛回答时措辞、音调都适当，音色温顺平畅，大出王济意料之外。他不禁大吃一惊。他觉得叔父不再是从前那个胆小怕事，没有主见，意志软弱的人了。因此继续和他谈下去，越来越精粹入微。在此之前，王济对王湛全没有一点子侄和长辈间应有的礼貌；自从听了他的言谈后，不觉心怀敬畏，外表也肃穆庄严。于是留下来日日夜夜地相互谈论。王济虽然才华出众，性格豪爽，但在叔父面前，觉得自愧弗如。有一次，王济听了叔父的谈话后，不禁长长地叹了一口气，说："家里有名士，30年来却不知道！"晋武帝每次见到王济，常常拿王湛当作笑柄，问他："你家里那位傻子叔父死了没有？"王济往往无辞答对。这一回，对叔父有了认识，当武帝又像过去那样问起时，便说："臣的叔父并不傻。"接着，就如实地讲了王湛的优点。武帝问："可以和谁相比？"王济说："在山涛之下，魏舒之上。"经王济这一番广告宣传，王湛的名声一天天地大起来，28岁时他开始步入政界，终为人所知。

6.浮漂燥热者

这种人易犯浮躁的毛病。他们做事情既无准备，又无计划，只凭脑子一热、兴头一来就动手去干。他们不是循序渐进地稳步向前，而是恨不得一锹挖出一眼井。结果事与愿违，欲速不达。

7.激荡回旋者

这种人有强烈的好奇心，有独特的思维能力，敢于向传统挑战，敢于向权威说"不"。他们对事业开拓性强，经常弄出些奇思妙想，令人赞叹。他们在语言上的特点也与众不同，异想天开，独树一帜。他们的缺点是不能冷静思考，难以被世人理解，成为孤胆英雄。

十种会说话的人

语言是思维的工具，所以语言是鉴识别人的重要依据。人的思想及情感通过语言表达出来。一个人的品格是粗鲁还是优雅，会在粗鲁或优雅的措辞中自然而然地流露。生活中多数人谈吐漫无边际，说话不得体，不管别人愿不愿意听，他都一味空谈，最后必然是言多必失。

试看那些善于言谈的人，把生活弄得随时随地都很快乐。他们在业余的时间里，可以和他们的朋友或他们的家人快快活活地过一个晚上，使大家得到更多的乐趣。这些人在需要说几句话的场合，往往能说得十分得体，恰到好处。因此，善于运用口才的人，在生活、工作中都有很大的成功。

1.奇思妙语者

这种人机智风趣，谈吐幽默，灵感的火花常常在只字片语中迸发。他不论走到哪儿，都能给那个地方带来笑声，带来愉快和欢乐。

2.转守为攻者

这种人心思细密，关键时刻能稳住阵脚，应变能力强，攻防之间都能做到随心所欲，任意切换，不拘一格。这种人还有一个令人羡慕的优点，他从来不做没有把握的事，凡事总是先求不败，再求胜机。

3.善于倾听者

一个善于静静聆听别人谈话的人，他必定是一个富于思想，有缜密见识和品行、有谦虚柔和性格的人。这种人在人群中，最先也许不大被注意，但最后必定是最受人敬重的。因为他虚心，所以为每个人所喜欢；因为他善思，所以为每个人所信任。

4.随机应变者

这种人头脑反应迅速，像一台高速运转的电子计算机，在一秒钟内能正确分析自己目前处境的优劣并设法找到为自己开脱的理由，巧妙应变。

5.妙语反诘者

这种人不仅能说，而且会听，对对方所说的话能够抓住机会提出各种问题加以反击，令对方哑口无言，从而一举赢得论辩的胜利。

6.说服力强者

这种人是优秀而不可多得的外交型人才。他对别人的思想、感觉、看法了解得非常清楚，谈别人的事如数家珍，能替人指点迷津，并能把那些和他不同的或相反的意见推倒移开，使谈话照着自己设计的方案和计划向前走。因此，这种人总是最后的赢家。比如我国三国时代的诸葛亮就是一位说服能手。

7.谈吐幽默者

富有幽默感的人不但能愉快地做事，更能愉快地说话，走到哪儿，欢乐就散布到哪儿。这样的人难免有缺点，但由于有情趣，使人欢笑，使人快乐，人人都愿意与之相处。幽默型的人，他们很少遵从逻辑的法则，相反经常运用奇谈怪论，或类似诡辩的手法，使对方如坠五里雾中。打趣话、俏皮话、笑而不谑的话连续不断，使举座为之倾倒。这种才能特别发达的人，总是非常圆活、灵通的聪明人。有幽默感的人，是感觉敏锐的人，心理健康的人，也是笑颜常开的人，胸襟豁达的人。别人乐意与之交往、与之亲近、与之为友。

8.滑稽搞笑者

这种人总是以一种调侃的方式，随心所欲地对一个问题进行自由自在的解释，硬将两个毫不沾边的东西粘连在一起，以造成一种不和谐、不合情理、出人意料的效果，从而在这种因果关系的错位和情感与逻辑的矛盾之中，产生出搞笑的艺术。

9.旁敲侧击者

这种人和人打交道善听弦外之音，又会传达言外之意，老于世故，擅长话里有话，一语双关。

10.软缠硬磨者

这是一种性格顽强、不达目的誓不罢休的人。为了达到某种目的，他会采用软缠硬磨法，友好地赖着对方的时间，赖着对方的情面，甚至赖着对方的地盘，不答应就是不撤退，不把事情办成就是不回头，搞得对方急不得恼不得，最后不得不答应他的要求。

七种似是而非的人

人世间有不少假象存在，人身上也有许多似是而非的东西。这些似是而非的东西经由嘴里说出来，初听好像是优点，实际是致命的缺点，对这种人要仔细看清楚，才能确定怎么说话。

1.吹毛求疵者

这种人总是故意挑剔毛病，硬找差错，没有问题时只想弄出些问题。他有时伪装成对工作事业认真负责的样子，有时又换上一副蛮不讲理的或自以为聪明透顶，或傲慢无知的面孔。不管他属于其中的哪一种表现，吹毛求疵者心里都揣着一个不正当的念头——不愿与人为善。当一个人处处都这么做的时候，他不是冲着真理、正确原则而来的，他只是以此作为口实和把柄，来达到自己不可告人的目的。但这样做的结果是害人不利己。

2.花言巧语者

常言道：“虚浮不实的话语缺少仁爱。”英国谚语也说：“诚实的话语常常不华丽雕琢；华丽雕琢的话语常常不诚实。”像这种描写“花言巧语”的说法还很多。花言巧语听起来十分顺耳。但如果谁要是全信这一类话，久而久之，后果必然不堪设想。爱花言巧语的人总是以自己的利益为出发点去奉承别人，在别人被冲昏了头之后，自己的私欲也得到了满足。不仅如此，花言巧语中隐藏着一口陷阱，一口用鲜花覆盖的陷阱。经常是受害人掉进了陷阱后才发现。

3.好讲空话者

这种人说大话，爱虚名，行架空之事，谈过高之理，言虚伪之言。爱说空话的人，当他的话不能兑现的时候，他为了维护自己的“尊严”，便会编出一些假话来搪塞，这样，就常常使自己陷入失败的泥潭而不自知。王衍清谈误国，赵括纸上谈兵，这是好讲空话者的典型事例。他们最后都落了个身败名裂、祸国殃民的下场。

4.鹦鹉学舌者

这种人自己没有什么独到的见解，只是善于吸收别人思想中的精华，将别人的思想嫁接到自己的口中，在众人面前宣讲，给人造成“这个人还真行”的错觉。无形之中令大家把他当高人看，从而崇拜尊敬他。鹦鹉学舌的性质说严重一点就是抄袭剽窃。在写作方面，这种人不会成为真正的作家，在演说方面不会成为真正的演说家。

5.华而不实者

这种人说起话来滔滔不绝，头头是道，口若悬河，妙语生花，时髦理论总是嘴边挂。开始和他接触，容易对他产生好感，但接触时间长了之后，这种人“金玉其外，败絮其中”的本性会暴露无遗。

公元前622年，晋襄公手下有个大臣叫阳处父。他平时喜欢高谈阔论，好自以为是地教训他人。有一次，他奉襄公之命去卫国访问，回来的时候路过鲁国的宁城。宁城有个叫宁嬴的人陪他同行。可是，刚走了几天，宁嬴离开阳处父独自回家来了。宁嬴的妻子很纳闷，便问他为什么这么快回来。宁嬴回答："我虽然同阳处父相处只有几天，但我发现他这个人好像是一株花开得好看，可就是不结果子。"宁嬴叹了口气，颇为感慨地继续说："华而不实，怨之所聚也。"这后一句话的意思是说："你想想看，像这样华而不实的人，别人都会怨恨他。积怨多了，我再跟着他，不仅不能得到好处，反而会受到连累的。所以，我就赶早回来了。"果然，1年以后，阳处父因故被杀了。

6.常发牢骚者

牢骚是个人在受到挫折时的一种抑郁不平的精神性宣泄，也就是说些怪话、不满的话。适当地发些牢骚，具有一定的积极意义。它是一种比较原始的"保护性措施"。但一个人经常发牢骚就意味着他的适应社会能力较弱，是一个无能的人，是一个只考虑个人得失的、喜欢斤斤计较的"小人"。经常发牢骚的人，不仅不会获得社会的同情，反而会使其本人的层次更低，因为人们并不喜欢将发牢骚作为社交的主要形式。

7.絮絮叨叨者

这些人，脑子天生糊涂，说话抓不住要领，看问题看不到本质，一谈及问题，总觉得什么都有理，什么都联系得上，什么都想说个明白，于是，不管他人是不是接受，能不能接受，不分先后次序、轻重缓急，将想说的话统统说出来，一直说到他人不耐烦为止。碰到这种人，最好的办法是或者转移话题，或者闭目养神，或者做自己的事，免得浪费时间。

与名人交谈，不卑不亢

与名人说话时，不要有害羞畏怯的心情，只要真正表现你内心的意思，你就能与任何名人开口说话。有些人对名人只是一味地说些奉承话及空洞的话，这样是不能使对方愉快的。如果你是真诚的，那你就把深烙在内心的印象，说给他听，他会深深感到愉快，但所用的措辞和说话的态度都要得体。你可以把他视为一位有血有肉的人来对待，对他提出一些能够表达感情的问题，不要把他视为什么超人。他也实实在在像任何人一样，敌不过疲倦，也承受不住伤害。他们可能比你更脆弱，而且与你一样害羞。不要认为他的人格真的就如他借以出名的职业一样。他向公众所投射的信心、睿智、仁慈、滑稽或情感等影像，实际上是杜撰的。

当你同时应付两位名流时，不要只顾你所景仰的一位，而置另一位于不理。这会使他们两位都不自在。你应该说，遇见两位，真是使人兴奋，如果你想和他们继续交谈，那么你必须保证话题是他们两位都能表达意见的。换句话说，你要确保三人交谈的方式。如果你对另一位名人并不熟悉，而且在经过介绍之后，你仍想不起有关他的任何事迹，你也不能对他有所疏忽。你必须一视同仁，表现出同样的热情和友善。

不喜欢说话的名流，包括外貌滑稽突出而似乎容易亲近的喜剧演员在内，他们在舞台上已经笑到了极限，因此，在真实生活中是再也无法幽默的。

作家、诗人、画家、音乐家等从事创作性工作的人，虽不大喜欢说话，但这些人往往对政治乃至于宗教，都有广泛的兴趣。他们在社交场合也许不活跃、不自在，但他们有启发人们思想的独到见解，你和他们说话，必须耐心，不要轻易动怒，也不要太热切，要温和、冷静和体贴，就像应付任何敏感的人一样。

名气一般的名人，总是生活在情绪不稳定的状态。他们内心的恐惧，使他们脆弱敏感，别人稍有疏忽就会激怒他们，而且他们也容易傲慢。然而，他们需要你的尊重和顺从，他们的名气越小，他们对于亲切、尊重的需要也就越大。

对褪了色的名人，也就是过气的名人，最好采取迂回的战术，也即是通过第三者来了解他的问题。你的开场白应当是积极的，最好不说如“这些日子以来你是如何打发的呀”或“我们很久没有见你在公众场合露面，你去哪儿了”或“这么久不在舞台上露面，觉不觉得无聊呢”等类似的话。这些话等于当头泼他一盆凉水。

消极的开场白，要尽量避免，这无论如何也无法使他表达他的真情了。这样接下去的话，都会成了废话。

在多数情形下，与名人谈孩子是不会错的。你可以问对方有几个孩子，多大了，他们现在在哪儿，以及孩子读的学校好不好，学习成绩好吗……如果你也当了爸爸或妈妈，那么，你就更具备和他们谈孩子的资格了。你可以告诉他们，你的孩子已经长大，或和对方的孩子同龄，你也可以向他们表达，你对孩子染头发的感觉，或孩子喜欢小动物，等等，不过话题不要扯得太远，要适可而止，更不要把所有的秘密都抖出来。

与有钱人交谈，正直坦率

有钱人比名流还要敏感。他们的富有往往是别人与他们谈话发生困难的关键，他们的财富使你对他们敬而远之——不只是心理上，实际上你的生活方式就和他们有很长的一段距离。

他们和你之间的谈话材料，因为你对他们的缺乏了解，甚至完全无知，而变得很有限。或者你可能认为，你和他们之间没有谈话的余地了。你当然可以这样使自己获得心理上的平衡，不能谈就不谈，反正于己也无损失。不过，假定你偏巧遇上了一位富翁，不管他是不是你的老板，你不知所措地待站一旁，总是不好受的。

当你遇到有钱人时，你可以设法让他们说往事。过去的工作是否比现在更有趣？他们发展到现在这个地步的关键是什么？谁是早年助他们成功的英雄？当年的老板是否使他们紧张？他们的百万财富是不是他们自己创造的，以及他们是怎样赚到他们的第一桶金的。如果这个问题问得他们不大自在，你就准备转到其他问题上去吧。不要盯着问，那会很不愉快的。

如果他们不愿意打开他们的记忆之门，你就问他们的工作时间，问他们如何承担那么重大的责任，问他们爱好哪些休闲活动，以及怎样布置他们的办公室——很多有钱人的办公室，布置得就像豪华的皇宫一样，很有一谈的余地。同时记住，特别是当对方是一位医生时，不要忘了他也是血肉之躯，也是一个普通的人，你也可以和他谈谈他的健康问题。

至于对富翁们提出有关事业上的意见，以尽量避免为宜，如果确实有提出的必要，也许可以这样表白你的意见："这次能认识您，真令人高兴，我有一个困扰很久的小问题，我想您也许能解开我的疑惑。我发现有些公司出口的酱油，瓶盖很难打开，我奇怪何以要封得那么紧呢？"这种表达的方式，显示你对问题的关切，而你又未指名道姓地说出他的产品。你请他解答你的迷惑，你的立场是消费者，是外行人，而他是非常能干的大富翁，他会乐意答复你的问题，因为你是他的听众，不是向他挑战来的。

当你和银行家、鞋店老板或任何孩子的母亲谈话时，你均不宜过分直率。坦直是无可厚非的，但适当的含蓄更值得学习。当我们说"你是怎么能使这么多人来来往往于你这地方"，和我们说"你这地方何以总是乱成一团"所表示的意思是一致的，但是，你要知道，前者不会使人难堪，而后者常会引起听者的恼怒。那么，我们何不取前者呢？

说话不是竞争，不是斗嘴。商人把他的时间和金钱都投资在他的事业之中，并与其他的同行竞争，这是他们为生存所付出的代价，其中有些人发达起来，有些人还在奋力维持。如果他们能遇见一位能和他们交换意见而没有敌意的人，他们会觉得幸福和快慰的。如果你能发现他们可引为尊荣的地方，以及他们觉得成就和有价值的地方，那么，你们就能缔结有建设性的友谊之果。

与陌生人交谈，自然大方

初次与陌生人交谈，由于双方素不相识，没有相互了解的基础，如果不注意讲话的基本要求，双方就很难沟通。

温和友善与彬彬有礼是与陌生人交谈的前提。只要以礼貌友善的态度进行交谈，双方就会很快地进入交流。

如果去拜访一位陌生人，你首先应当对他有所了解。向你们双方都认识的朋友，探听对方的一些情况。

陌生人之间的交谈应做到：

第一，说话中要适当考虑措辞。有人认为，同陌生人说话没什么诀窍，想怎样说就怎样说。这种认识其实不完全对。当然，说话不是写文章，不可能斟酌字句，但也绝不是想怎样说就怎样说。尤其在比较重要的交往中，怎样说好每句话，事先应有所准备。

第二，神态应自然大方。与陌生人说话，语气要亲切，言辞要得体，态度要落落大方。为了吸引听者的注意，使言谈显得有声有色并增强感染力，在说话中也可加进一些手势，但动作不要过大，更不要手舞足蹈或用猥琐和低声下气的表情，如企图以鄙薄自己来取悦于对方，这样做，无异是在降低自己的人格，主观上想讨好对方，结果可能适得其反，换来的是对方的轻视。只有以不卑不亢的态度去交谈，才有利于双方平等地交流思想感情，并获得对方的信任和尊重。

第三，说话时要认清自己的身份。任何人，在任何场合说话，都有自己的特定的身份。这种身份，也就是自己当时的“角色地位”。在说话时，首先你就要认清自己是以什么身份和哪个人说话。

第四，向陌生人提出请求时要语气恳切。因为这是你在提出请求，对方并没有义务非得按你所说的去做。即使是请人一起吃饭，你也应该这样做才对：“请您和我共进午餐好吗？”你丝毫没有理由摆出一副施恩于人的样子。

第五，随机应变。看准说话的机会，适时插入交谈，并且不失时机地介绍自己的情况，让对方充分了解自己。如果陌生人能从你的话中了解你豁达的性格，双方会更亲近。

第六，寻找自己与陌生人之间的共同话题。以此找出共同语言，引起共鸣，缩短双方距离。如果你对陌生人的爱好显示出浓厚的兴趣，通过他的爱好表明自己的爱好，交谈也会顺利进行。

不可不知的说话技巧

场合对说话的影响，与场合对交际者的心态和情绪的折射作用分不开。场合不同，氛围不同，人们的心情心绪也不同，他们对一些问题的感受和理解的程度也不大一样。同样一句话，在此场合会被认为合理，有见解，在彼场合则会引起人家的厌恶和反感。因此，在不同的场合就要说符合场景气氛的话，说话要特别注意分寸，不看场合说不合情景的话就必然要碰壁。

第十章
不同场合说不同的话
——18岁后要懂点情境说话的技巧

说话要注意场合

鲁迅先生有一篇散文《立论》，非常生动地揭示了说话应注意场合的特点：

一家人家生了一个男孩子，合家高兴透了。满月的时候，抱出来给客人看——自然是想讨点好兆头。一个人说："这孩子将来要发财的。"他于是得到一番感谢。一个人说："这孩子将来要做官的。"他于是收回几句恭维。一个人说："这孩子将来是要死的。"他于是得到一顿大家合力的痛打。

这篇故事性散文里，孩子满月是喜事，主人这时愿意听赞美之词，尽管是信口之言；而说孩子将来必死确是有据之言，却使主人反感。因为在轻松的场合言语也要轻松，在热烈的场合言语也要热烈，在清冷的场合言语也要清冷，在喜庆的场合言语也要喜庆，在悲哀的场合语言也要悲哀。所以说话要看场合，到什么时候唱什么歌。

一位早年毕业于某高等院校中文系、勤勤恳恳工作了几十年的老教师退休了，为此，学校为他和另一位曾多次荣获过先进的退休老同志一并举行了一个欢送会。领导对他们的工作和为人进行了热情洋溢而又非常得体的肯定和赞扬，相比之下，对那位曾多次荣获过先进的老同志的美誉则尤多。当轮到两位受欢迎的退休老同志致答词的时候，他们对大家的欢送做了深情的感谢。一时间，会场里充满了一种令人动情的温馨气氛。作为答谢，话本该说到这里为止；然而，那位老教师却并未就此打住，而由人们对另一位“先进”的赞扬中引起了感触，并做了颇为欠妥的联想和发挥：“说到先进，很遗憾，我从来也没有得过一次……”

话犹未尽，坐在他对面的、平日与他相处得不很融洽的一位青年教师突然抢了话头：“不，那是我们不好，不是你不配当先进，是怪我们没有提你的名。”话语带着不肯饶人而又让人难堪的“刺”，冷不防，老教师的眼角眉梢被“刺”出了一股感伤的表情，一时间会场中出现了令人难堪的尴尬气氛。

领导见势不对，马上接过话茬，想把气氛缓和一下。照理说，这时，他应避开“先进”这个敏感的话题，转而谈论其他。然而，他却反反复复劝慰那位退休老教师，叫他对“先进”的问题不要在意，说没有评过先进，并不等于不够先进，先进不仅在名义，更要看事实。如此等等，一席话，等于是把本应避而不谈的话题做了重复和引申，使本已尴尬的局面显得更为尴尬。

这是一个发生在我们身边的真实故事，我们不妨把它叫作一个“不会说话的故事”。从这个故事中，我们能引出几点发人深省的教训来：

一是那位退休老教师的教训：不该作无谓的比照。比照，是谈话中常用的一种手法。用得好，可以使谈话产生某种积极的效果。这里，“积极的效果”是应该特别注意的。在退休欢送会这样的场合，人家所说的都是一些富有情感而又不失真意的十分得体的人情话和好话。对于这种充满人情味的好话，听话者要善于倾听，善于应答，大可不必拿别人的长处来衡量自己的短处，从而引起不快。

二是那位青年教师的教训：不要在别人失意之火燃烧时火上浇油。一位勤勤恳恳工作了一辈子的老前辈即将退休时，虽然可能因为老先生平时在某些方面不善为人处世而与自己伤了和气，然而在欢送会这种场合，我们却不能乘别人一时失言，抓住不放，图一时之痛快而说出那些不合人情的刻薄话，在这种场合，无论如何，还是要在“欢”字上多考虑一些，“欢送欢送”，“欢”而“送”之，要尽可能多留一点美好给人家。

三是那位领导人的教训：应注意避开敏感话题。领导者的能力固然表现在原则性上，在会场一时出现了某种始料不及的尴尬局面时，他没有直接去批评那位言之有失的青年教师，而是竭力肯定那位教师的贡献，具有这种应急应变的意识并立即着手应变，这些都是无可厚非的。然而，从具体的应变能力和说话方式的一面看，却又显得很不够。照理说，在这种场合，他应竭力避开“先进”这个敏感的话题，“顾左右而言他”，巧妙地把话题岔开，使欢送会的气氛由暂时的不欢而重新转向欢快，并顺势掀起新的高潮，而不是如他所做的那样，在敏感的话题上唠叨不休。能否机敏地避开某些不宜多说的话题，对领导者的领导能力也是一种很好的检验。

三个方面的教训，合为一点，就是：说话要注意场合。不看场合，随心所欲，信口开河，想到什么说什么，这是愚者的表现。人，总是在一定的时间、一定的地点、一定的条件下生活，在不同的场合，面对着不同的人，不同的事，从不同的目的出发，就应该说不同的话，用不同的方式说话，这样才能收到理想的效果。

严肃场合不能开玩笑

美国总统里根一次在国会开会前，为了试试麦克风是否好使，张口便说："先生们请注意，5分钟之后，我将对苏联进行轰炸。"此语一出，众皆哗然。

里根在错误的场合、错误的时间里，开了一个错误的玩笑。为此，前苏联政府提出了强烈抗议。这个例子说明在严肃场合不能开玩笑。

卡特有一次因为在严肃场合说了不该说的话而使自己陷入窘境。那时卡特出访盐湖城，参加摩门教信徒颁发"本年度家庭男人"的仪式活动。他的参谋为他写了一份讲稿，特别注明"幽默"，于是助手给了他三四个笑话。他在发表讲话时全用上了。卡特和他的助手们当然没有意识到，摩门教徒一贯教育他们的孩子不要轻率地看待世事，自然在这样的场合也就不能乱说幽默的话。当时，教堂里有两千多人，卡特讲笑话时，这么多人只是瞪着他，呆若木鸡。

喜庆场合妙语解围

《演讲与口才》杂志曾登载了这样一篇演讲词：

各位来宾，各位亲友，今天，我们大家来参加许立群、冯莉同志的婚礼，可以说是人人心情激动，个个笑逐颜开。（笑）我们觉得许立群同志能找到冯莉同志这样的妻子是我们天山深处大兵的骄傲，（鼓掌）冯莉同志能得到许立群同志这样的丈夫可以说是边疆遇知己，慧眼识英才。（大笑，鼓掌）他们是郎才女貌，相当般配，今天的婚礼真是珠联璧合。（大笑）在此，请许立群、冯莉同志接受我最真挚、最衷心、最良好的祝愿：祝你们新婚快乐、生活幸福！祝你们琴瑟和谐，白头偕老！祝你们为边疆建设再立新功！（热烈鼓掌）

这位司仪是一位会说话的人。他清楚地知道，在喜庆场合说的话不是传递信息，也不是说服听众，而是在喜庆的场面里再加笑料，在欢乐的气氛中喜上添喜，讲者喜气洋洋，听者笑声不断。他的目的达到了。

在喜庆的婚礼、宴会之类的欢乐场合，有时会突然出现一点意外事故使在座的人感到扫兴。这时，如果说一句得体的话便可妙语解围。

在一次婚礼上，正当大家高高兴兴地向新郎、新娘祝福时，一位客人忽然打碎了一只精致的茶杯。一时间，掉杯子的客人尴尬，新郎、新娘难堪，众人兴头也受挫，气氛顿时有些变凉。这时，一位思维敏捷的人灵机一动，马上喊道："这是吉兆啊，'岁岁平安'嘛！"这句话立即引得大家群起响应，哄堂大笑，婚礼气氛又热烈起来。

危机场合一语自救

游说家苏秦靠着三寸不烂之舌周游列国，游说诸侯，合纵抗秦，深受燕王器重。有一次，苏秦奉命出使齐国。有人乘机在燕王面前诋毁苏秦，说："苏秦是个左右摇摆，叛卖国家，反复无常的人，现在，他快要作乱了。"果然，燕王听信了谗言，等到苏秦完成外交使命返回燕国后，燕王便将他免职了。

苏秦知道有人在燕王面前说了自己的坏话，于是要求会见燕王，对燕王说："假如现在有这么三个人：一个孝顺像曾参，一个廉洁像伯夷，一个忠信像尾生，并且，能够找到这么三个人来侍奉您，您以为怎么样？”燕王说：“足够了。”苏秦说：“像曾参一样孝顺，坚守礼仪，连离开他的父母在外面住宿一夜也不肯，您又怎么能够让他步行千里，而替弱小燕国处在危困中的君主效劳呢？像伯夷一样廉洁，坚守信义，不愿做孤竹君的继承人，也不肯做武王的臣子而饿死在首阳山上，廉洁到这种地步，您又怎么能指望他到齐国去干一番有所进取的事业呢？像尾生一样坚守信义，和女子约好在桥下相会，由于女子不来，哪怕洪水来了也不肯离开，终于抱着柱子让水淹死，守信到这种程度，您又怎么能让他去用假话说退齐国的强兵呢？我正是因为没有像他们那样死板，所以才得罪了大王。”燕王听后，终于明白了其中的道理，马上给苏秦官复原职，重新予以重用。

苏秦用他的口才保护了自己。

社交场合说好第一句话

在我们的日常生活中，最令人关心的，莫过于“如何与别人交往”这件事；而在人际交往中，最令人花费心思的，又莫过于“如何与人交谈”这件事。

社会交往是人生活动中的主要内容，与人初次见面的第一句话是留给对方的第一印象，这第一句话说好说坏，关系重大。说好第一句话的关键是：亲热、贴心、消除陌生感。常见的有这样三种方式。

1.攀认式

赤壁之战中，鲁肃见诸葛亮的第一句话是：“我，子瑜友也。”子瑜，就是诸葛亮的哥哥诸葛瑾。他是鲁肃的同事和挚友。短短的一句话就定下了鲁肃跟诸葛亮之间的交情。

其实，任何两个人，只要彼此留意，就不难发现双方有着这样或那样的

"亲"、"友"关系。

例如：

你是复旦大学毕业生，我曾在复旦进修过两年。说起来，我们还是校友呢！

您是体育界老前辈了，我爱人可是个体育迷；您我真是"近亲"啊。

您来自苏州，我出生在无锡，两地近在咫尺。今天得遇同乡，令人欣慰！

2.敬慕式

对初次见面者表示敬重、仰慕，这是热情有礼的表现。用这种方式必须注意：要掌握分寸，恰到好处，不能乱吹捧，不说"久闻大名，如雷贯耳"一类的过头话。表示敬慕的内容应该因时因地而异。例如：

您的大作我读过多遍，得益匪浅。想不到今天竟能在这里一睹作者风采！

今天是教师节，在这光辉的节日里，我能见到您这位颇有名望的教师，不胜荣幸。

桂林山水甲天下，我很高兴能在这里见到您——尊敬的山水画家！

3.问候式

"您好"是向对方问候致意的常用语。如能因对象、时间的不同而使用不同的问候语，效果则更好。

对德高望重的长者，宜说"您老人家好"，以示敬意；对年龄跟自己相仿者，称"老X（姓），您好"，显示亲切；对方是医生、教师，说"李医师，您好"、"王老师，您好"，有尊重意味。节日期间，说"节日好"、"新年好"，给人以祝贺节日之感；早晨说："您早"、"早上好"则比"您好"更得体。

说好第一句话，仅仅是良好的开始。要谈得有味，谈得投机，谈得融融乐乐，有两点还要引起注意：

第一，双方必须确立共同感兴趣的话题。有人以为，素昧平生，初次见面，何来共同感兴趣的话题？其实不然。生活在同一时代、同一国土，只要善于寻找，何愁没有共同语言？一位小学教师和一名泥水匠，似乎两者是话不投机的。但是，如果这个泥水匠是一位小学生的家长，那么，两者便可以就如何教育孩子各抒已见，交流看法，如果这个小学教师正在盖房或修房，那么，两者可就如何购买建筑材料，选择修造方案沟通信息，切磋探讨。

只要双方留意、试探，就不难发现彼此有对某一问题的相同观点，某一方面共同的兴趣爱好，某一类大家关心的事情。有些人在初识者面前感到拘谨难堪，只是因为没有发掘共同感兴趣的话题而已。

第二，注意了解对方的现状。要使对方对你产生好感，留下不可磨灭的深刻印象，还必须通过察言观色，了解对方近期内最关心的问题，掌握其心理。

例如，知道对方的子女今年高考落榜，因而举家不欢，你就应劝慰、开导对方，说说“榜上无名，脚下有路”的道理，举些自学成才的实例。如果对方子女决定明年再考，而你又有自学、高考的经验，则可现身说法，谈谈高考复习需注意的地方，还可表示能提供一些较有价值的参考书。在这种场合，切忌大谈榜上有名的光荣。即使你的子女考入名牌大学，也不宜宣扬，不能津津乐道、喜形于色，以免对方感到脸上无光。

公关场合不忘“客套”与“敦促”

作为一名公关人员，说话是最主要的交往手段。会不会“说话”，是公关人员合格与否的一项重要指标。

从公关心理学角度分析，“客套”与“敦促”都是能打动对方心理的妙方，关键看运用的人是否能够运用得好。人人都有自尊心，适当赞美对方可赢得好感。人人都有责任心，适当敦促对方可得到承诺，所以，交替使用这两种方法会带来预期的效果。

海南一家公司与一个工厂签订购物合同，定于一个月内交货。可两个星期后，该工厂见物价暴涨，就想撕毁合同，将货物高价转卖。于是，海南这家公司的营销人员马上前往谈判，力争对方履行合同。

该工厂早就准备舌战一场，然而，海南代表的一席话，使他们改变了想法。

海南这家公司的代表说：“这次和贵厂打交道，我们都感到你们做生意确实非常精明，特别是领导经营有术，更令人钦佩，值得我们学习。这次我公司向贵工厂订购的货物，是同另一家大公司合作经营的。若我们不能按期交货给那家公司，就可能闹出麻烦，也许到时要请贵工厂出面解释一番。我们的困难，想必你们是可以理解的。另外，我们是老主顾了，此次虽出了些矛盾，但将来还要打交道。若贵工厂无意间让我公司蒙受损失，不仅中断了我们的生意交往，也会使想同贵厂做生意的新客户退而三思。再说，目前贵厂客户众多，业务兴旺，倘若他们知道贵厂单方面撕毁这项合同，就会觉得你们不守信用，不可信赖，难以合作。他们极可能减少或中断业务，那样，贵工厂就得不偿失了……”

这个实例中，海南公司代表交替运用“客套”与“敦促”，自然而不庸俗，巧妙而不诡辩，深得公关艺术之真谛，震动了对方，使其愿意恢复合作。

这就启发我们：许多传统的经验和方法经过变脸和革新，与公关理论知识相结合，就会产生新奇的效果。

不同场合下的不同用语

紧眨眼，慢张口。不同场合有不同的说话尺度。沉痛、悲哀、忧戚、肃穆性的语言，只能出现在奔丧、吊唁、追悼会等场合；庄重、严肃性的语言，只能出现在会议等场合；愉悦、欢快、祝贺、颂扬性的语言，只能出现在剪彩、乔迁、结婚、庆功等场合；轻松、随和、自由性的语言，只能出现在私人交谈等场合；宽慰、祝愿、企望、仰慕性的语言，只能出现在探病、拜望、问安等场合。

应邀参加某种娱乐时：

如果还有空额，我希望有加入的机会。

好友重逢时：

XX先生，很高兴又见面了。

如何表示歉意：

拨错电话时："对不起，打错了。"

疾走时撞了他人："对不起，我不是有意的。"

如何接受赞美：

对方说："你早上所提的建议真好。"

"你今天早上看起来特别靓丽清爽。"

回答："谢谢，你真客气。"

何时说请：

对你的另一半说："周日我要请老板吃饭，请帮我一起接待他。"

对出租司机说："请送我到国际机场。"

对饭店出纳员说："请给我301房的账单。"

对秘书说："请把这份材料传真给建筑材料公司张经理，另一份给XX市的红光贸易公司。"

对餐厅的服务员说："请给我菜单。"

对公司副经理说："请注意代表们对我们的计划第二段所提的批评，相当重要哟。"

表示对朋友的关心：

玛丽，你的病好些了吗？

安东，我听说你们公司已经打入美国市场了，好好干吧。

霍克，早上的会议多亏你提了个好建议，真是不胜感激。

礼貌逐客时：

我的天，都快11点了，我必须赶着去开会了。

很抱歉，我还有另一个会议，几分钟前就开始了。

真对不起，我现在必须赶到飞机场。

这次见面获益匪浅，希望再次见到你。

谢谢您的光临，一旦有结果，我会马上告诉您。

真抱歉必须结束这次面谈，因为上班要迟到了。但我希望能有机会完成这次面谈，现在我必须马上赶到办公室去。

想求得他人帮助时：

我刚才发言的声音是不是有些不自然？

我的手握起来是不是湿湿的？

早上汇报时，我是不是说了不少废话，是不是应该更简练些？

明天我要去定做一套西服，您能不能跟我一起去，当场给我参谋点意见？

需要下属加班时：

XX，我实在很不愿意让你留下来加班完成这项工作，不过你是我唯一能够信任的人，所以请你务必帮忙。但我保证，对于今晚所造成的不便，我日后一定会有所补偿。

请完成这份工作。这样要求你实在很抱歉，非常谢谢你的帮忙。

不可不知的说话技巧

拒绝别人是件不容易的事。有一位教授说：“求人办事固然是一件难事，而当别人求你办事，你又不得不拒绝的时候，也是叫人头痛万分的。因为每一个人都希望得到别人的重视，同时我们也不希望给别人带来不愉快，所以也就很难说出拒绝别人的话。”

简单生硬地说“不”，不叫拒绝，拒绝是要讲究技巧的：既要拒绝对方的不适当的要求，又不能伤害对方的自尊，同时又不能损害彼此的正常关系，因此说，拒绝别人并不是容易的事。

怎样才能既拒绝别人又不得罪他、不恶化相互关系呢？这需要一定的技巧。

第十一章
说话要带着两只耳朵
——18岁后要懂点倾听的技巧

乱插嘴的人令人讨厌

在社交场上，你时常可以看到你的一个朋友和另外一个不认识的人聊得起劲，此时，你可能就会有加进去的想法。

因为你不知道他们的话题是什么，而你突然加入，可能会令他们觉得不自然，也许因此话题接不下去。更糟的是，也许他们正在进行着一项重大的谈判，却由于你的加入使他们无法再集中思想而无意中失去了这笔交易；或许他们正在热烈讨论，苦苦思索解决一个难题，正当这个关键时刻，也许由于你的插话，会导致对他们有利的解决办法告吹，到后来场面气氛就会转为尴尬而无法收拾。此时，大家一定会觉得你没有礼貌，进而人家都厌恶你，导致社交失败。

假设一个人正讲得兴致勃勃时，你突然插嘴：“喂，这是你在昨天看到的事吧？”说话的那个人因为你打断他说话，绝对不会对你有好感，很可能其他人也不会对你有好感。

许多不懂礼貌的人总是在别人谈着某件事的时候，在说到高兴处时，冷不防半路杀进来，让别人猝不及防，不得不偃旗息鼓。这种人不会预先告诉你，说他要插话了。他插话时有时会不管你说的是什么，而将话题转移到自己感兴趣的方面去，有时是把你的结论代为说出，以此得意洋洋地炫耀自己的口才。无论是哪种情况，都会让说话的人顿生厌恶之感，因为随便打断别人说话的人根本就不知道尊重别人。

培根曾说：“打断别人，乱插嘴的人，甚至比发言者更令人讨厌。”打断别人说话是一种最无礼的行为。

有一个老板正与几个客户谈生意，谈得差不多的时候，老板的一位朋友来了。这位朋友插进来了，说：“哇，我刚才在大街上看了一个大热闹……”接着就说开了。老板示意他不要说，而他却说得津津有味。客户见谈生意的话题被打乱，就对老板说：“你先跟你的朋友谈吧，我们改天再来。”客户说完就走了。

老板的这位朋友乱插话，搅掉了老板的一笔大生意，让老板很是恼火。随便打断别人说话或中途插话，是有失礼貌的行为，但有些人却存在着这样的陋习，结果往往在不经意之间就破坏了自己的人际关系。

每个人都会有情不自禁地想表达自己想法的愿望，但如果不去了解别人的感受，不分场合与时机，就去打断别人说话或抢接别人的话头，这样会扰乱别人的思路，引起对方的不快，有时甚至会产生误会。

要获得好人缘，要想让别人喜欢你，接纳你，就必须根除随便打断别人说话的陋习，在别人说话时千万不要插嘴，并做到：

（1）不要用不相关的话题打断别人说话；

（2）不要用无意义的评论打乱别人说话；

（3）不要抢着替别人说话；

（4）不要急于帮助别人讲完事情；

（5）不要为争论鸡毛蒜皮的事情而打断别人的话题。

打断别人说话易引起抵触情绪

他人的自我意识好像一个卫兵，站在他的潜意识的入口，如果你唤起了他的自我意识或把它激发过重的话，他绝不会接受你的意见。因此，想说服对方时，先不要打断他，让他陈述他的意见和理由，即使你无法同意和接纳，也不要打断对方，尤其是提出正面反对意见时，更应先听对方的意见。等听完后再开始说“你说得很有道理，但是……”等反对理由。

心理学家提出一个概念——心理定势：若一个人肚子里有事，他就会启动其心理定势准备讲话，直到他把事情全部说完，他的心理定势才会转而听你的意见。所以，假如你想让自己的意见被对方听进去，达到说服他的目的，首先必须学会听对方讲话。这么一来，对方会有一种你很注意听他说话的感觉，认为你尊重他的意见，进而产生想和你说话的心理。这时，对方已经对你有了好感，会不知不觉地朝被说服的方向去思考问题。这一点是在说服对方时相当重要的一项心理战术。

如果你不听对方的意见就直接提出反论，那么，势必引起对方在感情上的反驳，当然也就无法引起听你说话的欲望，这样做是极不明智的，尤其是对一些比较霸道和固执的人，采取这种方式会马上遭到反驳。

最有攻心技巧的人，在他的意见遭到反对，或某人要发牢骚时，他总是耐心地听对方把话讲完，还进一步请对方重复其中某些观点和理由，询问对方是否还有别的什么事情要说。这样做就消除了对方的抵触情绪，使对方意识到，听话的人对他的观点感兴趣。

另外，社会心理学家通过对人际关系的研究，一致提出，人际相处的一个最根本的信条就是“不批评对方”，并且，要完全倾听对方的谈话，这样，才能使对方开怀畅谈。心理咨询时，心理医生通常都尽量让对方说完自己想说的话，而避免在中途打岔。否则，对方倾诉的欲求得不到满足，彼此也就无法建立较亲密的交谈关系，甚至会造成双方敌对的情绪。另外，一项客户与推销员问题信赖程度的调查也显示：那些在商品售出之后会受到客户非分要求的推销员，大部分都喜欢说话，并且经常打断客户的话。因此，我们可以推知，要启开对方的心扉，建立起亲密的关系，问题就在于说话的方式与内容。这样，大家就能明白有作为的推销员多半较木讷的道理了。

耐心听别人谈他自己

有一首诗说：“九牛一毛莫自夸，骄傲自满必翻车。历览古今多少事，成由谦逊败由奢。”这话是针对那些缺乏自知之明，盲目自满的人所说的，但对于我们正确地对待生活，塑造自己良好的交际形象和性格品质，也有着十分现实的意义。人的学业无止境，无论潜心自学还是向人求学，没有谦虚的态度就不会有长进。人生道路曲曲折折，要在复杂的人际关系里游刃自如，健康发展，没有虚心、诚恳的态度同样是不行的。“成由谦逊败由奢”，有谦逊的态度，才会有自知之明，知道自己的不足，就有了努力的方向。

不少人，为了使别人赞同自己的意见，就唠唠叨叨地说个不停，使别人根本没有说话的余地。尤其是有的推销员最易犯这个毛病，一味地对顾客夸耀自己的货物如何美好，使顾客没有插嘴的余地，其实这是最错误的事。顾客有购买的念头，才会挑剔货物，他批评这些货物，不必与之争辩，选定之后，他自然会购买。若是你和他争辩，就如同指责顾客没有眼光，不识好歹。顾客受此侮辱，肯定到别家去了，岂不白白损失了一笔生意？

所以人家说话的时候，自己若有不同意之处，应待别人说完，切不可插进去或阻止人家，阻止人家其实是最大的错误。因为当人家还有许多话没有说完时，人家绝不会来接受你的意见，也根本不注意听你的。所以我们应鼓励别人把意见表达出来，耐心地倾听别人讲话。

倾听者的良好素质

在听别人说话的过程中，一位高明的谈话者往往能够体现出许多良好的素质。他有一颗敏锐的心，能够体察别人的感情；他富于同情，能乐人之乐、忧人之忧；他有深厚的涵养，能体谅别人的难处，宽恕别人的错误，容忍别人的缺点；他有良好的耐性，能够长时间地听取别人零乱、不成熟，甚至是语无伦次、前后矛盾的意见；他还具有发掘和吸收别人观点的热忱和能力，当别人因有顾虑而欲言又止的时候，他能诚恳而友善地鼓励他们讲下去；而别人偶尔说出有趣的话时，他就发出会心的笑；当别人讲出一些不错的道理时，他就连连点头；当别人试图说出一些难以表达的思想时，他就凝神细听，并且不时地就没有听清楚的问题向别人请教；当别人的讲话告一段落时，他就把别人所讲的内容整理得条理清楚，并加以吸收。由于有以上的良好素质，高明的谈话者往往能深刻细致地了解各式各样的人。他的语言，往往可以非常有效地打动人的心坎。这样，无论什么人见到他，都愿意把他当作知心朋友，愿意向他吐露自己的心事，把自己藏在心中的剧烈的痛苦、烦恼都向他倾吐出来，希望得到他的同情、安慰和帮助。

此外，一个高明的谈话者还必须谦虚谨慎。无论别人怎样敬仰他、佩服他，他都应该态度谦恭，虚怀若谷。一个狂妄自大、目中无人的人，是没有多少人愿意与他交谈的；同样，一个心地狭窄得只容得下他自己的人，也是不受欢迎的。

乔·吉拉德是首屈一指的汽车推销员，然而，他也有过一次难忘的失败经历。

有一次，有位顾客来找乔·吉拉德商谈购车事宜。他向那人推荐一种新型车，进展非常顺利，就在成交的节骨眼上，对方却突然决定不买了。

那天晚上，乔·吉拉德辗转反侧，百思不得其解。他忍不住给对方拨通了电话："您好，先生，今天眼看您就要签字了，为什么却突然走了呢？"

"先生，你知道现在几点钟了？"

"真抱歉，我知道是晚上11点钟了，但我检讨了一整天，实在想不出自己到底错在哪里。"

"很好，你现在用心听我说话了吗？"电话那头说。

"非常用心。"他答道。

"可是，今天下午你并没有用心听我说话。就在签字之前，我提到我的儿子即将进入大学，我还跟你说到他的学习成绩和理想，可你根本没有听！"

对方继续说道："当时你在专心听另一名推销员说笑话，可能你认为我说的这些与你无关，但是我可不愿意从一个不尊重我的人手里买东西。"

乔·吉拉德从此知道了，用心倾听对于做任何一件事都是那样重要。

每个人都有倾诉的欲望

人人皆对自己的经历和所做的事情怀着莫大的兴趣，人们最高兴的也莫过于对他人谈论这些事情。但过分地谈论这些，会使听者失去兴趣。

比如，有的人做了一个十分有趣的梦，觉得亲临其境，其乐无穷，结果逢人便说，不厌其烦。另外，有的人则喜欢喋喋不休地对人说一些自己以前的经历：上中学时怎样，上大学时怎样，刚参加工作时怎样，后来又怎样……如此等等。但是我们若仔细想一想，自己有兴趣的事情，别人也像我们一样有兴趣吗？那些断续破碎、稀奇古怪的梦境，除了做梦者本人，别人听来是非常沉闷的。如果听者对说话者提到的那些往事、那些人、那些地方一点也不熟悉，一点也不觉得有趣，无疑他也不会与说话者产生共鸣。

凡此种种，不外乎证明人们对自己所经历的事情感兴趣，而对与自己毫无关系的事情觉得索然无味。所以，我们在与他人交谈时，应把握听者的这一心理。

每个人都会做梦，人们对别人那种无关大局的梦不会感兴趣；每个人也都有自己的经历，人们对别人那种平淡无奇、与己无关的经历也不会关心。这一事实告诉我们，在与人交谈中，尽量少谈一些人家不感兴趣的事，不要喋喋不休地谈论自己的生活、孩子、事业等，除非对方在特殊情形下的确感兴趣的时候，否则，还是谈别的话题为佳。

同时，既然我们知道每个人最喜欢的是自己熟知的事情，那么在交谈中便可以尽量逗引别人去说他自己的事情。这是使对方高兴的最好的方法。如果我们充满了同情和热忱去听他津津有味的叙述，一定可给对方较佳的印象。

因此，要想多交朋友，要想在交际上取得成功，自己就应该少说别人不感兴趣的话，不要只讲自己、表现自己，而是应该耐心地去听取别人的说话。

在候机大厅里，庞克正在专心读书，忽然邻座传来一位老太太的声音：“我敢说芝加哥现在一定很冷。”

“大概是吧。”庞克漫不经心地答道。

“我快3年没去过芝加哥了。”老太太说，“我儿子住在那儿。”

“很好。”庞克头也不抬地说。

“我丈夫的遗体就在这飞机上。我们结婚都有53年了。你知道，我不开车。他去世时是一位修女开车把我从医院送出来的。我们甚至还不是教徒呢。葬礼的主持人把我送到机场。”老太太有点忧伤地说。

此时，庞克觉得自己刚才不理老太太的行为多么令人讨厌，他终于明白：身边有一个人正在渴求别人倾听她的诉说。她孤注一掷地求助于一个冷冰冰的陌生人，而这个人更感兴趣的是读书。

她所需要的只是一个听众，不要忠告、教诲、金钱、帮助、评价，甚至不需要同情，仅仅是乞求对方花上一两分钟来听她讲话。

庞克不再读书了，而是用心听老太太说话。老太太一直缓缓地讲着，直到他们上了飞机。

这看起来是那么矛盾：在一个拥有发达的通讯设备的社会里，人们却苦于无法交流，无法找到一个听众。老太太在机舱另一边找到了她的座位。当庞克把大衣挂起来的时候，又听见老太太用带着哀愁的音调对着她的邻座说：“我敢说芝加哥现在一定很冷。”

庞克在心里祈祷：“上帝，但愿有人听她讲。”

人都会有一种倾诉的欲望，如果有人在向你喋喋不休时，耐心地倾听就是对他人最大的尊重。

做一个耐心的倾听者

现代社会中，我们希望人人都能勇于开口，大胆说话。但凡事都有个分寸，如果我们不会把握这个分寸，那就只能适得其反，弄巧成拙。

生活中有许多是非之争是因为谈话多了；话说得愈多，出毛病的机会也就愈多。教人少说废话多做实事，这是古今中外哲人学者的共识。它饱含着深刻的辩证法则。真正有学问的人大智若愚，不太乱说话，相反那些腹中空空，没有几点文墨的人却喜欢大吹大擂。所以，我们应记住一条原则：在任何地方和场合，最好能少说话。若是到了非说不可时，那你所说的内容、意义，所选用的词句，所伴随的姿势以及说话的声音，都不可不加以注意。在什么场合该说什么话，用什么方式说，都值得注意。无论是在探讨学问、接洽生意、交际应酬或娱乐消遣中，种种从我们口里说出的话，一定要有中心，要具体、生动，要十分精彩。

在类似座谈会的场合中，大家都是踊跃发言，而不注意听清楚别人的意思。所以，经常产生彼此间的误会，各想各的，都站在自己的立场，擅自解释别人的意见，表面上看起来，大家讨论得十分热烈，事实上非常散乱。因此，真正有见识的人，会在脑中把众人的论点分析、整理出来，而当座谈会进行到中段以后，才提出他归纳后的要点，让大家有个一致的方向。然后，再说出自己的意见，使整个讨论的方向更为明确，这种人才是最会表达的人。

为保证说的每一句话为人所重视，不惹人讨厌，唯一的方法是少说话，静静地思考，耐心地听别人说话。

做一个耐心的倾听者要注意六个规则：

规则一：对讲话的人表示称赞。这样做会造成良好的交往气氛。对方听到你的称赞越多，他就越能准确表达自己的思想。相反，如果你在听话中表现出消极态度，就会引起对方的警惕，对你产生不信任感。

规则二：全身心注意倾听。你可以这样做：面向说话者，同他保持目光的亲密接触，同时配合标准的姿势和手势。无论你是坐着还是站着，与对方要保持在对于双方都最适宜的距离上。我们亲身的经历是，只愿意与认真倾听、举止活泼的人交往，而不愿意与推一下转一下的石磨打交道。

规则三：以相应的行动回答对方的问题。对方和你交谈的目的，是想得到某种可感觉到的信息，或者迫使你做某件事情，或者使你改变观点，等等。这时，你采取适当的行动就是对对方最好的回答方式。

规则四：别逃避交谈的责任。作为一个听话者，不管在什么情况下，如果你不明白对方说出的话是什么意思，你就应该用各种方法使他知道这一点。

比如，你可以向他提出问题，或者积极地表达出你听到了什么，或者让对方纠正你听错之处。如果你什么都不说，谁又能知道你是否听懂了？

规则五：对对方表示理解。这包括理解对方的语言和情感。有个工作人员这样说："谢天谢地，我终于把这些信件处理完了！"这就比他简单说一句"我把这些信件处理完了"充满情感。

规则六：要观察对方的表情。交谈很多时候是通过非语言方式进行的，那么，就不仅要听对方的语言，而且要注意对方的表情，比如看对方如何同你保持目光接触、说话的语气及音调和语速等，同时还要注意对方站着或坐着时与你的距离，从中发现对方的言外之意。

在倾听对方说话的同时，还有几个方面需要努力避免：

第一，别提太多的问题。问题提得太多，容易造成对方思维混乱，谈话精力难以集中。

第二，别走神。有的人听别人说话时，习惯考虑与谈话无关的事情，对方的话其实一句也没有听进去，这样做不利于交往。

第三，别匆忙下结论。不少人喜欢对谈话的主题作出判断和评价，表示赞许和反对。这些判断和评价，容易让对方陷入防御地位，造成交际的障碍。

再列举六点令人满意的听话态度：

（1）适时反问。

（2）及时点头。

（3）提出不清楚之处并加以确认。

（4）能听出说话者对自己的期望。

（5）辅助说话的人或加以补充说明。

（6）有耐心并想深入了解说话的内容。

倾听能帮助你思考

很多人擅长侃侃而谈，并以此为荣。不错，在很多时候，这些人奔放的思想、精彩的言辞烘托了交际氛围，使大家能交融在一起，彼此很高兴、友善地交流沟通。但对这些人来说，如此的举止或许能为你赢来朋友，却得不到对你有用的信息。这样的方式只使你付出，却无法收获什么。

人的能力毕竟有限，肯定有许多东西是我们个人所无法了解的，通过倾听别人的谈话，我们可以获取许多有用的信息，可以分享他们的知识和经验，为我们的思考提供帮助。

1951年，威尔逊带着母亲、妻子和5个孩子，开车到华盛顿旅行，一路所住的汽车旅馆，房间矮小，设施破烂不堪，有的甚至阴暗潮湿，又脏又乱。几天下来，威尔逊的老母亲抱怨地说："这样的旅行度假，简直是花钱买罪受。"善于思考问题的威尔逊听到母亲的抱怨，又通过这次旅行的亲身体验，得到了启发。他想：我为什么不能建立一些便利汽车旅行者的旅馆呢？他经过反复琢磨，暗自给汽车旅馆起了一个名字叫"假日酒店"。

想法虽好，但没有资金，这对威尔逊来说，确是最大的难题。拉募股份，但别人没搞清楚假日酒店的模式，不敢入股。威尔逊没有退缩，心中只有一个念头，必须想尽办法，首先建造一家假日酒店，让有意入股者看到模式后，放心大胆地参与募股。远见卓识、敢想敢干的威尔逊，冒着失败的风险，果断地将自己的住房和准备建旅馆的地皮作为抵押，向银行借了30万美元的贷款。1952年，也就是他旅行的第二年，终于在美国田纳西州孟菲斯市夏日大街旁的一片土地上，建起了第一座假日酒店。5年以后，他将假日旅馆开到了国外。

倾听别人说话，是处世中必不可少的内容。能够耐心听别人说话的人，必定是一个富于思想的人。威尔逊就是一个有思想的人。他的成功，在于他能注意倾听别人的谈话。

我们在吸取他人有益的思想时，必须做的事就是要像威尔逊那样，学会倾听，听别人说什么，从他人的语言中提炼有价值的信息，便于自己思考时使用。

我们的听觉不仅仅是一种感觉，它是由四种不同层面的感觉组成的：生理层、情绪层、智力层和心灵层。眼睛和耳朵是思维的助手，通过它们我们可以感觉到真正的意味。当它们“动作”协调时，我们就能够真正听到别人在说些什么，而不是草率地听。

倾听中的插话技巧

一个倾听高手在倾听过程中如何插话，才有助于达到最佳的倾听效果呢？

根据不同对象可采取不同的方法：

第一，当对方在同你谈某事，因担心你可能对此不感兴趣，显露出犹豫、为难的神情时，你可以趁机说一两句安慰的话。

你能谈谈那件事吗？我不十分了解。

请你继续说。

我对此也是十分有兴趣的。

此时你说的话是为了表明一个意思：我很愿意听你的叙说，不论你说得怎样，说的是什么。这样可以消除对方的犹豫，坚定他倾诉的信心。

第二，当对方由于心烦、愤怒等原因，在叙述中不能控制自己的感情时，你可用一两句话来疏导。

你一定感到很气愤。

你似乎有些心烦。

你心里很难受吗？

说这些话后，对方可能会发泄一番，或哭或骂都不足为奇。因为，这些话的目的就是把对方心中郁结的一股异常情感“诱导”出来，当对方发泄一番后，会感到轻松、解脱，从而能够从容地完成对问题的叙述。

值得注意的是，说这些话时不要陷入盲目安慰的误区。不应对他人的话作出判断、评价，说一些诸如“你是对的”、“他不是这样”一类的话。你的责任不过是顺应对方的情绪，为他架设一条“输导管”，而不应该“火上浇油”，强化他的抑郁情绪。

第三，当对方在叙述时急切地想让你理解他的谈话内容时，你可以用一两句话来“综述”对方话中的含意。

你是说……

你的意见是……

你想说的是这个意思吧……

这样的综述既能及时地验证你对对方谈话内容的理解程度，加深对其的印象，又能让对方感到你的诚意，并能帮助你随时纠正理解中的偏差。

以上三种倾听中的谈话方法都有一个共同的特点，即不对对方的谈话内容发表判断、评论，不对对方的情感作出是与否的表示，始终处于一种中性的态度上。切记，有时在非语言传递的信息中你可以流露出你的立场，但在语言中切不可流露，这是最重要的。如果你试图超越这个界限，就有陷入倾听误区的危险，从而使一场谈话失去了方向和意义。

不可不知的说话技巧

谁想要从另一方那里得到更多的东西，谁就必须做到一点：多听少说。谁说得越多，谁获得的东西就越少。

在沟通中，让对方说得越多，我们了解对方真正意图的机会就越多。所谓知彼知己，百战不殆。当你掌握的对方的情况，远比对方知道的你的情况还要多，你自然就把握住了先机。

那么，怎样才能让别人说得更多呢？秘诀就是——提问！

第十二章
少说“我”多说“你”
——18岁后要懂点换位说话的技巧

换位思考是沟通的第一步

人的本性习惯总是从自身的角度、立场去看问题。现在的青少年大多数出生在独生子女家庭。考虑问题很容易以自我为中心，要学会设身处地替他人着想，首先要了解他人的想法，并在此基础上巧妙地提出自己的看法。常听人说：“在今天无法解决的事情，一旦到了明天便能得到启示。”或者：“熟读历史可以鉴古知今。”这个道理也同样适用于说话。

听听看，这个说法是不是很熟悉：“我的老师就是偏心，因此，我就和他捣乱。”有时候当事情的后果不如我们所想象或期待时，我们多半会觉得委屈，发出“好心没好报”的感叹。是别人真的不明白我们吗？仔细分析我们会发现，这种换位思考不是真的换位思考，而是以个人本位来了解别人的想法及感受。所谓的“好心办坏事”就是这种。

说任何话之前，我们要在脑海中替别人想一想。这样说出的话才不会引起矛盾和误会，也大体上不会犯错误了。

以前的人不太顾虑他人对事物的看法、想法和观念的不相同，认为只要用正确的言语传达自己的意思就行了。其实所谓正确与否，并非说话者单方面就能决定的。如果我们在说话之前忽视了听话者的心理和反应，那么，无论如何慎重地斟酌词句，依然会产生料想不到的差错和误解。所以必须在语言上下工夫，说话时不忘换位思考，力求使说的每句话对方肯听、爱听，打动他的心灵。

生活中我们很多时候犯的错误往往来自只从自己的角度思考问题。为了避免这样的错误，就得学会换位思考，并在此基础上调整行为的方式。换位思考就是完全转换到对方的角度思考，从而更理解人、宽容人，就是要求在观察处理问题，做思想工作的过程中，把自己摆放在对方的角度，对事物进行再认识、再把握，以便得到更准确的判断，说出的话也才能真正说到别人的心窝里。

《圣经》里有这样一个故事。一次，有些人要砸死一个行淫的妇人。耶稣说："可以，可是你们每个人都要扪心自问，谁没有犯过错误，那他就可以动手。"那些人都自觉问心有愧，最后谁也没有砸她。

为何那些人在耶稣的这个问题前变得不敢动手了呢？因为没有一个人有动手的资格——只要想到自己原来也有可能犯错，就能同情这位行淫的妇人了。

即使是最没本事的人，在责备别人时往往也能够大发议论；即使是最聪明的人，在对待自己缺陷时也往往糊涂。我们只要经常用指责别人的态度来要求自己，用宽恕自己的心思去对待别人，怎么可能没有大进步呢？

儿时常做一种游戏：两腿叉开，头向下从两腿之间往后看过去，本来习以为常的乡间景色便有了新意，让人百玩不厌，常玩常新。成年后多了些社会生活经验，又读了些书，知道那种看似简单的游戏实际上蕴藏着并不简单的道理：换位思考。

仔细想来，生活中诸多不快、诸多矛盾的引发，未必有多么复杂、多么严重的理由，如果能够互相了解、互相理解，或许就根本不会发生。而换位思考就是达到互相理解的一种有效途径。

有一次，陶行知先生看到男生王友用泥块砸自己班的男同学，当即阻止了他，并令他放学时到校长室去。

放学后，陶行知来到校长室，王友已经等在门口准备挨训了。可一见面，陶行知却掏出一块糖果送给他，并说：“这是给你的，因为你按时来到这里，而我却迟到了。”王友惊疑地接过糖果。随之，陶行知又掏出一块糖果放到他手里，说：“这块糖果也是奖给你的，因为我不让你再打人时，你立即就住手了，这说明你尊重我，我应该奖励你。”王友更惊疑了，他眼睛睁得大大的。

陶行知又掏出第三块糖果塞到王友手里，说：“我调查过了，你用泥砸那些男生，是因为他们不守游戏规则，欺负女生；你砸他们，说明你很正直善良，有跟坏人作斗争的勇气，应该奖励你啊！”王友感动极了，他流着眼泪后悔地说道：“陶……陶校长，你……你打我两下吧！我错了，我砸的不是坏人，而是自己的同学呀！”

陶行知满意地笑了，他随即掏出第四块糖果递过去，说：“为你正确地认识错误，我再奖给你一块糖果，可惜我只有这一块糖果了，我的糖果用完了，我看我们的谈话也该完了吧！”说完就走出了校长室。

处于逆反时期的青少年，面对无视尊严的训斥，只会产生反抗心理，把老师当成敌人。陶行知先生不忘换位思考，谆谆教诲中，既盈满爱心，又不忘尊重，尤其是用四颗糖果收服了一颗迷失的心，充满创意，达到了目的。

少说“我”多说“你”

说话好像驾驶汽车，应随时注意交通标志，也就是要随时注意听者的态度与反应。如果红灯已经亮了仍然向前开，闯祸就是必然了。无聊的人是把拳头往自己嘴里塞的人，也是“我”字的专卖者。

人们最感兴趣的就是谈论自己的事情，而对于那些与自己毫不相关的事情，众多的人觉得索然无味，对于你自己有兴趣的事情，不仅常常很难引起别人的兴趣，而且还令人觉得好笑。年轻的母亲会热情地对人说：“我们的宝宝会叫‘妈妈’了。”她这时的心情是高兴的，可是旁人听了会和她一样高兴吗？不一定。谁家的孩子不会叫妈妈呢？你可不要为此而大惊小怪！这是正常的事情，孩子不会叫妈妈才是怪事呢。所以，你看来是充满了喜悦，别人不一定有同感，这是人之常情。

放学回家的路上，吴欢遇到了王老师，她气鼓鼓地说：“王老师，你说江珊多可恨，我和她吵起来了。”“为什么？”王老师一脸不解。“她非说张学友是最好的歌星，张学友鼻子那么大，丑死了。我就和她吵起来了，”吴欢接着说，“江珊太不够朋友，本来在班里我和她是最要好的朋友，可是她有什么心里话都不告诉我！”王老师问：“你从来都是把任何心里话都告诉江珊吗？你想一想是不是每个人的喜好都一样呢？”一句话使吴欢顿时像泄了气的皮球，不好意思地说：“其实我也没把什么话都告诉她。”

自己喜欢的要求别人也要喜欢，自己没有把什么心里话都告诉好朋友，却要求别人对自己毫无秘密，全部公开，世界的丰富多彩就是因为每个人都不同，包括他们的个性爱好，每个人都有自己的隐私，怎么能要求别人公开隐私呢？即使是好朋友也没有这个权力。

竭力忘记你自己，不要总是谈你个人的事情，人们喜欢的是自己最熟知的事情，那么，在交际上你就可以明白别人的弱点，而尽量去引导别人说他自己的事情，这是使对方高兴最好的方法。你以充满同情和热诚的心去听他叙述，你一定会给对方以最佳的印象，并且对方会热情欢迎你、热情接待你。

说话时，把“我的”变为“我们的”，可以巧妙地拉近双方的距离，使对方更容易接受你和你的话。

如果你在说话中，不管听者的情绪或反应如何，只是一个劲地提到我如何如何，那么必然会引起对方的反感。如果改变一下，把“我的”改为“我们的”，这对你并不会有任何损失，只会获得对方的好感，使你同别人的友谊进一步地加深。

我们经常看到记者这样采访：“请问我们这项工作……”或者：“请问我们厂……”经常发现演讲者使用“我们是否应该这样”、“让我们……”等表达方式。这样说话能使你觉得和对方的距离接近，听来和缓亲切。因为“我们”这个词，也就是要表现“你也参与其中”的意思，所以会令对方心中产生一种参与意识。

比如说，“你们必须深入了解这个问题”，便拉开了听众与演讲者的距离，使听众无法与你产生共鸣。如果改为“我们最好再做更深一层的讨论”就会缩短与听众之间的距离，使气氛立刻活跃起来。

把别人放在心上

有一位名人说：“不对别人感兴趣的人，他一生中的困难最多，对别人的伤害也最大。所有人类的失败，都出自于这种人。”

每个人都觉得自己很重要！或者说，每个人都希望被别人认为很重要。如果对方感觉到他在你心目中很重要，一定会对你产生好感——没有人会讨厌一个喜欢自己、尊重自己的人。

有些人自视甚高，他们觉得自己很重要，却忘了别人也需要这种感觉。他们在不经意间流露出对人的轻视，于是受到大家的疏远。只有使别人产生自己很重要的感觉，你才会受到他们的欢迎。

例如在演讲活动中，一个演讲者往往需要有一定的自我表现意识，因为适当的表现欲能激励演讲者的自信心和上进心，成为推动演讲者崭露头角、自强不息的内在动力。但表现欲过于强烈，超出自己的实际能力和公众接受的限度，就会把崇高的演讲活动变成纯粹的自我表现，这样的演讲者，在演讲前会显得跃跃欲试，急于想赢得听众的掌声和喝彩声，对自己的期待很高。如果演讲成功，赢得了掌声，他会得意忘形，忘乎所以，大有“普天之下，舍我其谁”的自豪感；而要是听众并不买账，会场掌声稀疏，会后评价不高，颇高的期待值和一己的虚荣心得不到满足，他又会气急败坏，恼羞成怒，或自轻自贱，悲观丧气，成了泄了气的皮球。

由此可见，过分强调自我的表现欲是一种十分有害的心理障碍，而要克服这种障碍，我们主要得从以下三个方面做起：

端正演讲动机，明确说话目的；

正确看待荣誉、看待成功，不要急功近利，不要对荣誉产生过分奢望和贪婪；

正确评价自己，不要对自己作过高估计，更不要自视甚高，打肿脸充胖子，千方百计在众人面前表现自己，那样反而会让人瞧不起。

如何使对方产生重要的感觉呢？礼貌上的尊重是毫无疑问的，关键是你要把他放在心上，同时还可以采用一些让人产生好感的方法：

关心对方关心的事。他关心自己的利益，关心自己的健康，关心自己的家人……你只要对他的利益，他的健康，他的家人……表现出足够的关心，他就会把你当成自己人。

欣赏对方欣赏的事。他欣赏自己的成就，欣赏自己的能力，欣赏自己的风度……你只要对他的成就，他的能力，他的风度……表现出你真诚的欣赏，他一定会欣赏你，把你当成难得的知音。

请教对方擅长的事。自己不懂的问题、不清楚的事情，不妨向对方求教，既可增长见识，又能得到对方的好感，何乐而不为？

“你以怎样的态度对待别人，别人也会以怎样的态度对待你。”这是成功学家拿破仑·希尔的一句名言。

你轻视一个人，就不会把他放在心上，对他的一切都漠不关心。你重视一个人，就会关心他的感受，关心他所处的状况。当他感受到你的轻视或重视后，也会报以同样的态度。当你想改善和巩固跟某个人的关系时，把他放在心上，无疑是一条捷径。

当然，有了把他人放在心上的理念，还需要采取一些方法。

其一，让对方感受到你的关注。你的关注是你重视对方的一种表现，这会让对方感之于心而发于情，从而对你产生好感。

王嘉廉是一位美籍华人，CA公司的创始人。作为软件界的重量级人物，他被誉为“华人中唯一可与比尔·盖茨抗衡的人”。在他的公司，员工的忠诚度相当高，令其他企业界人士十分羡慕。他建立员工忠诚度的办法是什么呢？除了给予员工高于其他公司的待遇外，还有一个秘诀：让员工时刻感到受重视、受关注。

琼是一位在中国台湾出生的普通计算机程序员，在一般公司，像她这种基层员工是没有多少机会跟高层领导打交道的。一次，她跟王嘉廉以及王嘉廉之兄碰巧在电梯中相遇，王嘉廉向兄长介绍她时，她发现，王嘉廉对她的工作及个人状况相当了解，这让她产生了一种被重视的感觉，不禁受宠若惊。还有一次，在闲聊中，王嘉廉问她会不会烧冬瓜。她说会，并且说这是她很爱吃的一道菜。过不久，她收到王嘉廉在自家后院种的一只巨无霸冬瓜。这虽然是件小事，却让她非常感动。

另一位华裔林女士说："查尔斯（王嘉廉的英文名）比我们的直接上司还容易相处。他知道你是谁，关心你的生活，他能照顾到每一个人，这真是很不容易。我的一些朋友在大公司做事，上层管理人员知道员工名字的很少，而查尔斯不但知道关于你的一切，还会和你轻松地开玩笑，这是很令人开心的事。"

有一次，王嘉廉在公司餐厅表扬总部30多位任职满10年的员工，并且赠送每人一只昂贵的劳力士表。林女士也是其中之一。当有人问及林女士拿到劳力士表有何感受时，她说："戴劳力士或戴三块钱的表，对我来说没有什么差别，但在精神上却深感满足。你知道只要认真做事，老板就不会亏待你。直属上司知道你在做事，老板也会知道。在公司内被上司认可与重视，比物质上的回馈更为重要。"

让对方感受到你的关注并不难，只要你真的把他放在心上，不经意间就会流露出来。其中，记住对方的名字，了解他的生活与工作情况，都很重要。

其二，给对方一个真诚的问候。人与人的关系，需要通过一定的交往来维系。但是，由于生活、学习繁忙，你不会有那么多时间跟每一位朋友保持经常来往。如果久不联系，关系自然就疏远了。假如你重视他们的话，要经常抽出一点时间，给他们一个真诚的问候，使联系不至于中断，并表示你还把他们放在心上。

美国前国务卿奥尔布赖特曾当过BON电影公司的公关部经理。她面临着巨大的职业挑战，同时又必须面对许多现实的问题，像人际关系的处理、家庭生活的和谐等，但她能巧妙地使这些繁琐的事情顺畅起来。

比如，她的下属总会在某一个繁忙的下午突然收到一张上面写着诸如"你辛苦啦"、"你干得非常出色"之类的小纸条，或一张精致典雅的卡片。而在她丈夫生日的那一天，她总会努力举办一个家庭小舞会，而且是一个人事先布置好，就这样，在繁忙工作的间隙，她并没有花太多的时间，却给他人送去了一份又一份快乐。

她对这一做法，饶有兴趣地解释说：“大家的生活节奏都那么快，大部分人都忘了一些最基本的问候，都认为这些是不足轻重的小细节。其实正是这些细小的方面使人与人之间的情感变得不那么紧张，那我就想：为什么我不能做得更好些呢？”

她又说：“一份小小的问候就能体现出一个人的真挚和诚意，使他人感到温暖。人与人之间渴望沟通和交流，而这些细小的方面是最能体现出你的那一份心意的。这是对我个人形象、风度的一个最佳传播，当他们看到那张卡片的时候，就一定会想起我，而且在他们心中隐含着对我的那一份谢意，会使他们更认为我是一个完美无缺的人，他们总会想到我好的地方，不会注意我的缺陷。”

显然，奥尔布赖特的这一番言论有许多值得我们借鉴的地方，人与人的关系不一定非要在大事中才能体现出来，在日常生活的琐碎小事之中更能体现你的友善。

随时把心中最真诚的愉悦带给大家，这正是处理人际关系的要诀。

其三，从小事上体现你的真心关怀。一般人认为：患难见真情。这虽然有道理，但真情却不必非得等到患难之际才显示出来。在日常琐事上，也能体现你对他人的真心关怀。

西奥多·罗斯福是深受美国人民爱戴的总统。他之所以获得了惊人的声誉，是因为他能够真诚地对待每一个人，无论对方是一名议员，还是一名仆人。

他的贴身男仆安德烈向人们讲述了这样一个故事：

有一天，安德烈的妻子问罗斯福总统野鸭是什么样子，因为她一生都没离开过华盛顿，她没机会到野外去看野禽。罗斯福总统耐心地向她描述野鸭的模样和习性。安德烈和他的妻子住在一栋小房子里，离罗斯福总统的住处很近。

第二天，安德烈房里的电话响了，电话那头传来了罗斯福总统的声音，他告诉安德烈的妻子，他们房子外面的大片草地上就有一只野鸭。

安德烈的妻子推开窗户，看见了对面房屋窗户里罗斯福微笑的面庞。

还有一次，离任后的罗斯福拜访了白宫，他没有去客厅，也没有去接待室，而是去了厨房。他友好地向每个人打招呼："嗨，桃瑞斯，最近很忙是吗？""杰克，胃口还好吗？我想你是离不开酒瓶的，什么时候我们喝一杯？"

就这样，他跟每个人都打了招呼，就像多年不见的老朋友一样。后来，在白宫服务了30年的厨师史密斯含着热泪说："罗斯福总统是那样热情，那样关心人，这怎能不让人感动呢？"

像这样的人，谁会不热爱呢？即使他不是总统，也会受到大家的爱戴。

在生活中，大事不多，小事不少，你想从小事上体现对他人的关怀，随时可以如愿。小事不易记住，而你在一些不经意的小事上展示的诚意，别人意外之余，会有一种真心的感动。

奥地利著名心理学家阿德勒，写过一本名为《人生对你的意义》的书。在那本书中，他说："不对别人感兴趣的人，他一生中的困难最多，对别人的伤害也最大。所有人类的失败，都出于这种人。"这句话真是意味深长。生活中很多的问题，就是因为一方不把另一方放在心上或者双方互相不把对方放在心上引起的，种种仇视和敌意，也因此而生，并带来数不清的麻烦。如果每个人都对别人多一些关注，多一些重视，这个世界将变得更加温馨、和谐。

说话避开“我”字

《福布斯》杂志上曾登过一篇“良好人际关系的一剂药方”的文章，其中有几点值得借鉴：

语言中最重要的5个字是：“我以你为荣！”

语言中最重要的4个字是：“您怎么看？”

语言中最重要的3个字是：“麻烦您！”

语言中最重要的2个字是：“谢谢！”

语言中最重要的1个字是：“你！”

那么，语言中最次要的一个字是什么呢？是“我”。

亨利·福特二世描述令人厌烦的行为时说：“一个满嘴‘我’的人，一个独占‘我’字、随时随地说‘我’的人，是一个不受欢迎的人。”

农夫甲和农夫乙忙完了田里的工作，一起回家。他们走在路上，农夫甲忽然发现地上有一把斧头，就跑过去捡起那把斧头。他看了看斧头，觉得还很新，就想带回家占为己有，说道：“我们捡到了一把斧头。”农夫乙看到这把斧头是甲发现的，应该归甲所有，就对甲说：“你刚才说错了，你不应该说‘我们发现’。因为这是你先看见，所以你应该改口说‘我发现了一把斧头’才对。”

他们两个继续往前走，农夫甲的手上仍然拿着那把斧头。过了一会儿，遗失这把斧头的人走了过来，远远地看见农夫甲的手上拿着他的斧头，就匆匆忙忙地追上来，眼看对方就要追上来了。这时候农夫甲很紧张地看农夫乙一眼，然后说：“怎么办？这下子我们就要被他捉到了。”

农夫乙听他这么一说，知道甲想把责任归咎到两个人的身上。于是农夫乙就很严肃地对农夫甲说：“你说错了，刚才你说斧头是你发现的，现在人家追来了，你就应该说‘我快被他捉到了’，而不是说‘我们快被他捉到了’。”

在人际交往中，“我”字讲得太多并过分强调，会给人突出自我、标榜自我的印象，这会在对方与你之间筑起一道防线，形成障碍，影响别人对你的认同。

因此，会说话的人，在语言传播中，总会避开“我”字，而用“我们”开头。

十月革命刚刚胜利的时候，许多农民怀着对沙皇的刻骨仇恨，坚决要求烧掉沙皇住过的宫殿。

别人做了许多工作，农民都置之不理，非烧不可。最后，列宁亲自出面做说服工作。列宁对农民说：“烧房子可以。在烧房子之前，我们大家一起来思考几个问题可以不可以？”“当然可以。”列宁问道：“沙皇住的房子是谁造的？”农民说：“是我们造的。”列宁又问：“我们自己造的房子，不让沙皇住，让我们自己的代表住好不好？”农民齐声回答：“好！”列宁再问：“那么这房子我们还要不要烧呢？”农民觉得列宁讲得好，同意不烧房子了。

有人曾经做过调查，看看人们每天最常用的是哪一个字，就是“我”字。为什么人们对“我”字特别关心呢？就是因为大多数人都喜欢被人称赞，也喜爱称赞自己。因此，你若想得到你所希望得到的，就要避免与对方争高低，而要维护他人的自尊心。为了使对方的面子不受伤害，我们千万不要常把“我”字挂在嘴上。

“如果我是你”

想让别人相信你是对的，并按照你的意见行事，那需要人们喜欢你，否则你就无法获得成功，可如果你不能设身处地站在别人的角度，找到别人的兴奋点、热点，又怎么可能成功呢?

千万别认为话中的“如果我是你”只是短短的单纯的一句话而已，殊不知它能发挥的效力是不可限量的。而这也就是由于人人都有认为“自己是最可爱”的心理所致。

如果你在说服别人的过程中，无意中使用了一些不太得当的言词，但由于你巧妙地运用了这句“如果我是你”，从而弥补了你言词上的过失，不仅如此，它还能促使对方作自我反省，使对方终于感觉到唯有你的忠言，才是对他自己最有利的。

卡耐基曾用某家旅馆的大礼堂讲课。有一天，他突然接到通知，租金要提高三倍。卡耐基前去与经理交涉。他说：“我接到通知，有点震惊，不过这不怪你。如果我是你，我也会这么做。因为你是旅馆的经理，你的职责是使旅馆尽可能盈利。”紧接着，卡耐基为他算了一笔账，将礼堂用于办舞会、晚会，当然会获大利。“但你撵走了我，也等于撵走了成千上万有文化的中层管理人员，而他们光顾贵旅馆，是你花5 000元也买不到的活广告。那么，哪个更有利呢？”经理被他说服了。

卡耐基之所以成功地说服了经理，在于当他说“如果我是你，我也会这么做”时，他已经完全站到了经理的角度。接着，他站在经理的角度上算了一笔账，抓住了经理的兴奋点——盈利，使经理心甘情愿地把天平砝码加到卡耐基这边。

汽车大王福特说过一句话：假如有什么成功秘诀的话，就是设身处地替别人着想，了解别人的态度和观点。因为这样不但能得到你与对方的沟通和理解，而且可以更为清楚地了解了对方的思想轨迹及其中的“要害点”，从而做到有的放矢，击中“要害”。

人人平等，不要有优越感

在与人交谈的过程中，一定要秉承着人人平等的原则，千万不要有任何优越感，时时刻刻不忘将“我”放在首位只会遭人反感。

法国哲学家罗西法古说：“如果你要得到仇人，就表现得比你的朋友优越吧；如果你要得到朋友，就要让你的朋友表现得比你优越。”这句话真是没错。因为当我们的朋友表现得比我们优越时，他们就有了一种重要人物的感觉，但是当我们表现得比他还优越，他们就会产生一种自卑感，造成羡慕和嫉妒。有时候，优越感还会使自己处于尴尬的境地。

子贡去承地时，看见路边有一个穿着破衣烂衫、名叫丹绰的人。子贡上前，用轻率的口气，漫不经心地问道:“喂，这里到承地还有多远？”

丹绰默不作答。

子贡不高兴地说:“人家问你，你却不回答，是否失礼？”

丹绰掀开身上裹着的破布说:“看见别人却心存轻视之意，是否有失厚道？看见熟人却装作不认识，是否有欠聪明？无故轻视侮辱别人，是否有伤道义？”

子贡一听此人出言不凡，顿时心生敬意，马上下车，恭恭敬敬地说：“我确实失礼了！您刚才指出了我三大过失，您还可以再告诉我一些吗？”

丹绰说：“这些对你已经足够了，我不必再告诉你。”

此后，子贡对人再也不敢起轻视之心，在路上遇到两个人就在车上行礼，遇到五个人就下车行礼。

没有人愿意承认自己不如对方高明，这是每个人最起码的虚荣心。

人人都有虚荣心。有的人为了一点虚名，什么事都干得出来；有的人为了一点小面子，不惜捋起袖子拼老命。反过来，如果你满足了别人的虚荣心，让他觉得有面子，就是对他最好的赞美，他一定会对你心存好感，并回报于你。

所以，19世纪的英国政治家斐尔爵士告诫那些向他求教的人说："如果可能的话，要比别人聪明，却不要告诉人家你比他聪明。"

苏格拉底则告诉他的门徒："我只知道一件事，就是我一无所知。"如果连圣贤都不敢对人起轻视之心，我们怎么敢轻视别人呢？

人如果树立人人平等的观念，在他的言语中自然不会有任何优越感，自然不会伤害别人或者得罪别人。我们发现，强者往往是温柔的，这种温柔在很多时候都表现为一种人人平等，正是这种平等，正是这种毫无优越感，才让强者更加光辉，更加强大。

不可不知的说话技巧

俗话说："看菜吃饭，量体裁衣。"这是指办事时要看具体情况，灵活机动，不能拘泥于现成的条文，生搬硬套。说话也是这样，也要看具体情况，灵活机动，因人而异。

《鬼谷子·权篇》将"看人说话"的技巧演绎得淋漓尽致："与智者谈话，要以渊博为原则；与拙者谈话，要以强辩为原则；与善辩的人谈话，要以简要为原则；与高贵的人谈话，要以鼓吹气势为原则；与富人谈话，要以高雅潇洒为原则；与穷人谈话，要以利害为原则；与卑贱者谈话，要以谦恭为原则；与勇敢者谈话，要以果敢为原则；与上进者谈话，要以锐意进取为原则。"这些都是我们与人谈话的原则。

第十三章 不要逞口舌之快

——18岁后说话要避免与人争论

不做没有意义的争论

罗斯福总统对他的反对者总是会和颜悦色地说："亲爱的朋友，妙哉妙哉，你到这里来和我争执这个问题，真是一个妙人！但在这一点上，我们两个的见解自然不同，让我们来讲些别的话题吧！"然后他会施出一种诱惑的手段来，使对方放弃自己的意见，而去接受他的观点。

这确是一个好方法，无论那些成功的人采用什么方式去驾驭别人，我们可以注意到的是，他们的第一步是"避免争论"，他们的策略是以"迎合别人的意志"及"免除反对意见"来感动人的。

当你碰到了任何一种反对意见，你应当先自己打算："关于这一点，我能不能在无关大局的范围中让步呢？"为使人家顺从你的意见，可尽量表示"小的让步"，有时，为了避免这种反对，甚至还可以将你的主见暂时收回一下。如果你碰到了对于你的主要意见十分反对的人，那么最聪明的方法还是把这问题拖延下去，不必立求解决，一方面使对方得到重新考虑的机会，另一方面使你自己也有重新决策的机会。

如果冲突无法避免，必然会迎头碰到的时候，就应设法让反对的人说他们要说的话，同时，你即使不能赞成他们的意见，也得向他们表示你能够完全了解他们的态度与观点。

从争论中所获得的胜利，没有什么益处，而且又破坏了双方的情谊。争论不仅使个人的精神、时间、身体都蒙受了莫大的损失，而最大的最可怕的影响，是会因争辩而发生不合作的现象。社会减少了合作能力，进步自然也有了限制。就是许多国际间的纠纷，以致战争的爆发，不少也是由琐屑事情的争辩所造成的。

喜欢争论的人，表明他自尊自大。避免跟人争论最聪明的方法，就是同意对方的主张，不必管他的意见是如何可笑，如何愚笨，如何浅薄，你都礼貌对待他，无条件地赞成他的意见，佩服他的见识和聪明。然后你立刻避开他，在不必要的时候，你不要跟他交往。你要获得胜利，唯一的方法是避免争论。你抱着不抵抗主义，让那个向你进攻的人，自动停止他的策略，使你的精神保持着，不耗费于无益的争论中。不但避免普通的争论是可能的，就是避免有目的进攻的争论挑战，也同样有可能。你的心目中只需记住：用爱心解仇，仇可立即解除；以恨止怨，怨必更深。

牛会生蛋吗？你不妨这样回答：哦，有这样的事吗？只是我的见识太浅，并不曾有过这种经验。如你发觉他的来意是挑衅，那么，你应该和婉地回答：是的，牛会生蛋，我不怀疑，我不怀疑，不过我却不曾见过生蛋的牛。真理不是从争论中获得的，你听了一件认为不是真理的理论，你尽可让命运去支配他的错误，他的幼稚，让自然去揭发他。

以争论阐明真理，那是错误的，而且这错误属于你。美国林肯总统曾劝诫他的下属说：“你们的工作，难道不够繁忙吗？为什么还有多余的时间，去跟人们争论呢？况且相互争论，总是得不偿失。”

卡耐基说：“你绝对赢不了任何争论。你之所以赢不了，是因为你若输了，你固然是输了，而你若赢了，你还是输了。为什么？假设你胜了对方，把他的议论驳得千疮百孔，并证明他神志不清。然后怎样呢？你觉得好过瘾，可是他又怎么样呢？你已叫他觉得不如你了，你还伤了他的自尊，他会痛恨你的胜利。”

怎样才能避免那些非原则性的争论呢？记住这句话：“当两个伙伴意见总相同的时候，其中之一就不需要了。”如果你没有想到的地方，由别人提出来了，你就应衷心感谢。不同的意见是你避免重大错误的最好机会。

一切争辩都能避免

假如你和一个朋友争辩了一个下午，你说写一首现代诗应该要押韵，读出来才有音乐的节奏，而你的朋友则反对这个理论。他说和谐的节拍就是诗中的韵律，刻板地押韵，则会损害诗的本质。你们争辩了半天，除了彼此的闷闷不快，还有什么更好的结果呢？争辩是浪费时间。你们各自去写自己喜欢写的诗好了，诗并无一定的形式，各人有各人的见解。

没有几件事情是值得我们拿友谊的代价去争辩取胜的。如果你偏偏要这样做，等于你的精力和时间都不值一钱，更不要说感情损害方面了。

除了彼此都能虚心，不存半点成见，在某一个问题上真诚地讨论之外，一切的争辩都应该避免，即使这是一个学理的争辩。你可以为学术问题而争辩，足以表示你治学的精神。譬如哲学，有些理论争了2000余年，至今还没有定论，心理学的争辩也至少有几百年，现在仍然不分高下，甚至自然科学，如“生物发生说”的论争，至今无人敢肯定说哪一派正确。你有什么比这些更大的题目，更高深的学问根底，和更长的时间作口头上的争辩呢？你可以著书立说发挥你的主张，但不必在谈话中争辩。

才智是可敬佩的，但不是“好胜”。修养高深的人，绝不肯与人计较一事之短长。

你好和人争辩，是否以为你用议论压倒了对方，就会给你很大的利益呢？你定会明白：你必不能压倒对方。同时，即使对方表面屈服了，心里也必悻悻然。你一点好处都得不到，而害处却多了。好争辩，第一，使你损害了别人的自尊心，因而对你产生反感；第二，使你容易犯专去挑剔别人错漏的恶习；第三，使你积久变成骄傲；第四，你将因此失去一切朋友。

你也试着从体育精神做起吧，输了，不必引为可耻，然后，竭力去学习重视别人的意见。好胜是大多数人的弱点，没有人肯自认失败的，所以一切的争辩都是不必的，谈话的艺术就是提醒你怎样脱离愚蠢的旋涡，更清醒地应付一切。

如果你能常常尊重别人的意见，你的意见也必被人尊重，如此，你所主张的，就会得到别人的拥护，不必把精力花在无益的争辩上。

你可以实现你的主张，你可以左右别人的计划，但不是用争辩的方法来获取。

如果你想借某一问题增加你的学识，你就应该虚心求教，切不可借助“争辩”。

忌逞一时口舌之快

有的青少年虽然态度谦恭，却由于与人沟通时，好逞一时的口舌之快，常常在不经意间以言语冒犯人。在一定程度上，言语冒犯带来的恶劣后果要大于“盛气凌人”。言语冒犯有轻有重。轻者，惹人不高兴；重者，则可能伤及人的面子、自尊，让人产生报复的心理。

因言语冒犯引发的不愉快是常有的。有的青少年说话随意，不考虑对方的反应，不考虑说出的话会导致什么后果，常常会给自己惹麻烦。而言语谨慎，不冒犯对方的人，哪怕面对的是一个十足的无赖，也能够化险为夷。

所以，和人交谈，忌逞一时的口舌之快，更不可恶语冒犯，使人不快甚至痛苦。

梁先生是个口无遮拦、直来直去的人。有一次他在保龄球馆和同事打球，对方是初学，技术自然不行。出于好心，他便教起对方来。打球过程中，他一会儿说人家“真臭”，一会儿说：“你这人看起来挺精明的，怎么学打球这么笨。脑子是不是进水了。”气得同事不客气地说：“你说话可不可以委婉点？”“什么委婉，你笨就笨嘛，还不让人说了。真是的。”同事气得无语，转身走了，两个人弄得十分不愉快。

言语可以是蜜，客客气气地让人听了心里舒服；言语又能变成一把刀，锋利地刺得人心里流血。前者，会使人对你心生好感，后者则会让人对你痛恨不已，甚至心生报复。

直言直语是一把双面利刃，而不是一把可以披荆斩棘的开山斧。在你语言的刀子上加一把刀鞘，让你的语言委婉一些，不要冒犯别人，否则，这把刀子砍伤了别人后，也会砍伤自己。

“直言直语”是人性中一种非常可爱的值得大家珍惜的特质，因为唯有直言直语，才能让是非得以分明，让正义邪恶得以分明，让美和丑得以分明。只是在与人交往中，不加刀鞘的“直言直语”却会给这种性格的人带来致命伤。

喜欢“直言直语”的人说话时常只看到现象或问题，也常只考虑到自己的“不吐不快”，而很少考虑旁人的立场、观念以及心理感受。这样就会使别人时时陷入窘境，甚至产生忌恨心理，于是，人际关系就会出现阻碍。别人不能离你远远的，那就想办法把你赶得远远的，眼不见为净，耳不听为静。

喜欢直言直语的人一般都具有“正义倾向”的性格，言语的爆发力、杀伤力很强。并且有时候这种人也会变成被别人利用的对象，鼓动你去揭发某事，或攻击某人。不管成效如何，这种人都是最终的受害者。

不在小事上争执

“这部电影糟透了，花了两个钟头，却一点意义也没有。”

“看电影何必要看什么意义呢？而且，这一部片子实在也不能算是很坏。”

“不过我认为它的布景是很伟大的，一定费了许多工夫。”

“那又不然，我们弄惯了，这一点布景是很容易做到的。”

“还有演员也算相当卖力，只可惜为剧本所限，不能充分发挥他们的才干。”

“这几个演员已经算是做得不错的了，如果在别的剧本里，一定要失败。”

上面几句对话你看来也许觉得好笑，不过这情形多着呢！有些人差不多成了习惯，专和别人作对，无论别人说什么，他总要照例反驳。他自己本来一点成见没有。不过你说“是”时，他一定要说“否”，到你说“否”时，他又说“是”。这是最可怕的习惯，这样的人很多，而且每每不自知。

为什么会这样呢？因为他不喜欢听取别人的意见，心目中只有自己，而且他自以为比别人高明，事事都要占上风。

即使你真的见识比别人高明，这种态度也是要不得的。你简直不给对方留一点余地，好像要把他逼到无路可走，才觉得满意——我知道你并没有想到这一层，但实际上你正是这样做的。这种习惯使你自己与朋友或同事疏远，没有人肯为你提供一点意见，更不敢向你进一点忠告。你本来是很好的一个人，但不幸你有一点爱和人抬杠的脾气。

有这毛病的，大概都是聪明人居多数（否则就是自作聪明的人），他也许太热心，想从自己的思想中提出更高超的见解，他以为这样可使人敬服，但事实上完全错了。一些平凡的事情，是不必去费心做更高深的研究的——至少我们日常谈话的目的，是消遣多于研究，既然不是在庄重地讨论问题，又何必在琐屑的事情上抬杠？所以，第二点你要注意，就是在轻松的谈话中不可太认真。

别人和你谈话时，他根本没有准备请你说教，大家说说笑笑罢了，你若要硬作聪明，拿出更高超的见解（即使真是可佩服的见解），对方不会乐意接受，所以，你不可随时摆出像要教导别人的神气。

下一次你的朋友给你提一个意见时，你若不能即刻赞同，你最低限度要表示可以考虑，但不可马上反驳。要是你的朋友和你聊天，你更要注意，意见的纷争会把一切有趣的事情变得乏味了。

化干戈为玉帛

美国第7任总统安德鲁·杰克逊（1767–1845年）曾经和一个叫本顿的人决斗过。本顿一枪击中了杰克逊的左臂，子弹一直留在里面近20年。到1832年医生取出子弹的时候，本顿已经成了杰克逊的热情的支持者。杰克逊建议将子弹归还本顿，但本顿谢绝接受，说20年的保管期（按照美国法律的规定，遗失物或被抛弃物的追索时间为20年）已使产权发生了转移，子弹的所有权当属杰克逊了。而杰克逊说自从上次决斗到现在还只有19年，产权关系没有发生变化。本顿回答说："鉴于你对子弹的特别照管，并且一直随身携带，因此，我可以放弃这一年。"

人和人之间的交往难免会有些旧怨出现，这些旧怨可能会造成不愉快的人际关系，该怎么去解决这个问题，上面的例子提供了一个很好的办法。

宽恕就是给别人机会，也给自己机会。"化干戈为玉帛"是化解矛盾的有效手段，非常重要。生活在社会中，必然有矛盾和烦恼，如夫妻、邻里、同事间不和谐，均会使人出现负面情绪，甚至产生仇恨。在被别人曲解和伤害时，本能的反应就是报复。然而，报复虽然发泄怒气，减少心中的负荷而痛快一时，但会激化矛盾。因此，在生活和学习中要避免进入困境，最明智的选择就是宽容，做到宽容大度，摒弃前嫌，化干戈为玉帛，从而减少对心理的刺激，必然有益于身心健康。

要勇于面对问题，解决问题，不能逃避，老死不相往来。将有办法解决的问题及无法解决的问题分别列出。有办法解决的问题全力以赴去解决，无法解决的问题先寻求支持，精诚所至，金石为开，凡事尽力而为必能得到对方的谅解与支持。

对攻击、侮辱进行调侃

无论是在学习还是在生活中，人难免会遭到对手的攻击与辱骂。当因受到攻击而浮躁不安时，必须要学会站稳脚跟，不要失去应有的冷静与镇定。要以更高昂的热情和更认真的态度投入学习和生活中去，不妨先将敌方的攻击调侃一番，以正确的态度坦然视之，然后再充分发挥自己的鼓动才能，鼓舞自己把全部精力投入学习、生活中去，以实实在在的成绩洗雪耻辱。

冯玉祥当旅长时，部队驻守四川顺庆，与第四混成旅发生了一些矛盾。第四混成旅这支部队将骄兵惰，长官上街穿绸挂缎，像当地的富家公子，这同治军甚严的冯部当然格格不入了。

有一天，冯玉祥接到这样的报告：“我们的士兵在街上买东西，第四混成旅的兵见到了就讥骂我们，说我们穿得不好，骂我们是孙子兵。”冯玉祥看看官兵，看看自己，穿的都是灰布袄、黄布袄。为了避免因这些无聊的事引起乱子，便立即召集全体官兵讲话。

“刚才你们来报告，说第四混成旅的兵骂我们是孙子兵，听说大家都很生气，可是我倒觉得他们骂得很好。按历史的关系说，他们的旅长做过二十镇协统，我是二十镇出来的，你们又是我的学生，算起来不是矮两辈吗？他们说你们是孙子兵，不是说对了吗？再拿衣服来说，绸子的儿子是缎子，缎子的儿子是布。现在他们穿绸子，而我们穿布，因此他们说我们是孙子兵也是应该的嘛！不过，话虽这么说，若是有朝一日开上战场，那时就能看出谁是爷爷，谁才是真正的孙子来了。”

这一席话把官兵们逗得大笑起来，再不生气了，以后也没有发生过不必要的麻烦。

面对第四混成旅的讥骂和将士们激愤浮躁的情绪，冯玉祥表现出了一位领导所应有的冷静心态，不但不随着战士们一起暴跳如雷，反而故意调侃，称第四混成旅“骂得好”，并找出了煞有介事的理由，使将士们在笑声中稳定了情绪。然后，冯玉祥再把大家的目光引导到真正决定孰高孰低的战场上，鼓舞大家以战果来堵对方的嘴巴，结果使军队的士气高涨起来。

而有时，面对别人的莽撞，不妨反其道而行之，创设轻松的话题去提醒对方。

有的人天性鲁莽，常作出威胁他人安全的危险动作。如果我们只知道板起面孔呵斥、责骂，往往会引起对方情绪激动，激化矛盾。这时候，我们如果反其道而行之，压下火气，巧妙创设一个轻松又幽默的话题，反而有助于达到提个醒儿的目的。

作家萧伯纳一次在街上行走时，不料被一个匆匆而来的骑自行车的冒失鬼撞倒。萧伯纳被搀扶起来后，没有呵斥也没恼怒，而是微笑着说：“小伙子，你的运气可不好。如果把我真撞死了，那你也可以名扬四海了！”

萧伯纳假设一个严肃话题，却又以轻松幽默的方式说出来，让人在不寒而栗中又情绪放松，怎不令那年轻人满面羞愧，感激这位大人物的好心提醒呢？

一个老太太去风景区游玩，搭上一个鲁莽司机的小车。在崎岖的盘山路上，那出租车司机却一手握方向盘一手伸出车窗，一副浪漫洒脱之状。老太太害怕发生车祸，因此开口了：“小伙子，这地方是不是经常下雨啊？”司机答道：“可不是嘛，孩儿脸，说变就变啊！”老太太顺口说道：“那行，请你把手拿进来，不然可就危险了。如果天下雨，我会告诉你的。”

这个老太太由司机的手势联想到山区的环境，于是巧妙地创设了一个“下雨”的话题，借以给司机提了个醒。由于为司机不良习惯找了个“借口”，就使警告变得温和委婉，从而使司机意识到对方的用心。以“扬名”去说撞车，以“下雨”去说危险，显然都是一反当时的情况而设置的轻松话题，从而顺利地达到了提醒的目的。

不可不知的说话技巧

年轻人与人交往，难免说错话，做错事，也就难免得罪人，有时甚至会给对方带来精神上的巨大痛苦和经济上的巨大损失。对此，若是能及时认识到自己的错误，诚恳地向人家道歉，并主动承担责任，一般情况下，总是能得到别人的原谅的。

第十四章
道歉是门学问
——18岁后要懂点道歉的技巧

可怕的是不承认错误

私塾里有一个老师瞌睡特多，经常在课堂上让学生们看书或练字，而他自己则趴在讲台上鼾声大作。

有学生不服气，便去问老师："先生，为什么你要在课堂上睡觉？"

老师便对他的学生们说："我是为了在梦里去见古代的圣贤们才要睡会儿。这就像孔子梦周公一样，孔子醒来把圣人讲的话告诉弟子，我也得常去向圣贤们请教请教。"

有一天，学生们见老师又在课堂上睡着了，也合上书趴在桌子上睡。老师醒来后看见学生在睡觉，很是生气，狠狠地训斥了他们一顿。学生们理直气壮地说是学老师去见古圣先贤，向他们请教问题。

老师于是问道："那他们都对你们说了些什么？"

"我们在梦里遇见古圣先贤，就问他们，我们的先生是不是每天都来？但圣贤们却说从来没有见过您！"

老师不禁哑然。

不要为自己的过错编造任何借口，也不要把责任强加于别人的头上。既然自己都无法做到，又如何让他人心悦诚服？

一个人犯了错误并不可怕，怕的是不承认错误，不改正错误。

松下幸之助说："偶尔犯了错误无可厚非，但从处理错误的态度上，我们可以看清楚一个人。"老板欣赏的是那些能够正确认识自己的错误，并及时改正错误以补救的职员。那些一犯错误就辩解开脱的员工，只会引起老板的反感。

有一个毕业于名牌大学的工程师，有学识，有经验，但犯错误后总是自我辩解。他应聘到一家工厂时，厂长对他很信赖，事事让他放手去干。结果，却发生了多次失败，每次失败都是他的错，可他都有一条或数条理由为自己辩解，说得头头是道。因为厂长不懂技术，常被他驳得无言以对，理屈词穷。厂长看到他不肯承认自己的错误，反而推脱责任，心里很恼火，只好让他卷铺盖走人。

能坦诚地面对自己的错误，再拿出足够的勇气去承认它、面对它，不仅能弥补错误所带来的不良结果，在今后的工作中更加谨慎行事，而且别人也会很痛快地原谅你的错误。

在犯了错误之后，绝对不要采取下面的行动。

1.撒谎否认

说谎的人总说"我没做那件事"，或者"不，不，那不是我干的"，或者"我不知道这是怎么一回事"，还有"我发誓"等之类的话。还有一类人犯了错误后，习惯于说："噢，这没什么大不了的，情况会好起来的。"或者："出错了吗？哪里出错了？"或："不要着急，事情会如你所愿的。"

2.指责别人

这种人犯错后会说：“这是你的错，不是我的错。”他们也会说：“我的雇员对我不忠实。”“他们说得不清楚。”“这是老板的错。”等等。还有些人会说：“如果再给我点时间的话，我会做好的。”或者：“人人都这样，我为何不可。”

3.半途而废

这种人经常说：“我早就告诉过你那样做不管用！”“这件事太难了，不值得我投入这么多的精力，还是换个简单一点的吧。”“瞧，我都做了些什么啊？我不想自找麻烦了。”

当我们犯了错时，如果我们对自己诚实，就要迅速而诚恳地承认。这样不但能产生惊人的效果，而且比为自己争辩好得多。如果你总是害怕向别人承认错误，那么，你不妨试试下面的办法：

（1）如果你在工作上出错，应该立即向领导汇报，这样虽有可能被大骂一顿，可是在上司的心目中你将是一个诚实的人，将来会更加信任你，你所得到的将比你失去的多。

（2）如果你的错必须向别人承认，与其找借口逃避，不如勇于认错，在别人还没有来得及把你的错误到处宣扬之前，尽早对自己的行为负起责任。

（3）如果你的错误影响到其他人的工作成绩，无论他是否发现，都要主动向他道歉、承认错误，不要自我辩护、推卸责任，否则只会令对方更加恼火。

坦诚地检讨自己

一位教授在社会科学的课堂上向学生们介绍阿米西人的生活形态与风俗

习惯，并播放一部影片。那是教授特地到宾州许多阿米西人聚居的城市兰开斯特所拍摄的，内容是兰开斯特的风光以及阿米西人的风俗民情。看完了精彩的影片，同学们纷纷向教授提出不少与阿米西人有关的问题。

突然，有一位女同学站起来对教授说："我觉得你不该拍这部影片，我认为你这么做，侵犯了阿米西人的人身自由。他们跟我们一样是人，难道只因为他们保持传统的生活习惯，就得被当成动物观赏？这样太不公平，我觉得你做错了。"

为了教学而精心制作这部影片的教授，仿佛突然被泼了一大桶冷水，当众被学生指责实在尴尬。他说："我不认为我有什么不对，我是为了教学，才到那里拍摄影片，何况那儿原来就是观光胜地，并没有不能拍影片的限制，很多人也这么做啊。"

女学生不赞同这种说法，继续与教授争辩，气氛愈来愈僵，两人各执其词，互不相让。最后，女学生气冲冲地说："我不听你的课了，我要走了。"

教授也说："你走吧，我不会在乎。"

那时已近期末，眼见就要拿到学分，如果那名女同学退了这一堂课，不但得不到学分，成绩单上也会留下记录。

通常只有读不下去的学生才会退修课程。接下来的一堂课没见到她，同学们都为她感到惋惜。

但是，再接下来的那堂课，她又出现了。教授走进教室时，她主动走上前向他道歉，她说："教授，我真心地向你说声对不起。这几天我一直在检讨自己，虽然我有我的想法和信仰，但是我忽略了你对教学所付出的心力，忽略了你是尽心尽力地对教学负责任。我有不对的地方，请你原谅我。"

教授也说："真高兴你回来了，我知道我也有错，我只顾着做自己认为该做的事，却疏忽了对别人应有的尊重与关怀。我也要感谢你，教了我宝贵的一课。"他俩握手言和，相视而笑。

自己批评自己

当一个人认为自己可能会被人指责时，不妨以先发制人的方式先数落自己一番。因为人心是很奇特的，当对方发觉你已承认错误时，便不好再多加指责。如当你有求于对方时，一开始你就说："我这可能是无理的要求。""我说这些话可能有点啰唆。"或："我说的话可能过分点。"

此时，即使你说的话确实令对方感到厌烦，对方也不会因此当面指责你。如果反复使用，反而更能加强效果，使对方能听完你的要求并可能答应它。

卡耐基从家步行一分钟，就可以到达森林公园。他常常带着一只叫雷斯的小猎狗到公园散步。因为在公园里很少碰到人，又因为这条狗友善而不伤人，所以卡耐基常常不替雷斯系狗链或戴口罩。

有一天，他在公园遇见一位骑马的警察，警察严厉地说："你为什么让你的狗跑来跑去而不给它系上链子或戴上口罩？你难道不晓得这是违法吗？"

"是的，我晓得，"卡耐基低声地说，"不过，我认为它不至于在这儿咬人。"

"你不认为！你不认为！法律是不管你怎么认为的。它可能在这里咬死松鼠，或咬伤小孩，这次我不追究，假如下次再被我碰上，你就必须跟法官解释了。"

卡耐基的确照办了。可是，他的雷斯不喜欢戴口罩，他也不喜欢它那样。一天下午，他和雷斯正在一座小坡上赛跑，突然，他看见那位执法大人正骑在一匹棕色的马上。

卡耐基想，这下栽了！他决定不等警察开口就先发制人。他说："先生，这下你当场逮到我了。我有罪。你上星期警告过我，若是再带小狗出来而不替它戴口罩，你就要罚我。”

“好说，好说，”警察回答的声调很柔和，“我晓得没有人的时候，谁都忍不住要带这样一条小狗出来溜达。”

“的确忍不住，”卡耐基说道，“但这是违法的。”

“哦，你大概把事情看得太严重了，”警察说，“我们这样吧，你只要让它跑过小山，到我看不到的地方，事情就算了。”

那位警察也是一个人，他要的是一种重要人物的感觉，因此，当卡耐基责怪自己的时候，唯一能增强他自尊心的方法，就是以宽容的态度表现慈悲。

如果我们免不了会受到责备，何不自己先认错呢？听自己谴责自己不比挨别人批评好受得多吗？你要是知道某人准备责备你，你自己先把对方责备你的话说出来，对方十之八九会以宽大、谅解的态度对待你，就像那位警察对待卡耐基和他的爱犬一样。

主动认错能提升你的形象

人人都会犯错误，尤其是当你工作压力过重，精神不佳，压力太沉重时，不小心犯错是非常普遍的事情。如果我们能在犯错之后正确地面对，便不算什么大事情，甚至还会提升你的形象，对你日后的交往起到很大的帮助作用。

多年前，刘先生当电视台记者的时候，有一次要去美国采访一个电影节。当时去外国的手续很难办，不但要各种证件，而且得请公司的人事和安全单位出函，于是他托电影公司的一位朋友代办。

刘先生好不容易备妥了各项文件，送去给那位朋友。可是才回公司，就接到电话，说少了一份东西。

“我刚刚才放在一个信封里交给您的啊！”刘先生说。

“没有！我没看到！”对方斩钉截铁地回答。

刘先生立刻赶到那位朋友的办公室，当面告诉那人他确实已细细点过。

那人举起刘先生的信封，抖了抖，说：“没有！”

“我以人格担保，我装了！”刘先生大声说。

“我也以人格担保，我没收到！”那个人也大声吼回来。

“你找找看，一定掉在了什么地方！”刘先生吼得更大声。

“我早找了，我没那么糊涂，你一定没给我。”那个人也吼得更响。

眼看采访在即，刘先生气呼呼地赶回公司，又去重新“求爷爷、告奶奶”地办那份文件。就在办的时候，突然接到那个朋友的电话。

“对不起！是我不对，不小心夹在别人的文件里了，我真不是人……”那位朋友说。

刘先生怔住了，忘记是怎么挂上那个电话的。

刘先生说虽然那件事是他朋友的错，可是他却十分敬佩他的朋友敢于承认错误的勇气。

勇于承认自己的错误是一种大智慧和大勇敢。俗话说：“智者千虑，必有一失。”一个人再聪明，再能干，也总有失败犯错误的时候，人犯了错误往往有两种态度：一种是拒不认错，找借口辩解推脱；另一种是坦诚承认错误，勇于改正，并找到解决的途径。

每个人都有犯错误的可能，关键在于你认错的态度。只要你坦率承担责任，并尽力去想办法补救，你仍然可以立于不败之地。

有些人认为认错有失自尊，面子上过不去，便害怕承担责任。与这些想象恰恰相反，勇于承认错误，你给人的印象不但不会受到损失，反而会使人尊敬你，信任你，你在别人心目中的形象反而会高大起来。

道歉的三大作用

俗话说："良言一句三冬暖，恶语伤人六月寒。"即使互不相识的人，一句亲切、友好的话也会给人带来温暖。

医生看病，让病人等得久了，说一声"很抱歉，让您久等了。"

在街上，互不相识的骑车人不小心相撞，主动地说一声"对不起"，可以减少许多麻烦和纠纷。如果互相埋怨，其后果就很难预料。

同事间，偶有矛盾，一声"请原谅"、"对不起"或"很抱歉"，往往会使矛盾冰消雪融。

道歉有如下作用。

1.可以化解矛盾

一位做律师的朋友，常常为给那些闹离婚的夫妇们调解而大伤脑筋。他说："谁能给我一张能挽救那些摇摇欲坠的婚姻关系的妙方？"

另一位朋友在一旁不无幽默地答道："这个方子只有一句话，你只消说服夫妻俩互道一次'对不起'，试试看，你会明白它的效力。"

于是，这位律师真的这样试了试。也的确有效，这句话的力量似乎能把山搬走。只要是进行调解工作，这位律师朋友就经常使用它。

当一对争吵的夫妻来到事务所，他就会私下对每一方都这样说："我知道你受了很多委屈，但是，请告诉我，你对自己的哪一举动最感抱歉呢？"无论多么勉强，他们总是会承认一些欠缺和不当之处。然后，律师朋友把他们双方召集在一起，让他们把曾经对律师说过的话重复一次。即使双方有多么大的怨恨和气恼，一个道歉的表示，常常会为解决难题打开缺口。

不论是夫妻争吵，还是与朋友、同事间的龃龉，总会在两个人的心中留下不愉快。而且相互之间要好多年的人，一旦反目又总是留恋那友好的时光。想和好，彼此又不好开口，而正是因为“不好开口”，才使隔阂变得越来越深，心情也无法平静。

有人认为，承认错误是令人难堪的，也不是一件轻而易举的事。但是，如果你能正视现实，克服这种羞于认错的心理，勇敢地去做了，你就会感到无比轻松。因为以后的事实证明你确实改正了，别人不但不会歧视你，而且还会赞扬你。人非圣贤，孰能无过？过而能改，善莫大焉。

2.可以排除内疚

由于争吵而产生的内疚，随着时间的推移，会产生自责和失落感。这种情绪都郁积在心里，也会成为一块心病，而这块心病不会不治自愈，它必然有所发散。发散的形式或是作为一种生理上的功能紊乱表现出来，如中枢神经兴奋抑制失调引起的头痛、头晕、失眠、健忘、恶心、呕吐等；或者是作为一种变态心理表现出来，如多疑、易激动或抑郁愁思，甚至会出现过激的行为，像自伤及伤害他人等。

其解脱的办法就是用表白、倾吐、道歉的形式将其表达出来，因为说完之后，人们就会感到轻松一些。在用语言表示歉意的同时，还可以传递表示和解的信号。

一场争吵之后，一束花可以抚慰被尖酸刻薄的语言刺伤的心；餐桌旁边或枕头下的一个小礼物，也能转达你的歉意——不失体面，而且它的效果是永久性的。手和身体的接触也能恢复破裂的情感交流，绝不要低估这种发自内心的无声语言。

如果你的道歉是发自内心的，请求朋友的谅解之心是真诚的，那么，请务必说出你的真心话，任何敷衍和虚情假意，都会使你的朋友离你越来越远。请记住：有了过错，就应该表示道歉，愈早愈好。

3.可以融洽关系

诚挚地道歉不仅能够修复被损害的关系，而且还可以使和解后的关系变得更为牢固。

在一次政治运动中，一位著名的教授，被莫名其妙地调离了他所热爱的岗位，遣送到一个农场从事他难以胜任的体力劳动。后来他才知道，这都是他的一位同事在运动中的一些不实之词造成的。然而，事已至此，他不得不默默地承受着这种不白之冤带来的内心痛苦。

后来的某一天，这位教授接到了一封来信。原来，他的那位同事也在另一次运动中受到了与教授同样的“待遇”，使他受到了良心上的谴责，很多年来于心不安，于是鼓起勇气写了这封信，希望教授能接受他的歉意，并原谅他。

信虽短，却使教授非常激动，几年来的积怨顷刻间雪融冰消。他立即回了一封信，如实地告诉这位同事自己的真实感受，他们又成了好朋友。

你会道歉吗

在葛底斯堡战败之后，罗伯特·E·李告诉他的残兵败将，没有取得胜利完全是他的责任。丘吉尔对杜鲁门的第一印象十分不好，后来他告诉杜鲁门，自己曾一度严重地低估了他——这是一句用高明的恭维话表示的歉意。

道歉，它能够挽救危机，除窘迫、出困境、愈裂痕、修复受损的关系。它可以巩固友谊，推进新的人际关系的发展，使双方会更加珍惜经过波折而重归于好的感情。道歉，在低头鞠躬的同时，是自己将自己在人生的台阶上又提高了一步。道歉，是利人益己的鞠躬，是真诚的悔悟，而不是妄自菲薄；是人格的完善，而不是卑躬屈膝；是性格的成熟，而不是丧失尊严。

你会道歉吗？

1.勇于承担责任

道歉首先要有承担责任的诚心和勇气。道歉不仅不是一件丢脸的事情，反而更能体现一个人良好的人品与修养。“负荆请罪”的典故中，人们不仅佩服蔺相如的“豁达大度”，更佩服廉颇“有过则改”的勇气和负荆请罪的真诚。有人道歉“犹抱琵琶半遮面”，左一个“因为”，右一个“假设”，强调种种客观因素，或将责任推到他人身上，说“要不是他……我不会……”而很少扪心自问是否无愧。这样的道歉自然苍白无力，无法让人生出谅解之情。道歉要有“廉颇式”的诚意，有了诚意，才会有说“对不起，我错了，请原谅”的勇气。

2.善于把握时机

很难想象几十年后的“对不起”不是一句迟到的忏悔。道歉要善于把握适当的时机，应选在对方心平气和有喜事临门等心情较好的时候。“人逢喜事精神爽”，这时，他更容易接受你的道歉，与你握手言和、重归于好。时间宜早不宜迟。道歉要善于选准适当的地点，最好是亲自上门道歉，或约对方到一个环境幽雅安静的地方，双方都能平心静气，自然也就容易推心置腹、开诚布公地谈一谈心，化干戈为玉帛。

3.巧于借物传情

如果直接道歉不适宜，也不妨在适当时间打个电话或写封言辞诚恳的信，向对方表示歉意。也可以请一位彼此都信任的朋友、同事或领导代为转达歉意。日后，时机适宜时再登门致歉赔礼。

雨不小心伤害了同学文，他感到很内疚。于是，在文生日那天，雨到学校广播站为文点歌一首，并说：“文，对不起，我真的不是故意的，你能原谅上周末惹你生气的朋友吗？今天是你的生日，我祝你生日快乐，前程似锦！”文听到广播后很感动，立刻登门致谢，两人和好如初。

4.贵在持之以恒

也许你的失误给了对方深深的伤害，这时，你要有诚心，更要有耐心。一次不行就两次，两次不行就三次。濒于失去耐心与信心时，你要站在对方的立场上想一想：要是你，你能轻易原谅深深伤害你的人吗？滴水尚能穿石，只要你敞开心扉真诚地对待对方，精诚所至，金石为开，朋友间再不会有解不开的心结。

5.不要找借口

人们在道歉时，往往不理智地倾向于为自己寻找一些造成过失的借口。实际上，这只会冲淡你的诚意，还会失掉对方表示原谅或宽容的机会。不找借口的致歉可为双方留下更为良好的自我感觉。至于道歉者对过失应承担多少责任，其关系实在是微乎其微。因为越是主动地把责任揽于自身，就越会激励别人主动承担自己应当承担的责任。

6.不可敷衍了事

诚恳地道歉才能弥补过失。轻描淡写的道歉，会使对方感到羞辱，认为你瞧不起他或者他无足轻重。有的人仅仅学会说“对不起”，犯了什么错都随口一声。久而久之，人们会疏远你，不再相信和原谅你。

7.不必一再道歉

有人虽属说话高手，但在道歉艺术上却欠功夫。

苏姗在办公室里不小心将蓝墨水洒到乔伊斯的粉红色裙子上。她连忙赔礼，道歉不迭。乔伊斯安慰她说，不要紧。下班后，乔伊斯用药水把墨迹洗掉，并且忘了这件事。可是事隔三天，苏姗见着乔伊斯，再次向她道歉。以后，每次两人碰面，苏姗都要赔不是，弄得乔伊斯很烦。她说：“你不必总记着那件小事。我早把它搁到脑后了。你要是还这样折磨自己，我就没法跟你做朋友了。”

当对方谅解你以后，你心里不要再老是觉得过意不去。

8.做件好事作为赔礼的表示

有的人出于个人尊严，不愿意当面赔礼，但又觉得不向对方道歉过意不去。因此，不妨换一种方式，给对方暗中做件好事，以使他明白你的歉意。比如，你借朋友的一本书，不慎遗失，你不好意思解释，便可买另外一本你朋友喜欢的书送给他，或者帮他办一件他不易办到的事。这种替补式的道歉还能增进人们的情感。

道歉者至诚至恳，接受道歉者也要宽容。对道歉者，应当真挚地说一声："没什么！""我原谅你！""我接受你的歉意！"如果大家能坐到一张桌子上，边吃边谈，那定会平息一切风波，消除一切隔阂。严于责己，宽以待人，才是一种高尚的美德。

9.道歉用语

对不起!

请原谅!

很抱歉!

打扰了!

给您添麻烦了!

对不起，是我的不对!

我错怪你了!

请你转告李先生，就说我对不起他!

请你把这束小花转交给王小姐，我向她道歉。

失误，不应成为原谅自己的借口

复旦大学前校长杨福家院士曾经讲过这样一个故事。

美国波士顿大学曾聘请了一位十分著名的教授为传播系主任。这个教授在一次讲课时，讲了一段十分精彩的话，而这段话是他从其他地方看到的，本来他是要交代这段话的出处的，但教授刚讲完那段话，下课铃就响了，教授便下课了。在西方的许多著名大学，要求学校的每个老师和学生不能以任何形式剽窃别人的成果，即使是老师在上课时所讲的内容，如果引用了别人的话，都必须明确指出，如果不指出，便会被认为是一种不诚实，是一种剽窃行为。所以，当这个教授下课后，有一个学生便向校长反映，说那个教授在上课时用了某个杂志上的话，但却没有交代出处。校长便找到这个教授核对，那个教授承认了自己的失误，并立即提出辞职。由于其他教师的挽留，最后学校决定撤销他的主任职务。第二天，这个教授上课时，第一件事就是向学生道歉。

在许多人看来，这也许是小题大做，何况那个教授并不是存心不想说那段话的出处，实在是因为下课了他没有来得及说；再说，这个教授说的那段话不是自己的，可这也不会对他有什么影响，他为什么要故意不说呢？再退一步说，即使不说出出处，那又有什么关系呢？但是，学生反映了这个很小的问题，校长还是十分重视，即使知道了这个教授不是故意不作交代，校长还是撤了他的主任职务。而这个教授呢？他在校长找他的那一刻，便已经认识到自己的疏忽犯了大错。他在那一瞬间便觉得自己不配在这里为人师了，所以他立即提出了辞职。最后因为同事们的挽留，他虽然留了下来，但仍觉得错在自己，所以在第二天上课时，第一件事情就是向他的学生真诚地道歉。因为他明白，失误，不能成为原谅自己的借口。

在这件事情中，无论是那个学生，还是校长，抑或那个失误的教授，都表现出了一种对虚伪的厌恶，对诚实的追求。那个学生并不因为教授有名气便原谅他的不诚实，哪怕他并不是故意的；校长也并不因为这个教授有名气，便原谅他的失误；教授也不因为失误，便找种种借口原谅自己。其实，学生、校长和教授，所不能容忍的不是这件小事，而是不能容忍哪怕是半点的虚伪，无论这种虚伪来自有意还是无意。因为他们认为，如果容忍了无意的虚伪，便是对真诚的一种亵渎。

做人，无论在怎样的情况下，都应该真诚，不应当虚伪，这是每个人都明白的道理。

我们只有不断地清理自己的心灵，让自己的内心深处多一些真诚，少一些虚伪，才能成为一个真正的大写的人。我们应该向那个指出教授不诚实的学生报以敬意，我们应该对那个校长给予赞扬，当然，我们更应该向那个不因为失误而宽容虚伪的教授致以崇高的敬意。

不可不知的说话技巧

在生活中，无论是文人雅士还是寻常百姓，无论是亲朋好友还是邻里夫妻间，幽默的话语几乎无处不在，它已成为一种健康的文化和艺术，是人际交往的调节剂。

幽默是一个人智慧的外在表现，幽默的言语可以显露一个人的机智、聪敏。

第十五章
如何说“不”别人才会听
——18岁后要懂点拒绝的技巧

在生活中学会拒绝

在生活中，处处需要说“不”。比如，双休日你正在家休息，推销员不期而至，说什么“给您送礼来了”，软磨硬缠推不出门；电话铃忽然响了，是某家电器公司的推销人员，向你介绍一种最新产品，是如何的物美价廉；你本来经济就有点紧张，却有朋友告诉您“XX要结婚了，我们是否祝贺一下”，“XX刚生了个小孩，我们去看看吗”；当你正在办公室聚精会神地工作，来了一位工作刚告一段落的同事对你说：“休息一下，别那么累。”刚送走这位同事，又来一位聊天的同事，如果你对他们都热情地奉陪到底，这半天就泡汤了，什么事都做不成了。对付“聊天客”，你可以说：“真抱歉，今天是我近来最忙的一天，再累都不敢休息。”稍微知趣者，会立即退出办公室。所以说，在生活中善于说“不”，是摆脱一切干扰的艺术。

“不”字是一个情绪强烈的负面词，当我们对上司、对朋友使用它时，一定要面带微笑，语气亲切。即使是对素不相识的营销人员，也要讲究点方式方法。

在生活中，对来自亲戚朋友的请求更要学会一些拒绝的技巧。假如我们担心老朋友埋怨我们不近人情，怕人们说我们不愿帮助人，怕伤害别人的自尊心或怕给人带来不愉快和麻烦，便轻易答应别人一些事情，结果反而使自己陷于无穷的烦恼和纠缠中不能自拔，这样不只浪费了自己的时间，还浪费了自己的精力，伤害了自己与朋友的感情。

1.首先为说“不”字而表示歉意

当你要拒绝朋友的求助时，首先态度要温和，尽管说“不”是自己的权利，仍需先说“非常抱歉”或者说“实在对不起”，然后再详细陈述自己不能“帮忙”的各种理由。这样，朋友在感情上就能接受，从而避免一些负面影响。

让朋友在感情上体会到，你拒绝的是这件“事”，而不是“人”。使朋友感觉这件“事情”虽然被拒绝了，而他和你还是要好的朋友。你可以如此说：“这件事我非常乐意干，只是不巧，我现在手头正做一个急件，下次您再有这样的美差，我一定干。”你还可以这样说：“这几天我实在脱不开身，您是否请老张来帮忙，他在这方面业务比我精通。您若是不便找他，我可以代您向他求助。”

2.委婉地拒绝朋友

不要生硬地拒绝朋友的求助，应该让朋友意识到你是为了他的“利益”而拒绝的。你可以这样说：“我非常同情您，也非常想帮助您，但对这件事我并不在行，一旦干坏了，既耽误了工作，又浪费了财物，影响也不好。您不如找一个更稳妥的人办。”或者说：“您的事限定的时间太短了，我若轻易接下来，在这么短的时间内，肯定干不好。您可以先找别人，实在不行了咱俩再商量。”这位朋友即使转了一圈回来再求你，你已有言在先，这时你就可以提出一些诸如推迟完成日期之类的条件。如果这位朋友认为不行，他自己就会另请高明去了。

如果朋友请求帮助的事的确思考不周，你可以耐心地实事求是地给朋友分析这件事办与不办的利弊。让朋友自己得出“暂时不办此事”的结论。

3.在工作中学会拒绝

工作中每个人都有自己的任务，虽然帮助同事是一种好的品质，但若妨碍了自己的工作则应该学会拒绝。

当然，拒绝他人不是件容易的事，需要一些技巧。例如，拒绝接受不善体谅他人而又十分苛刻的上司的要求，通常都被视为不可能的事。但是，有些老练的时间管理者却深谙回绝方法，经常将来自上司的原已过多的工作，按轻重缓急编排办事优先次序表，当上司提出额外的工作要求时，即展示该优先次序表，让上司决定最新的工作要求在该优先次序表中的恰当位置。这种做法具有三个好处：第一，让上司做主裁决，表示对上司的尊重；第二，行事优先次序表既已排满，任何额外的工作要求都可能令原有的一部分工作无法按原定计划完成，因此除非新的工作要求具有高度重要性，否则上司将不得不撤销它或找他人代理，就算新的工作要求具有高度重要性，上司也不得不撤销或延缓一部分原已指派的工作，以使新的工作要求能被办理；第三，部属若采取这种拒绝方式，可避免上司误会他在推卸责任。因此，这是一种极为有效的拒绝方式。

不要不好意思说“不”

很多人在想要拒绝对方的时候，会产生一种“不好意思”的心理。这种心理阻碍了人们把拒绝的话说出口。由于这种矛盾的心情，态度上就不那么热心，说话吞吞吐吐，欲言又止欲藏又露。在这种心理的制约下，最终往往是依照对方的意图行事。即使拒绝了对方，其态度也容易使对方产生误解，认为你成心摆架子，不够朋友。因此，要想使自己在工作和社会交往中，不致惹出许多麻烦，首先要克服这种“不好意思”的心理障碍。

国外研究拒绝艺术的专家强调，要建立这样一种意识：“你有权利说‘不’，你不必因为对人拒绝了一件事而感到不好意思。”这样，你在拒绝时就会心情坦然、举止大方、态度明朗，避免被误解和猜疑。即使对方开始会对你的拒绝产生一点失望和遗憾，但由于你的态度表情向对方表明你是坦诚的，使对方受到感染，容易弱化对方心中的不快。如果你自己都觉得拒绝不应该，心里发虚，那么你的态度表情就会迟疑不决，对方也会觉得你拒绝的理由是不可信的。

在服装店，你在挑选一件衬衣，样式和做工都令人满意，但在价钱上你却觉得不够理想，但看到售货员的热情服务，使你不好意思不买它。售货员就是利用你的这种心理，越是看到你在犹豫，就服务得越热情越周到，帮你量好尺寸、试大小，甚至动手包装好，放进你的购物袋里，造成既成事实。

初次交女朋友，你也许会感到左右为难，因为她的长相实在让人爱不起来，但是，由于是你的上司介绍的，或者是上司的女儿，使你在拒绝上产生了犹豫，虽然每次会面都使你感到不舒服、不愉快，恨不得马上逃得远远的，但你一想到姑娘的身份、上司的威严，你就不得不仔细斟酌。姑娘却对你一见倾心，脉脉温情，你的上司也觉得好事可成。随着时间的推移，你一再丧失拒绝的机会，勉强走入婚姻，这样的婚姻是不会幸福的。

不知生活中有多少人因为不好意思说出那个“不”字，而买了不称心的衬衫，娶了自己不喜欢的姑娘，答应了自己办不到的事情，耽误了自己不应该耽误的约会。

拒绝，但不使人难堪

在你日常的工作和生活中，很可能也会遇到下列的情形：一个品行不良的熟人来缠住你，非要向你借钱不可，但你知道，如果借给他便是肉包子打狗一去不回头；你的顶头上司在增减人员上向你提出一些建议，但是这些建议又不符合公司现实情况。

诸如此类的事你必定要加以拒绝，可是拒绝之后，就要伤和气，引人恶感，被人误会，甚至积怨。

要避免这种情形发生，唯一方法便是要运用些聪颖的智慧。请看下面的例子：

在德国某电子公司的一次会议上，公司经理拿出一个他设计的商标征求大家意见。

经理说：“这个商标的主题是旭日。这个旭日很像日本的国旗，日本人民见了一定乐于购买我们的产品。”

营业部主任和广告部主任都极力恭维经理的构想，但年轻的销售部主任说：“我不同意这个商标。”经理听了感到很吃惊，全室的人都瞪大眼睛盯住他。

年轻的销售部主任没有同经理争论那个带红圈圈的设计是否雅观，而是说：“我恐怕它太好了。”

经理感到纳闷，脸上却带着笑说：“你的话叫我难理解，解释来听听。”

“这个设计与日本国旗很相似，日本人喜欢，然而，我们另一个重要市场——中国的人民，也会想到这是日本国旗，他们就不会引起好感，就不会买我们的产品，这不同本公司要扩展对华贸易营业计划相抵触吗？这显然是顾此失彼了。”

“天哪！你的话高明极了！”经理叫了起来。

向有权威的人士表示反对或拒绝，你一定要有充分的理由，还要注意技巧。年轻主任用一句“我恐怕它太好了”先抚平了经理的不快，使他不失体面。后来他用更充分的理由，提出反对经理的意见，经理也就不会感到下不了台。

拒绝用语

拒绝是难免的，遭到拒绝又是不愉快的。诚恳的态度，得体的用语可以把这种不快减少到最低限度，并得到对方的谅解和认可。

1.诱导法

甲向乙打听机密，乙神秘地问：“你能保密吗？”甲说：“能。”乙接着说：“你能，我也能。”

2.推托法

前几天经理刚宣布过，不准任何顾客进仓库，我怎能带你去呢？

这个问题涉及好几个人，我个人决定不了。我把你的要求带上去，让人事部讨论一下，过几天答复你，好吗？

这件事我做不了主，我把你的要求向领导反映一下，好吗？

3.委婉法

这个设想不错，只是目前条件不成熟。

这倒是个好办法，但我的上司恐怕接受不了。

主意不错，可惜我那天正好出差在外。

4.隐晦法

小伙子，我真难以想象公司少了你会怎么样，不过我想从下星期一开始试试看。

贵公司地理环境不太好，我看XX公司可能更适合举办这次活动。

5.虚实法

问：“中国能拿几块金牌？”答：“到时候就知道了。”

问：“XX认为贵公司不可能按时交货。”答：“他有充分的言论自由，他想怎么说，就怎么说吧。”

拒绝的七大妙招

怎样才能既拒绝别人又不得罪他，不恶化相互关系呢？这里列举七种既恰到好处，又不失礼节的拒绝妙招。

第一招：幽默诙谐式

著名导演希区柯克在执导一部影片时，有位女明星老是向他提出摄影角度问题，她左一次右一次地告诉希区柯克，一定要从她最好的一侧来拍摄。“很抱歉，我做不到！”希区柯克回答，“我们拍不到你最好的一侧，因为你把它放在椅子上了。”他的话，引得在场的人都笑弯了腰。

招式妙诀：通常，幽默的语言可以调节气氛，并且能让对方在笑过之后得到深刻的启示，如果以幽默的方式来拒绝，气氛会马上松弛下来，彼此都感觉不到有压力。

第二招：热情友好式

一位青年作家想同某大学的一位教授交朋友，以期今后在文艺创作和理论研究方面携手共进。作家热情地说：“今晚6点，我想请你在海天楼餐厅共进晚餐，我们好好聚一聚，你愿意吗？”事情真凑巧，这位教授正在忙于准备下星期学术报告会的讲稿，实在抽不出时间。于是，他亲热地笑了笑，又带着歉意说：“对你的邀请，我感到非常荣幸，可是我正忙于准备讲稿，实在无法脱身，十分抱歉！”他的拒绝是有礼貌而且愉快的，但又是那么干脆。

招式妙诀：如果你想对别人的意见表示不同意，请注意把你对“意见”的态度和对人的态度区分开来，对意见要坚决拒绝，对人则要热情友好。

第三招：相互矛盾式

春秋时，鲁国相国公仪休喜欢吃鱼，因此全国各地很多人送鱼给他，但他都一一婉言谢绝了。他的学生劝他说：“先生，你这么喜欢吃鱼，别人把鱼送上门来，为何不要了呢？”公仪休回答说：“正因为我爱吃鱼，才不能随便收下别人所送的鱼。如果我经常收受别人送的鱼，就会背上徇私受贿之罪，说不定哪一天会免去我相国的职务，到那时，我这个喜欢吃鱼的人就不能常常有鱼吃了。现在我廉洁奉公，不接受别人的贿赂，鲁君就不会随随便便免掉我相国的职务，只要不免掉我的职务，就能常常有鱼吃了。”听了先生这番话，学生若有所悟地点了点头。

招式妙诀：当别人向你提出使你感到为难的要求时，你不妨先承认他的要求可以理解，你同时也希望满足他的要求，但接着说出不容置疑的客观原因，从而拒绝他的要求。

第四招：相反建议式

有这样一则对话：

小李：“小张，王经理让我把这些资料整理好，但我怕做不好，你能帮我完成吗？”

小张：“我很愿意帮你的忙，不凑巧得很，我自己的那份工作还没干完。其实以你的能力和素质是完全可以做好那件事的。你不妨先干着，也许我能帮你干点别的什么。”

小李：“那好吧！谢谢你啊！”

招式妙诀：小张的这一番话说得非常妙，如此既有拒绝，又有相反的建议，建议他先干着，对方还有什么话好说呢？相反，如果小张本能地回答：“你的事我可不在行。”这是很不好的拒绝方法，很容易伤了同事之间的和气。

第五招：岔开话题式

林肯曾经有一次巧妙的拒绝：一个秃头的来访者对林肯纠缠不休，浪费了他不少时间。为了摆脱他的再次打扰和纠缠，林肯想出一个妙方。在那人第二次来访时，他故意打断对方的话，匆忙拿出一瓶生发药水送给对方：“人们都说这种药水可以使脑袋长出头发来。现在你把它拿走吧，过几个月再来看我，告诉我效果如何。”那人有点尴尬，但看林肯诚心诚意的样子，只得拿起药水走了。林肯的这一招确实高明，不仅一下子把对方打发走了，还使对方不好意思在短期内再来打扰他。

招式妙诀：当别人向你提出某种要求时，他们往往通过迂回婉转的方式，绕个大弯子再说出原意，如果你在他谈到一半时就知道了他的意图，并清楚自己不能满足他的愿望时，你不妨把话题岔开，说些别的。让他知道这样做只会使你为难，他也就会知难而退了。

第六招：反弹式

在《帕尔斯警长》这部电视剧中，帕尔斯警长的妻子出于对帕尔斯的前程和人身安全考虑，企图说服帕尔斯中止调查一位大人物虐杀自己妻子的案子。最后她说：“帕尔斯，请听我这个做妻子的一次吧。”他却回答说：“是的，这话很有道理，尤其是我的妻子这样劝我，我更应该慎重考虑。可是你不要忘记了这个坏蛋亲手杀死了他的妻子！”

招式妙诀：别人以什么样的理由向你提出要求，你就用什么样的理由进行拒绝，让对方无话可说。

第七招：寻找出路式。

甲：“您就帮我把这件事办了吧！”

乙：“这件事我实在没有时间帮你去办了，你不妨去找XX试试。”

甲：“这份资料，我能借用几天吗？”

乙：“对不起，这份资料我这几天还要用，不过图书馆里还有一份没有借出去，你赶快去还可以借到。”

招式妙诀：当对方确有为难之事求助于你，你又无法承担或不想插手时，你可以用为对方另找其他出路的方法，来弱化可能产生的不愉快。对方有了其他“出路”，就会对你的拒绝不在意了。

说“不”的禁忌

说“不”有以下几个禁忌。

1.忌拖延说“不”的时机

有些人觉得不便说“不”，便随便找些不值一驳的理由来暂时搪塞对方，以求得一时的解脱。这个方法并不好，因为对方仍可以找理由跟你纠缠下去，直到你答应为止。比如你不想答应帮他做事，推说：“今天没有时间。”他就会说：“没有关系，你明天再帮我做好了，事情就拜托你了。”

又如，你不想要对方想转让给你的一件衣服，你推说：“钱不够。”

那么对方会说：“钱以后再说。”就把你轻易应付过去了。

或者你不愿意跟对方跳舞，推说：“我跳不好。”那么他一定会说：“没关系，我慢慢带着你跳。”

2.忌与对方套近乎

给人以“敬而远之”的态度，比较容易把“不”说出来并说得较好，或者说，对方试图与你套近乎，你要保持头脑清醒，以免做了感情俘虏，给对方可乘之机。一般来说，见一次面就能记住别人名字的人，常容易与人接近，故此，在交谈中不断称呼别人名字，并冠之以“兄”、“先生”等词语，这易产生亲近感，那么，反过来你想说“不”时，便应杜绝这种亲密的表示，即对方的名字一概不提，这样拉大与对方的心理距离，容易说“不”。还有，谈话时尽量距离对方远些，使其不容易行使拍、拉等触动性的亲密动作。据心理学家研究，“触动”是很容易产生共同感受的，所以想说“不”时应注意避免。另外，最好也不要触摸对方递出来的东西。东西也和人一样，一经“触摸”也会产生“亲密感”，想要拒绝就不容易了。

因为这些都是小小的谎言，一经反驳，你定有所慌乱，“不”的意志便很难贯彻了。所以对付这种情况，你倒不如直截了当地用较单纯的理由明确地告诉对方：

你托办的这件事办不到，请原谅。

这件衣服的颜色我不喜欢，很抱歉。

我已经另约了舞伴，不能跟你跳，对不起。

这样虽说显得生硬些，但理由单纯明快，不给对方可乘之机，倒可以免除后患。

3.忌优柔寡断

拒绝别人时，要坦诚明朗，不要优柔寡断。当然，这并不是主张在任何情况下，对任何人都直来直去地说出这个“不”字。对于那些自尊心较强、反应敏感或是“脸皮薄”的人来说，只婉转地表述拒绝的理由，而不说出拒绝的话会更好一些。因为对方会从你的话音中体察到你拒绝的意图，作出相应的反应来。这种拒而不言绝、诿而不言推的方式，可以避免使对方感到下不来台、丢面子，避免破坏交往的好气氛。比如，当朋友在你正要出门时来访，你在表示欢迎的同时可以说一句：“你来得真巧，稍晚一会儿定会扑空！”这等于暗示对方，你马上要出门办事。如果对方是知趣的人，便会简短地说明来意后很快告辞，或者另约时间再访。这比由你发出明确的“逐客令”要好得多。需要注意的是，你的暗示必须含义清楚，使对方易于觉察。

说“不”能为你赢得尊重

在人际交往时，大家怎样对你，都取决于你自己。想要别人对你尊重，那就得学习一些说“不”的表达方式。

1.斩钉截铁地表示你的态度

即使在可能会有些无奈的场所，也将需要态度明确地对某些服务员、售货员、陌生人说话，对蛮横无理的人要以牙还牙。你必须在一段时间内克服自己的胆怯和习惯，坚持一下，你就会发现，事情本该如此！你只要从此中获得一次成功，就一定会促使你鼓起勇气。注意，这时你该大声点！当然“君子动口不动手”，你只不过为了维护自己的利益，跟他们没仇。

2.不再说那些引诱别人来欺负你的话

“我是无所谓的”、“你们决定好了”、“我没有这个本事”，等等，这类“谦恭”的推托之辞就像为其他人利用你的弱点开绿灯。当卖菜人让你看秤时，如果你告诉他你对这事一窍不通，那你就等于告诉他“多扣点秤”，这种事情随时随地都可能发生——如果你不介意的话！

3.敢于说“不”

干脆地表明自己的否定态度，会使人立刻对你刮目相看。事实上，与那种遮遮掩掩、隐瞒自己真实感受和想法的态度相比，人们更尊重那种毫不含糊的回绝。同时，你也会从这种爽快的回答中，感到自信又回到了自己心中。欲言又止、支支吾吾的态度，只会给人造成“误解”。

4.对盛气凌人者毫不退让

当碰到随意插嘴、强词夺理、爱吹毛求疵、令人厌烦、多管闲事的人使你难堪时，要勇敢地指明他们的行为之不合理处，并严肃地对他们说：“你刚刚打断了我的话。”“你的歪理是根本行不通的。”“以你的逻辑推敲，地球就不是圆的了。”等等。这种策略非常有效。它告诉别人，你对不合情理的行为感到厌恶。你表现得越平静，对那些试探你的人越是直言不讳，你处于软弱可欺地位上的时间就越少。

5.告诉人们，你有人身自由

不要去听从那些并非命令的命令，休息之余你自己想做什么就做什么，出差办事也大可不必抱住别人的大件行李，而让他人悠然自得地在前头漫步。违背自己意愿的事不要去做。自己想做的事，只要不违法违纪，尽管去做，不要怕别人的冷嘲热讽。

即使生活把你改造成为一个“软弱可欺”的弱者，但是经过你的努力，你一定能够变为强者。

谈判中的拒绝术

在谈判过程中，当你不同意对方观点的时候，一般不应直接用“不”这个具有强烈的对抗色彩的字眼，更不能威胁和辱骂对方，应尽量把否定性的陈述以肯定的形式表示出来。

例如，当对方在某件事情上情绪不好，措辞激烈的时候，你应该怎么办呢？一个老练的谈判者在这时候会说一句对方完全料想不到的话：“我完全理解你的感情。”这句话巧妙之处在于，婉转地表达了一个信息：不赞成这么做。但使对方听了心悦诚服，并产生好感。

喜剧大师卓别林曾经说过：“学会说‘不’吧，那样你的生活将会好得多。”

作为谈判者，尤其要学会拒绝，才能赢得真正的交流、理解和尊敬。

1.尽量说“我”、“我们”

拒绝的技巧有很多，但目的则是一个，就是既要说出“不”字，又使人觉得可以理解，尽可能减少对方因被拒绝而引起的不快。

对于谈判，马基雅维利有一句名言：“以我所见，一个老谋深算的人应该对任何人都不说威胁之词或辱骂之言。因为两者都不能削弱敌手的力量。威胁不会使他们更加谨慎，辱骂则会使他们更加恨你，并使他们更加耿耿于怀地设法伤害你。”

因此，谈判出现僵局，需要表明自己的立场时，也不要指责对方。你可以说：“在目前的情况下，我们最多只能做到这一步了。”

如果这时你可以就某点作出妥协，你可以这样说：“我认为，如果我们能妥善解决那个问题，那么，这个问题就不会有多大的麻烦。”既维护了自己的立场，又暗示变通的可能。在这里用的词都是“我”、“我们”，而少用“你”、“你们”。

2.寻找一些托词

谈判中，遇到你必须拒绝的事情，而你又不愿伤害对方的感情，这时你可以寻找一些托词。例如：

对不起，我实在决定不了，我必须与其他人商量一下。

待我向领导汇报后再答复你吧。

让我们暂且把这个问题放一放，先讨论其他问题吧。

这种办法，虽然可以摆脱窘境，既可不伤害对方的感情，又可使对方知道你有难处。但是，这种办法总有点不干脆。

因为，这样虽一时能敷衍过去，但对方以后还可能再来纠缠你。总有一天，当他发觉这就是你的拒绝，明白你以前所有的话都是托词，于是他就会对你产生很坏的印象。所以，有时不如干脆一点，坦白一点，毫不含糊地讲“不”。

比如有一个训练有素的推销员，打从开门的那一瞬间起，就会使出各种说服的技巧来。这些说服的技巧，大致都是由几句话连贯起来，想把听者的心理导向对自己有利的方向。

所以，你只要在这个诱导效果尚未发挥出来之前，分析其文句，把每一句话逐句否定下去就可以了。

有一天，一位推销员敲开老王家的门，说：“能不能给我十分钟的时间，我是来做民间调查的。”

对方是十分认真的，所以，老王如果有时间，陪陪他是无所谓的。不巧，夫人不在家，而且，他正在写期限已到的稿子。

老王正感到为难时，对方很快发现了门边的羽毛球拍。

于是他开口说：“你好像对羽毛球……”

老王不得不打断他的话：“不，那是我内人偶尔……”

“哦，夫人会打，那真好……”

“不好，老不在家……”

“那么请借用五分钟……”

“呀，已经超过了吧？”

这样一来一去，那位推销员只好知难而退了。

从推销者而言，他当然想要和对方挂起一条心的输送带。如果在“你好像对羽毛球……”之后答一句“嗯，马马虎虎”，那么，“心带”就算已被挂住。然后，接下去的“是不是从小就喜欢？是否参加过什么比赛”之类的问话，会一直引导到他要推销的产品上。

为避免这样的结果，在对方的输送带尚未挂上之前，就将其割断，那对方就无计可施了。

3.使用一些敬语

在谈判中使用一些敬语，也可以表达你拒绝的愿望，传递你拒绝的信息。

有位常年从事房地产交易的人说，生意能否谈成，可以从客人看过房屋后打来的电话里得知一个大概。

大部分客人在看过房屋之后，会留下一句“我会用电话和你联系”，然后回去。不多久，他们就打来电话了。从电话的语气中，可以明了客人的心意。

若是有希望的回答，那语气一定是亲密的，然而一开始就想拒绝的客人，则多半会使用敬语，说得彬彬有礼。根据多年的经验，这位房地产经营老手一下子就能判断出事情有没有希望。

据说在法院的离婚判决席上出现的夫妻，很多都会连连发出敬语，好像彼此都很陌生似的。这也是想用敬语来设置彼此间的心理距离，互相在拒绝着对方的表现。

所以，当你想拒绝对方时，可以连连发出敬语，使对方产生“可能被拒绝”的预感，形成对方对于“不”的心理准备。

4.讲究策略

谈判中拒绝对方，一定要讲究策略。婉转地拒绝，对方会心服口服；如果生硬地拒绝，对方则会产生不满，甚至怨恨、仇视你。所以，一定要记住，拒绝对方，尽量不要伤害对方的自尊心。要让对方明白，你的拒绝是出于不得已，并且感到很抱歉、很遗憾。尽量使你的拒绝温柔而缓和。

美国的消费者团体为了避免被迫买下不愿意买的东西，发行了《如何与推销员打交道》之类的手册。里面介绍了如何拒绝来访的推销员的各种办法。据说，其中以“是的，但是……”法最为有效。比如，对方说：“你闻闻看，很香吧？”你可以说：“是的，但是……”先承认对方的说法，然后，则以“但是”的托词敷衍过去。

倘若开始就断然说一句“不”，推销员一定不会甘心，千方百计要和你磨蹭。可是，“是的，但是……”的话，则是“和布帘掰腕子”，没有什么搞头了。对方再精明，也无可奈何，只好放弃说服你的企图。

谈判也是如此，说“是”总比断然说“不”能给对方以安心感。也就是说，这时的“是”，发挥了把两个人的心联结起来的“心桥”功能。一旦两人之间架上了心桥，即使再听到“不”也不容易起反感。

所以，你想拒绝对方时，应先用“唔，不错”的话来肯定对方。或说：“是的，您说得一点也不错。不过，请您耐心听听我的理由好吗……”这样婉转地叙述反对意见，对方较容易接受。

对谈判对方的要求，给予笼统的答复，这也是拒绝对方的方法之一。

有一位广告公司的负责人曾介绍经验说，对那些携带自己的画来应征的年轻人，如果他不满意他们的画，他就会用如下笼统的语言打发他们走：

“唔——我不太看得懂你的画，请画一些我能看得懂的画来吧……”

“我今天很累，也许是昨夜工作得太迟的关系……”

这种拒绝是很笼统的。“我不太看得懂你的画”，那么“我能看得懂的画”又是什么？对方不清楚他的意图，怎么画？这样，对方失去了进攻的目标，只好悻悻退下。

这种方法，可以不让人感觉到被拒绝，却巧妙地达到了拒绝的效果。

5.你该怎么办

有时在购买东西时，往往要受到卖者的纠缠。许多人不知如何拒绝。

一位太太是这样拒绝卖者的：“不知道这种颜色合不合我先生的意。”还有一位少妇是这样拒绝的：“要是我母亲，我选我喜欢的就行了，但这是送给婆婆的呀，送她这个不知道会不会满意？”

显然，这些拒绝本身都是非常笼统的。用这种笼统的方法拒绝对方，当然要比直接说出对对方货物的不满要好得多。

总之，谈判中，会说“不”字和不会说“不”字，效果是大相径庭的。

你在说“不”字时，必须记住下面几点：

①拒绝的态度要诚恳。

②拒绝的内容要明确。

③尽可能提出建议来代替拒绝。

④讲明处境，说明拒绝是必需的。

⑤从对方的角度谈判拒绝的利害关系。

⑥措辞要委婉含蓄。

掌握好这些方法，你就是一个高明的谈判者了。

不可不知的说话技巧

有一句民谚说：“聪明的人，借助经验说话；而更聪明的人，根据经验不说话。”西方还有一句著名的话：“雄辩是银，倾听是金。”中国人则流传着“言多必失”和“讷于言而敏于行”这样的名言。

这些都给了我们这样的建议：在个别交往中，尽可能少说而多听。在我们身边，经常会有这样的人，他们喜欢多说话，总是喜欢显示自己怎么样怎么样，好像他们博古通今似的。这样的人，以为别人会很服他们，但其实，只要有点社会阅历的人，都会不以为然。更聪明的人，或者说智慧的人，往往会根据自己的经验，知道自己要是多说，必然会说得多错得也多，所以不到需要时，总是少说或者不说。当然，到了说比不说更有效时，我们一定要说。

第十六章
说好难说的话
——18岁后要懂点批评的技巧

切莫轻易指责别人

1863年7月1日，美国南北战争中的葛底斯堡战役拉开帷幕，到了7月4日晚上，南方的李将军大败。林肯高兴极了，他意识到只要打败李将军的军队，战争很快就可以结束了。于是，他满怀希望地下了一道命令给前线的米地将军，要他立刻出击。但是，米地违背林肯的命令，他用尽了各种借口，拒绝攻打李将军。最后，李将军和军队越过波多络河，顺利南逃。

林肯勃然大怒，极端失望之余，他坐下来给米地写了一封信，信中表达了他内心的极端不满。林肯有一段话是这么写的：

“亲爱的将军，我不相信你对李将军逃走一事会深感不幸。他就在我们伸手可及之处，而且，只要他被俘虏，加上我们最近获得的胜利，战争即可结束。现在，战争势必延续下去，上星期一你不能顺利抓住李将军，如今他逃到波多络河之南，你又如何能保证成功呢？期盼你会成功是不明智的，而我也并不期盼你现在会做得更好。良机一去不复返，我实在深感遗憾。”

信写完了，但林肯没有急于寄出去，他望着窗外，心里思绪万千，“慢着，也许我不该这么性急。坐在安静的白宫里发号施令很容易，如果我身在葛底斯堡，像米地一样每天看见许多人流血，听到许多伤兵哀嚎，也许就不会急着要攻打敌人了，如果我的个性像米地一样畏缩，大概也会做同样的决定吧！无论如何，现在木已成舟，把这封信寄出，除了让我一时觉得痛快以外，没有别的用处。米地会为自己辩解，会反过来攻击我，这只会使大家都不痛快，甚至损及他的前途，或逼他离开军队而已。”

于是，林肯把信搁到一边，惨痛的经验告诉他：尖锐的批评和攻击，所得的效果都等于零。相反，努力去理解对方的用意，结局会好一些。

记住，别人也许全错了，但他本人并不一定意识到这一点。不要去责备他，那样做太愚蠢了。应该试着去了解别人，这样的人才是聪明的人。别人之所以那么想，一定有他的原因。找出那个隐藏着的原因，那你就拥有了解释他行为或者个性的钥匙。试试看，真诚地使自己置身于别人的处境里。如果你总能对自己说：“我要是处在他的情况下，会有什么感觉？会有什么反应？”那你就能节约不少时间，免去许多苦恼。因为“若对原因感兴趣，我们就不大会讨厌结果”。

在我国的文学史上，有一个“苏东坡错改王安石菊花诗”的故事。

有一次，苏东坡去拜访王安石，未遇王安石，却见其书桌砚台底下压着一首未写完的诗：“西风昨夜过园林，吹落黄花满地金。”苏东坡看罢心想：“只有秋天才刮金风，金风起处，群芳尽落，但菊花有傲霜之骨，怎么花瓣飘落呢？王公真是‘江郎才尽’，铸成大错啊！”于是，他一思忖挥笔续诗：“秋花不比春花落，说与诗人仔细吟。”便拂袖而去。时隔不久，苏东坡与好友陈季常一日到后花园赏菊饮酒。这天正是刮了几天大风之后，园中十几株菊花枝上一朵花也没有了，只见满地铺金，落英缤纷。苏东坡一时瞠目结舌，感慨万分。他对友人说，这事给他的教训太深了，今后凡事要谦虚谨慎，千万不可自恃聪明，随便讥笑别人。后来，他主动向王安石“负荆请罪”，承认错误。由于他勇于承认自己的过错，王安石也对他消除了隔阂。

苏东坡自恃聪明，随便讥笑别人，结果造成了错误，这是可以引以为鉴的。

讲说话的方式并不是提倡大家一团和气，不能开展任何形式的批评，而是讲不能不注意方法方式，随心所欲地指责人。当我们自己有了错误时，一般来说我们会对自己承认；如果别人以温和的方法来处理，采取适当的方式向我们指出，我们亦会对他们认错，甚至觉得爽直坦白是光荣的；但别人若硬将不能吃的食物往我们口中塞，随意地对我们过分地指责，我们也是绝不会接纳的。我们自己是这样，难道人家就不如此?

纠正他人错误的方法

常言道：“人非圣贤，孰能无过？”人都免不了会犯这样那样的错误，且人们犯了错误都很难及时醒悟，甚至不愿承认。这样，就有必要有人对他人的错误及时给予纠正，而纠正他人的错误又是一件得罪人的事。

小黄刚到公司上班的第一天，晚上加完班，老板提出，为了犒劳大家，请大家去唱卡拉OK，小黄和部门同事兴高采烈地接受了邀请。进了包房，小黄很自然地在离自己最近的一个沙发坐下。老板进来后，发现沙发已经被坐满了，就顺势坐在小黄身边的一个椅子上。

过了半个小时，老板离开了。小黄万万没想到，老板一走，其乐融融的气氛大变，室温仿佛骤然下降了十几度。一个男同事语气激动地指责小黄："你这人怎么这么没眼色？老板坐在你旁边，都不知道让个座？真是太不懂事了！"

长到23岁，小黄从没被人这么大声训斥过，尤其是还当着全体同事及KTV服务生的面。她的脸一下子红到了脖子根，委屈的眼泪也忍不住在眼眶里打转转，心中不禁无限懊恼："啊，自己怎么就缺根筋呢？老板以后会怎么看自己？"

这位男同事的初衷可能是想教小黄在职场上如何做人，但说话方式不太恰当，不仅让小黄尴尬，也破坏了当时的气氛。其实，如果早先他主动给老板让座，别人看在眼里，自然能心领神会，效果不是更好？

并不是每个人都能始终很乐意倾听他人的批评，接受他人的批评的。有的人做错了事，不但不会坦然地承认，反而还会找出种种理由为自己的错误辩护。从人的心理来看，即使是极小的疏忽或错误，也不可能每个人都能在一经指正之后就坦率地、不作解释地承认。但是，现实生活中，无论父子、兄弟、上下级、同事，还是知己、朋友，绝对不批评别人是不可能的，也是行不通的。

那么，在纠正他人的错误时应该采取什么样的易于为对方所接受的说话方式呢？以下方法可供参考：

第一，对人要具有极大的同情心，这样我们就不仅不会对人吹毛求疵，反而会对其产生错误的原因加以谅解。而且，我们要时刻想着自己与对方是站在一边的，而不是和他敌对的。

第二，说话要温和委婉，不可用刺激的或使人听了不舒服的字眼。如果你说的话令人无法忍受，那么即使对方嘴上承认，心里也是不会服气的。

第三，纠正他人错误的言语越少越好，最好能一两句就使对方明白，然后转至其他话题，不可啰唆不绝，使对方陷于窘境，甚至产生反感。

第四，别人做错了事情，我们对其不妥之处固然须加以指出，但对其可取之处更须加以极大的赞扬。这能使对方保持心理平衡，心悦诚服。

第五，改变他人的意见时，最好能设法将自己的意见不知不觉地移植给他，使他觉得是他自己改正了，而不是由于受了我们的批评。

第六，对于别人出现的不可挽回的过失，我们应该站在朋友的立场上，给予恳切正确的指正，使他知过而改，而不能对之施以严厉的责问。

第七，纠正别人过错时，切忌采用命令的口吻，最好采用请教式的语气。

第八，旁敲侧击，隐晦地指出别人的错误，以保留对方的自尊心，使他自觉地改正过失。

当然，纠正错误的方法还有可能是多种多样的，但都不外乎是讲究策略，只要我们做到了这一点，就能成功。

良药苦口，忠言逆耳

秦汉之际，刘邦率兵攻破函谷关，进入咸阳，灭了秦朝。他进入秦朝皇宫，见宫室富丽堂皇，美女珍宝不计其数，于是流连忘返，想留在宫中，享受一下做皇帝的快乐。

将军樊哙见此情景便气冲冲地责问："沛公，你是想得天下，还是想当富翁？此室中所有，皆秦所以亡天下也，沛公赶快回灞上，千万别留在宫中。"刘邦听了，大为反感，不予理睬。

不一会儿，张良劝刘邦说："只因秦王贪暴，不得人心，你才取得今天的胜利，我们既然为天下除去暴君，理应以俭朴为本，现在刚进咸阳，若又像秦王一样享乐，岂不等于重蹈覆辙？况且，'良药苦口利于病，忠言逆耳利于行'，希望您能听从樊哙的劝说。"他们终于说服刘邦还军灞上，揭开了楚汉战争的序幕。

张良与樊哙同为批评刘邦，但张良成功了，樊哙失败了，原因在于张良恰到好处地抓住了刘邦的心理，强调刘邦所关心的成败问题，再加上语气委婉动听，虽是批评意见，刘邦听起来顺耳，因此就欣然接受。樊哙就比较鲁莽，反语暗含讥讽，令刘邦心生反感，因而对他的话置之不理。

“良药苦口利于病，忠言逆耳利于行。”但是，为什么良药就一定是苦的，忠言就一定是逆耳的呢？现代医学十分发达，许多良药如蜜糖、如水果，早已不苦口。语言科学发展至今，批评的忠言也可做到“顺耳”，人人爱听。

批评的五个前提

1.注意场合

批评时应考虑时间、场合和机会。假设一位管理者带着部下到顾客那里去访问，当管理者发现部下在言谈举止上存在问题时，就不能当着顾客的面提出批评。这时候，最重要的还是要用高明的谈话技巧，把部下的缺点掩饰过去。当没有旁人的时候，在车上或回程的路上对部下提出批评，是绝妙的时机。

2.对事不对人

有人批评人时总是说：“从你做的这件事就能看出你这个人怎样。”这是批评之大忌。批评时，只能针对事情，而不能针对个人的人格、品性，拿事来说人。

比如可以这样说：“小姜，根据往常的经验我知道，你不至于犯这种错误，是否有什么原因使你这次没有做好充分准备？”这种气氛有助于使对方认识到你不是在攻击他的人品，不是批评他这个人，而是批评他的某项工作或某件事情。你把批评指向他具体的工作，就无损于他的整个自我形象。这种批评建立在友好的气氛中，使对方感到无拘无束，欣然接受。用这种方法，在指出他人错误的同时实际上夸奖了他，使他得以重新树立自我形象。

3.先赞扬，后忠告

批评的最终目的不是要把对方压垮，不是整人，而是为了帮助他成长；不是去伤害他的感情，而是帮他把工作做得更好。

有的成功人士之所以善于运用批评，就是他们能采取先扬后抑的方式。比如："小张，你的调查报告写得不错，你肯定下了不少工夫。同时，还有一个重要的问题你要注意涉及……""小李，自从你调到这个单位来之后，你表现不错，对你取得的成绩，我非常赞赏。就是有一点我觉得可以做得更好，我也相信你一定愿意改正……"如果对方需要得到忠告批评，要从赞扬其优点开始。这种方式就好像外科医生手术前用麻醉药一样，病人虽然有不舒服的感觉，但麻醉药却能消除痛苦。

从赞扬开始，以忠告结束批评，问题也解决了，感情也没受到伤害，真是奇妙的方法。

4.缩小批评的范围

人们犯错时，受不了的是大家对他群起而攻之，因为这伤害了他的自尊，他也许会承认错误，但无法接受这种批评方式，这将使他对领导、对同事充满敌意，一旦有机会，将以牙还牙。

如果我们希望自己的批评取得效果，就绝不能使别人反对自己。我们的目标是取得一些好的效果，或者使对方回到正确的轨道上来，而不是去贬低他的人格。即使你的动机是高尚的，是真心诚意的，也要记住，对方的感觉也在起作用。当其他人在场时，哪怕是最温和的方式也可能引起被批评者的怨恨，不论是否辩解，他已感到他在同事或朋友面前丢了面子。对于一些过失，只要他认识到错了，就没有必要当着众人的面要求他公开检讨，而只要在你的办公室里面对面跟他谈，就足以使他反省了。任何具有上进心的人都不愿犯错误，从他个人角度来说也是如此，何况我们的目的只是为了让他改进工作，而不是贬低他的人格。

5.不要新账旧账一起算

话说三遍淡如水。要想别人对一个过错引起注意，一次提醒就足够了，批评两次完全没有必要，而三次就成了纠缠。如果你总是提起别人过去不愉快的事，或改头换面地重谈他过去犯的错误——揭人疮疤，会令人不舒服。除非他又重犯类似的错误，否则，无缘无故地挑刺儿，他就会认为你对他抱有成见，或者别有用心。要记住批评目标：使这方面的工作得以改进，顺利地完成任务。一旦这种错误得到纠正和解决，就忘掉它。一次批评，一次提高。当对方接受批评、取得了一定的进步时，他就已经在新的起跑线上了。

批评不是存款，时间越久，利息越多。总是翻阅别人的老账，唠叨个没完，于做事没有丝毫的帮助。批评别人时，宜“就事论事”，不要新账旧账一起算。在交谈结束时，说几句“我相信你会从中吸取经验教训的”诸如此类勉励的话，就会让人觉得这不是有意打击，而是变失败为成功之母，不失为一次有益的经验。这样想过之后，他会打起精神，更加踏实地投入工作。

批评的十三种方式

行动失误，办了错事的人，常有保卫自我尊严的倾向，如果有人再以权威者的姿态出现，指责他的想法不够高明，行动不够周密，他将更感到尊严受到威胁。这时防卫倾向会增强，充耳不闻乃是极自然的反应。有鉴于此，我们在劝说别人的时候，就得多加注意，不要轻易让“你错了”说出口，尤其是不要强迫人家当面承认错误，而是采取一些温和委婉的方式，巧妙地暗示他错在哪儿。

批评有如下十三种方式。

1.安慰式

年轻的莫泊桑向著名作家布耶和福楼拜请教诗歌创作技巧。两位大师一边听莫泊桑朗读诗作，一边喝香槟酒。布耶听完说：“你这首诗，句子虽然疙里疙瘩，像块牛蹄筋，不过我读过更坏的诗。这首诗就像这杯香槟酒，勉强还能吞下。”

这个批评虽严厉，但留有余地，给了对方一些安慰。

2.劝告式

东汉名臣杨震，才高学绝，时人誉为“关西孔子”。他为官清正廉洁，不受私谒，曾官至司徒、太尉。

杨震调任东莱太守时，途经昌邑县境。此前为杨震所举荐的昌邑县令王密，一直想报答杨震的举荐之恩。这天夜里，他特地前往驿站拜谒谢恩。为略表酬谢之意，王密暗携黄金十斤，单独造访。杨震对此颇感不快：“我知道你的为人，你却为何不了解我的秉性？”王密说：“您放心，这么晚了，没有人知道这件事。”杨震回答说：“天知，地知，你知，我知。你怎么会说没有人知道呢？”听了这番话，王密顿感羞愧难当，只好歉疚地收礼告辞而去。

3.模糊式

艾尔费雷德因为有诗才而闻名。一天，他给一些朋友朗诵自己的一首诗，颇受大家赞赏。但是事后一个叫查尔斯的朋友说：“艾尔费雷德的诗我非常感兴趣——不过这首诗是从一本书中窃来的。”

这话传到艾尔费雷德的耳朵里，他非常生气，要求查尔斯赔礼道歉。查尔斯说：“我承认这一次是说错了。本来我以为你的诗是从那本书里窃来的，但我又查了一下，发现那首诗仍在那里。”

4.暗示式

苏东坡幼年时，天资非常聪明，由于读书特别多，书上的字也几乎都认识，再加上文章写得好，因而受到人们的尊敬和赞扬。在一片称赞声中，苏东坡有点飘飘然了。于是有一天，他在自己书房门前书上一联：读尽人间书，识遍天下字。对联贴出后，有的人捧场，更多的人则是不以为然，认为他太不谦虚，口出狂言，因而使他的形象降低了。

有一位长者专程来到苏家，向苏东坡“求教”，请苏东坡认一认他拿来的书。书上写的全是周朝史籀创制的字体。苏东坡一个也不认识，羞得面红耳赤，只好向长者道歉。长者也没有说什么，便含笑而去。苏东坡这才感到自己门前的对联名不副实，马上将对联各填一字，上联是：读尽人间书好，下联是：识遍天下字难。这件事教育了苏东坡，最后终于使他成了有名的大文豪。

5.请教式

王祈写了一首《竹诗》，他将最得意的“叶攒千口剑，茎耸万条枪”两句抄给苏东坡看，希望得到苏东坡的称赞。苏东坡看了后说：“我想请教一下：你这竹子是何品种？为何十根竹子才长一片叶子呀？”

苏东坡没有直接批评诗句的不真实，而换了请教的口吻，让王祈自己感到了自己的失误。

6.比喻式

有一位化学老师当堂批阅学生的化学实验报告，见一位女同学所画的实验方案示意图很糟糕，便把学生叫到身边，调侃地说：“你看你画的这个烧杯，像个手雷似的！你还用酒精加热呢，要是爆炸了，不是要了我的老命吗？”女学生听了，不好意思地笑了笑。之后，她严格地遵循画图程序，并用上了各种画图工具，而不再信手乱画了。

这位老师没有直接批评该学生的画图态度，而是用比喻进行提示，诙谐风趣，自然容易被学生所接受。

7.善意式

这是用平常随和的语气去批评，其中的语气亲切热情而不粗暴冷淡，平易近人而不居高临下。

陶行知先生有一次对偷了寺庙里和尚木鱼的学生曾说过这样一段话：“有的同学喜欢用敲木鱼来作为乐曲的节奏，动机是好的，但现在寺庙里缺掉了一只木鱼，而木鱼又是和尚的‘吃饭家私’，我们总不能只顾自己欣赏音乐，却断了人家的生路吧。我相信拿人家木鱼的同学是一时糊涂。希望他在没人的时候，仍旧把木鱼归还到原来的地方去。菩萨会保佑他，我们也不责怪他。”

陶先生的一番话，从“生路”的实处入手，避开了抽象的大道理的训斥，有希望、有鼓励，包含了许多真与善的内容，人情味是深厚的。

8.启发式

批评是针对对方的错误而言，错误的改正还是“内因”起决定作用，而批评者的“外因”只有一定的辅助作用，对方从根本上改正错误还要靠自己的“良知”。所以，高明的批评者，总是逐渐地“敲醒”对方，启发他的自我批评。

有一个中学生上外语课时看卡通书，老师走到他面前轻轻敲了下桌子，并没有马上批评他。下课后，老师把他找到教研室，亲切地对他说：“你是咱班的语文课代表，现在我问你一个成语，专心致志，是什么意思？”那个同学回答说：“这个成语的意思是无论做什么事情，都要聚精会神，一心不可二用。”老师赞扬说：“你回答得很好，但能不能举个具体例子说明一下？”那个同学听到这句话时，脸“唰”的一下红起来，低下头吞吞吐吐地说：“就拿刚才上外语课来说吧，我没有注意听讲，在下面看卡通书，这就没有做到‘专心致志’。老师，我错了，请你原谅我吧！”

在这个批评的故事中，教师未批评学生一句话，而是通过让学生解释成语的方式启发学生自己认识到自己的错误，可见启发式批评多么有实效。

9.幽默式

这种批评的特点是以不太刺激的方式点到被批评者的要害之处，含而不露，以缓解被批评者的紧张情绪，启发被批评者的思考，增进相互间的感情交流，使批评不但达到教育对方的目的，同时也能创造一个轻松愉快的气氛。

有位领导是山西人，他生性幽默，满口俏皮话，说话像唱歌一样带有韵味，抑扬顿挫，高低婉转。一次，他在各地区工业书记会上，批评某些人搞工业建设，只图眼前不顾将来，在台上将大腿一拍说：“你们不能近视眼，只图一时痛快，光考虑眼前这几个建设，不考虑长远的整体计划……还是要考虑如何讨媳妇儿建设好这一整个家……”哄堂大笑中，书记们都得到了深刻的启示。

10.建议式

唐朝末年，李克用奉命带兵讨伐叛逆者。正当李克用整装待发之时，朱全忠与杨彦洪叛变，倒戈攻击李克用。李克用气得发狂，发誓集中兵力，讨伐朱全忠，以解心头之恨。可是，他的夫人刘氏却不同意，她说：“你此次带兵伐叛是为国讨贼，并不是为了你个人的怨仇。现在，朱全忠叛变要谋害你，你当然很气愤，我也十分生气，觉得他该伐该杀。可是，如果你真的带兵去攻伐他，你的任务就完不成了，而且也改变了事情的性质，变国家大事为个人怨仇小事。我认为，朱全忠叛变的事，你应该上报朝廷。由朝廷兴兵讨伐他，岂不是更好？”李克用听了夫人这番话，怒火顿消，便听从了夫人的意见，不再出兵攻打朱全忠了。

刘氏对这件事的处理是有分寸的，对丈夫的委婉批评也是有理有节的。

倘若李克用不听刘氏的建议，或者刘氏不贤惠，怂恿李克用发兵讨伐朱全忠，其结果如何，谁胜谁负、谁是谁非也就难说了。

11.迂回式

作家班奇利在一篇文章里谦虚地谈到他花了15年时间才发现自己没有写作的才能。结果一位读者来信对他说："你现在改行还来得及。"班奇利回信说："亲爱的，来不及了。我已无法放弃写作了，因为我太有名了。"这封信后来被刊登在报纸上，人们为之笑了很长时间。

事实上班奇利的作品闻名遐迩，但他没有直接指责那位读者，他以令人愉悦的、迂回的方式回答了问题，既保护了那位读者的自尊心，也保护了自己的名誉。

12.间接式

这是用借彼喻此的方法声东击西，让被批评者自己醒悟。

冯玉祥向来提倡廉洁简朴。他在开封时，不准部下穿绸缎衣服，一见到有穿绸缎的，他便要想办法批评一下。有一次，冯玉祥看见有个士兵穿着一双缎鞋，连忙上前深深地作了一个揖，随着一个90°的鞠躬，而且还左一个大揖，右一个鞠躬，把那个士兵弄得莫名其妙，呆若木鸡。最后，冯玉祥告诉他说："我并不是给你行礼，只因为你的鞋子太漂亮了，我不敢不低头下拜哩！"那个士兵吓得魂飞魄散，连忙脱下新鞋，赤着脚跑回去了。

13.三明治式

美国著名企业家玛丽·凯在《谈人的管理》一书中写道："不要只批评而要赞美，这是我严格遵守的一个原则。不管你要批评的是什么，都必须找出对方的长处来赞美，批评前和批评后都要这么做。这就是我所谓的'三明治策略'——夹在大赞美中的小批评。"

接受批评最主要的心理障碍是担心批评会伤害自己的面子，损害自己的利益。为此，批评者应该在批评前帮助他打消这个顾虑。打消顾虑的方法就是将批评夹在赞美当中，也就是在肯定成绩的基础上再进行适当的批评。

批评的四大内容

前苏联电影《列宁在1918》中有这样一个情节：

前苏联社会主义文学的奠基人高尔基，由于他对反动的资产阶级知识分子的本质认识不足，怀着过于慈善的心肠来找到列宁论理，说不能镇压那些知识分子。列宁巧妙地借一位工人的话说，如果不镇压那些顽固坚持反动立场、替沙皇做帮凶的知识分子，苏维埃政权就一天也不能维持下去。列宁的劝说既有说服力，态度又诚恳，高尔基心悦诚服了。他临别时还对列宁说："列宁同志，您真行，批评了人，还让人高高兴兴地走。"

怎样才能像列宁那样，做到批评使人口服心服？批评时该说些什么？又该怎么说呢？这就涉及批评的内容。

以下是批评的内容。

1.批评要有针对性

批评之前认清批评是针对哪一种行为的，不要把话说得太笼统，避免使对方无端受到冤枉或产生猜疑。如某大学的一名班干部批评一位同学，可有两种说法：

（1）你怎么一点也不关心集体。

（2）你已经有两个月没做值日生了。

我们可以比较一下，这两个都是批评句子。

（1）句说得太笼统，而且把对方说得一无是处，全盘否定人。说话笼统，也就不够确切了。对方可举例反驳："我怎么一点也不关心集体，上次秋游活动我不也参加了吗？那天班级拔河比赛，我不也在拉拉队里吗？"这样一来，就会引起新的矛盾。

（2）句就比较好，没有用“一点也”这样绝对的话，就事论事，向对方指出一件确有其事，又是不应该的行为。受批评的人不认为是受了不公平的攻击，就容易心平气和地接受意见。

2.衡量改正的可能性

如果在公共汽车上有人踩了你一脚，如果你的未满10岁的女儿把饭碗打破了，这些事应不应该批评？这些事都不能动辄批评。别人踩了你，是因为公共汽车太拥挤；女儿打破碗是因为不小心，对这些都应采取宽容、安慰的办法。

认清了要批评的那件事，在批评之前还必须衡量一下对方是否有能力、有条件改正到你所要求的程度。

美国著名职业篮球明星巴特利，他的个人篮球技术是非常出众的，但他对别人的失误就缺乏耐心，见同伴失了一个球，就怒气冲冲地冲着对方说：“每次都是你，害得我们输了球。”凡与巴特利同队一起打球的人，都觉得他“老是在批评别人，像一位完人一样看不惯别人”。最后，巴特利众叛亲离，凄凉地隐退了。

巴特利这种批评是不明智的，倒是他应该自问：“我是不是也有责任？何况人家已尽了力，怎么能拿别人当出气筒呢？”这样一问，就会知道自己批评不妥，以后遇到这种情况，批评的话就不会冲口而出了。

3.指出“错”时，也指明“对”

大多数的批评者是把重点放在指出对方“错”的地方，但却不能清楚指明“对”的应怎么做。必须仔细想过后，才能明白你究竟要对方怎样做，该怎么把话说出来。比如有的人批评人家说：“你非这样不可吗？”这是一句废话，因为没有实际内容，只是纯粹表示个人不满意。又如一位丈夫埋怨妻子说：“家里一团糟，又有客人要来，你怎么只管坐在那儿化妆？”这种话也不会起作用，它只说了一半。到底期望妻子怎样做，一句也没有提。应该这样说：“客人要来了，你帮我去买点青菜和水果，然后将客厅里的报纸收拾一下，好吗？”

说明要求他人应做的事，其实是指示对方改正的方向，让对方从另一个角度来接受批评的内容。一位车间主任批评一位青年工人说：“你最近比较散漫。”青年工人听了手足无措，并不清楚。车间主任该说清楚是指上班迟到，还是指没有参加技能培训等。

另外，为提高批评的效率，应该“不说我们不满意的，只说我们赞成的”，这样可以起到积极的作用。例如：

一位刚刚搬到新宿舍区的青年人向居民委员会的主任提意见，抱怨这儿摩托车保管站的服务态度太差劲。这位主任及时地把意见转告了保管站的保管员。几天以后，这位青年人又送摩托车到保管站，保管员笑脸迎接，主动把他的摩托车安放好，还问他还有什么要求，使这位青年大为感动。事后他才知道，居委会主任向保管员说：“新来的青年人对你的服务特别满意，还要感谢你。”秘密就是这样。

“真正懂得批评的人着重的是‘正’，而不是‘误’。”这是英国18世纪著名评论家约瑟·亚迪森的名言。

4.“你懂得我的意思吗”

批评人的话语，一定要让受批评者听懂，否则只是对牛弹琴。常常听到夫妻俩之间的埋怨：“我们俩总合不到一块儿。”这句最普通的埋怨话，可能被对方误认为是要“离婚”。

如果要求证对方是否听懂你的意思，最简便的方式就是问一问：“你懂我的意思吗？”然后听听对方口中说出来的是否是你的本意。可惜大多数人忽略了这一点。问一问对方是否同意你的看法，也是批评别人时可以采取的沟通方式之一。能开口问，起码排除了对方沉默、生闷气的可能，如能坦然地提出异议，解决问题就有希望了。因为能明白对方还有哪些问题未想通，或自己有什么讲得不准确的，可以作更深一层次的探讨。

用一用声东击西法

很多人在批评别人的错误时，不经意地触动了他们的“自尊”，从而火上浇油。倘若能借助不同的表达方式，声东击西，结果就会是另一个样子了。

齐景公好打猎，喜欢养老鹰来捉兔子。一次，烛邹不慎让一只老鹰飞走了，景公下令把烛邹推出斩首。晏子知道了，去拜见景公，说：“烛邹有三大罪状，哪能这么轻易杀他？请让我一条一条地列举出来再杀他，可以吗？”

齐景公说：“可以。”

晏子指着烛邹的鼻子说：“烛邹！你为大王养鸟，却让鸟逃走了，这是第一条罪状；你使得大王为了鸟的缘故又要杀人，这是第二条罪状；把你杀了，天下诸侯都会怪大王重鸟轻士，这是第三条罪状。”

齐景公听后，对晏子说：“别说了，我知道你的意思了。”

晏子本意是想救烛邹，但却没有替他说情，反而数落其罪状，似乎是给烛邹罪上加罪，然而，事实上却是这“三条罪状”救了烛邹的命。原来，晏子用的是“声东击西”法，表面上是在给烛邹加罪，实则是为其开脱，并批评齐景公重鸟轻士。这样，既避免了说情之嫌，又救了烛邹；既指出了齐景公的错误，又不丢齐景公的面子，可谓“一箭双雕”。

使用声东击西批评法时，“声东”就是制造声势，同时也带有伪装的色彩，其目的是为了后面更好地说服。而声势越大，伪装得越像，就为自己提供了越好的批评环境。“击西”是批评的真实目的，这一步最好在前面“声东”中就能表达出来，要把它融进去而又不被对方发现。因此这是较难的一步，实际操作时，要认真对待。

不可不知的说话技巧

批评不是滔滔不绝地讲个不停，否则当事人没有时间和机会考虑你的话，没有心思对你的批评主题产生印象，甚至会产生逆反心理，由开始的认同变成为自己辩护。而且这也是不尊重当事人的表现。批评人，话不在多，而在精妙。言语精妙，一语中的，能使听者在短时间内获得更多的信息；一语道破，能使对方为之震动，幡然醒悟。